I0079533

Ilustración de portada: Relieve de un sarcófago. Matrona amamantando a su hijo, observada por su marido. Museo del Louvre. Paris

Edición: Primera. Junio de 2019
Lugar de edición: Buenos Aires, Argentina
ISBN: 978-84-17133-74-0

Código IBIC: JFCX [Historia de las ideas]
HPC [Historia de la filosofía universal]

Diseño gráfico general: Gerardo Miño
Armado y composición: Eduardo Rosende

Cualquier forma de reproducción, distribución, comunicación pública o transformación de esta obra solo puede ser realizada con la autorización de sus titulares, salvo excepción prevista por la ley. Diríjase a CEDRO (Centro Español de Derechos Reprográficos, www.cedro.org) si necesita fotocopiar o escanear algún fragmento de esta obra.

© 2019, Miño y Dávila srl / Miño y Dávila editores sl

Esta publicación ha sido posible gracias al respaldo académico y financiero del CONICET, la ANPCyT y la UNLPam.

MIÑO y DÁVILA
◆ E D I T O R E S ◆

dirección postal: Tacuarí 540 (C1071AAL)
Ciudad de Buenos Aires, Argentina
tel-fax: (54 11) 4331-1565
e-mail producción: produccion@minoydavila.com
e-mail administración: info@minoydavila.com
web: www.minoydavila.com
redes sociales: @MyDeditores, www.facebook.com/MinoyDavila

LIDIA RAQUEL MIRANDA y VIVIANA SUÑOL (eds.)

RETÓRICA, FILOSOFÍA Y EDUCACIÓN: DE LA ANTIGÜEDAD AL MEDIOEVO

Instituciones, cuerpos, discursos

PEFSCEA

MIÑO y DÁVILA
◆ EDITORES ◆

Estudios del Mediterráneo Antiguo / **PEFSCEA Nº 16**

PROGRAMA **PEFSCEA**

Consejo de dirección:

MARCELO CAMPAGNO   (Universidad de Buenos Aires-CONICET);
JULIÁN GALLEGO   (Universidad de Buenos Aires-CONICET);
CARLOS GARCÍA MAC GAW   (Universidad Nacional de La Plata-Universidad de Buenos Aires).

Comité asesor externo:

JEAN ANDREAU   (École des Hautes Études en Sciences Sociales, París);
JOSEP CERVELLÓ AUTUORI   (Universidad Autónoma de Barcelona, España);
CÉSAR FORNIS   (Universidad de Sevilla, España);
ANTONIO GONZALÈS   (Université de Franche-Comté, Francia);
ANA IRIARTE   (Universidad del País Vasco, España);
PEDRO LÓPEZ BARJA   (Universidad de Santiago de Compostela, España);
ANTONIO LOPRIENO   (Universidad de Basilea, Suiza);
FRANCISCO MARSHALL   (Universidade Federal de Rio Grande do Sul, Brasil);
DOMINGO PLÁCIDO   (Universidad Complutense de Madrid, España).

ÍNDICE

Sobre los autores y autoras

Marta Alesso. Ha sido presidenta de la Asociación Argentina de Estudios Clásicos (AADEC) y es directora de la publicación periódica *Circe, de clásicos y modernos* (EdUNLPam). Es docente regular de la Facultad de Ciencias Humanas de la Universidad Nacional de La Pampa (Argentina).

Santiago Argüello. Es Doctor en Filosofía, Licenciado en Estudios Medievales. Es Investigador Adjunto del CONICET y docente en la Universidad de Mendoza (Argentina), donde también dirige un Proyecto de investigación sobre la libertad de los antiguos y la de los modernos.

María Luján Diaz Duckwen. Es docente de la cátedra Historia Medieval en el Departamento de Humanidades de la Universidad Nacional del Sur (Argentina). En dicha institución, dirige el Centro de Estudio e Investigación de las Culturas Antigua y Medieval (CEICAM).

Paola Druille. Es Investigadora Asistente del CONICET y docente de la Facultad de Ciencias Humanas de la Universidad Nacional de La Pampa (Argentina). Es Investigadora del Instituto Interdisciplinario de Estudios Americanos y Europeos (IDEAE).

Ricardo M. García. Es Profesor Asociado de Historia de la Filosofía Medieval y de Filosofía de la Religión (jubilado) en el Departamento de Humanidades de la Universidad Nacional del Sur (Argentina). Es miembro del Comité del Doctorado y Profesor del posgrado en Filosofía de dicho Departamento.

Juan Manuel Gerardi. Es docente regular de la Cátedra de Historia Universal General Antigua del Departamento de Historia de la Universidad Nacional de Mar del Plata (Argentina). Integra proyectos de investigación radicados en la Universidad de Buenos Aires, la Universidad Nacional de La Plata y la Universidad Nacional de Mar del Plata y es miembro del Programa de Estudios sobre las Formas de Sociedad y las Configuraciones Estatales de la Antigüedad (UBA).

Hermann Gunther Ibach. Es Licenciado en Historia, docente en la Facultad de Ciencias Humanas de la Universidad Nacional de San Luis (Argentina) e investigador en formación en diversos proyectos de la Universidad de Mendoza y la Universidad Nacional de San Luis.

Nicolás Jarque. Es Doctor en Letras, especializado en Filología Clásica por la Universidad Nacional del Sur (Argentina).

Juan Cruz López Rasch. Es Profesor, Licenciado y Doctor en Historia. Especializado en el período medieval, se desempeña como docente e investigador en la Facultad de Ciencias Humanas de la Universidad Nacional de La Pampa (Argentina).

Lidia Raquel Miranda. Es Investigadora Independiente del CONICET y docente regular de la Facultad de Ciencias Humanas de la Universidad Nacional de La Pampa (Argentina). Es Directora del Instituto Interdisciplinario de Estudios Americanos y Europeos (IDEAE) en esa misma unidad académica.

Laura Pérez. Es Becaria postdoctoral del CONICET y Jefe de Trabajos Prácticos de la cátedra Lengua y Literatura Griegas de la Facultad de Ciencias Humanas de la Universidad Nacional de La Pampa (Argentina).

Viviana Suñol. Es Investigadora Adjunta del CONICET en el Instituto de Investigaciones en Humanidades y Ciencias Sociales de la Facultad de Humanidades y Ciencias de la Educación de la Universidad Nacional de La Plata (Argentina). Es miembro del Centro de Estudios Helénicos de dicha Facultad.

Introducción

Lidia Raquel Miranda
CONICET/IDEAE, FCH, UNLPam
mirandaferrari@cpenet.com.ar

Viviana Suñol
IdIHCS, FaHCE UNLP/CONICET
vsunyol@gmail.com

*R*etórica, filosofía y educación: de la Antigüedad al Medievo es el ambicioso título que hemos elegido para denominar este volumen que ponemos a disposición de la comunidad académica en esta oportunidad. Ambicioso porque abarcar un dilatado período que incluya la Antigüedad, la Tardoantigüedad y el Medioevo es prácticamente imposible en el acotado espacio de un libro. Ambicioso porque las esferas de la retórica, la filosofía y la educación –aunque se intersectan como ámbitos del pensamiento en las épocas que nos conciernen– son en sí mismas grandes áreas en las que tienen lugar desarrollos históricos, epistemológicos y hermenéuticos particulares, difíciles de aunar bajo una única mirada. Ambicioso porque, más que cerrar o encauzar una perspectiva de abordaje y un contenido específico, promueve la apertura de las reflexiones hacia distintas realizaciones o aportes, en el seno de las humanidades, que instalen –incluso, reinstalen– los debates y las especulaciones investigativas. Pese a ello, hemos escogido ese título. ¿Por qué? Sencillamente porque, en su elasticidad –tanto temporal como temática y metodológica– permite la inclusión de las colaboraciones que hemos reunido sin forzar una pertinencia ni ceñir sus alcances científicos a una zona estrictamente delimitada.

El otro motivo de la elección del título es el hecho de que este libro representa, aunque no es el único logro concreto[1], los resulta-

---

1   Señal de ello son, sin mencionar una profusa producción de artículos, capítulos y ponencias, los libros *Metáfora y episteme: hacia una hermenéutica de las instituciones,* editado por Lidia Raquel Miranda y publicado en 2017 por Círculo Hermenéutico, *Derecho y lenguaje. Abordajes epistemológicos de una relación compleja*, editado por Helga María Lell y publicado por Marcial Pons en 2018, y un segundo volumen, editado por Viviana Suñol y Lidia Raquel Miranda, *La educación en la filosofía antigua. Ética, retórica y arte en la formación del ciudadano*, publicado en 2019 por Miño y Dávila como parte de esta misma colección.

dos de casi diez años de trabajo en torno de ciertas problemáticas de la retórica, la filosofía y la educación que nos han permitido estrechar lazos académicos y fraternos con estudiosos del país y del extranjero y consolidar una línea de investigación que, especialmente en el ámbito de la Universidad Nacional de La Pampa, no cuenta con otros referentes, más allá de quienes conformamos el equipo de investigación.

Esta trayectoria sostenida de casi una década se inició con el PICTO 2011 0201 "Metáfora y *episteme*: hacia una hermenéutica de las instituciones" (UNLPam-ANPCyT), dirigido por Lidia Raquel Miranda, cuyo objetivo fue analizar la configuración discursiva de las instituciones occidentales a partir del estudio de un corpus textual, amplio desde el punto de vista histórico, geográfico y temático, correspondiente a distintas disciplinas histórico-hermenéuticas que conciben la institución como una ordenación parcial de la vida del hombre en sociedad en cuanto sistema de vigencias y pautas regulativas.

Seguidamente, otros dos proyectos, también dirigidos por Miranda y en el marco de los cuales ha sido posible concretar la publicación del presente volumen, han permitido profundizar el camino iniciado. Se trata del PIO 2015 CONICET-UNLPam "Retórica, lengua y disciplina: desafíos educativos para la Universidad en el siglo XXI" y del PICT 2016 0534 "Cuerpo y metáfora en la construcción ideológica de las instituciones jurídicas y políticas". El primero de estos proyectos se ocupa de examinar las condiciones educativas de acceso a la cultura letrada en el seno de varias disciplinas, de caracterizar las acciones que promueven la conciencia retórica y de analizar y describir las prácticas retóricas y lingüísticas de cada comunidad disciplinar. Uno de sus objetivos particulares, focalizado en estudiar la historia y las características del sistema retórico desde sus orígenes hasta la actualidad, es el que más particularmente aparece desarrollado en los capítulos que siguen. En cuanto al segundo proyecto mencionado, su centro de interés se ubica en las representaciones, asociadas con el cuerpo, de diversas instituciones jurídicas y políticas, en pos de examinar la influencia del imaginario social y su impacto en la vida de los sujetos. Asimismo, procura dilucidar el influjo de los elementos retóricos en las instituciones y evidenciar el proceso histórico de metaforización y variación de sentidos asociados con cada una de ellas, temas que son también objeto de análisis en algunos de los capítulos de nuestro libro.

De esta constelación de temas surge el subtítulo que señala la publicación – *Instituciones, cuerpos y discursos*– que, sin duda, es tan vasto y casi inaccesible como el título pero que, al igual que él, ofrece espacio suficiente para las disquisiciones multidisciplinares que la obra alberga.

Hechas estas aclaraciones, conviene explicar el derrotero que sigue el volumen para guiar la lectura en este territorio tan extendido. La ordenación lógica, por ser la más asequible para una estructuración del contenido, que hemos preferido es la cronológica. Es así que inicialmente aparecen los capítulos que se ocupan de la Antigüedad grecorromana, en nuestro caso los referidos al ámbito latino, primeramente, y al helenístico, en segundo lugar. A continuación, se ubican las colaboraciones que se dedican a manifestaciones tardoantiguas, primero, y medievales después. Finalmente, cierra el volumen un capítulo referido a una fuente filosófica del siglo XX que reflexiona sobre las épocas que nos interesan.

Sin embargo, el cúmulo de fuentes, temas, intereses y ópticas de interpretación nos permite otras formas de agrupación de los capítulos, a la hora de asignar un sentido global al libro, que dan cuenta, obviamente, de una hermenéutica más compleja que la mera secuencia temporal de los textos y discursos a los que cada una de las secciones se aplica.

En tal sentido, un primer conjunto lo forman el capítulo 2 y el 9, "¿El pueblo dónde está? Consideraciones en torno a la participación política popular en la república romana tardía" y "La violencia contra los musulmanes y el ascenso social de la caballería villana: un análisis a partir de una fuente narrativa del siglo XIII". Estas dos contribuciones tienen en común la perspectiva histórico-política para el tratamiento de sus respectivos temas –la institución del *populus* romano y la de los caballeros villanos, respectivamente– y el estudio retórico-discursivo de fuentes documentales.

Juan Gerardi (UNMdP/PEFSCEA), en el capítulo 2, analiza el lugar que ocupaba el pueblo romano en la toma de decisiones públicas. Para ello, el autor recupera los enunciados de la producción intelectual de los analistas del sistema político, con especial atención en la conceptualización del referente que expresa el término *populus*. Las distintas fuentes estudiadas revelan las condiciones, contextos, oportunidades y límites en el ejercicio de los derechos por parte de los ciudadanos y demuestran, en definitiva, que el pueblo romano no era homogéneo pero que quienes se reunían y expresaban colectivamente –en las calles, en las asambleas, en los espectáculos– tenían la posibilidad de disputar espacios de poder en la estructura política.

Por su parte, Juan Cruz López Rasch (UNLPam), en el capítulo noveno, estudia la caballería villana hispánica entre los siglos XI y XIII –época en que las tropas musulmanas eran una amenaza para los territorios de la Extremadura castellano-leonesa y en la que se reconfiguran las relaciones políticas entre los miembros de la elite– a partir del análisis de la *Crónica de la población de Ávila*, polémico texto que ofrece un relato sobre los jinetes del concejo abulense. El examen de la crónica permite al autor constatar que las prerrogativas de que gozaban los caballeros villanos, principalmente la exención tributaria y su posición en el seno del concejo, se justificaban en razón de sus hazañas militares, las que permitían repeler las amenazas externas y brindar seguridad interna. Por ello, la crónica demuestra que, lejos de representar una amenaza moral, la violencia permitía consolidar lazos e identidades sociales.

Tres capítulos configuran claramente otro grupo, dado que se ocupan de un mismo autor, Filón de Alejandría, y del análisis filológico y filosófico de varias de sus obras. Se trata de los capítulos 3, 4 y 5.

Marta Alesso (UNLPam), en "La institución del *šabbāt* (תָבַשׁ)", luego de exponer las características de la institución del sábado en la literatura rabínica y de comentar sus posibles orígenes extrabíblicos, observa cómo la literatura judeohelenística interpreta el relato del Génesis referido a este tema. En especial, la autora se ocupa del tratamiento que acerca de la hebdómada hace Filón en *Sobre la creación del mundo según Moisés* y en *Alegorías de las leyes* 1, obras a las que califica como "ejemplo de la síntesis conceptual del pensamiento judeo-alejandrino que abreva tanto en la filosofía griega (platonismo-pitagorismo) como en la tradición litúrgica hebrea". Sostiene Alesso que el objetivo del alejandrino es demostrar la superioridad de la ley mosaica, pero a través de una reflexión

Lidia Raquel Miranda y Viviana Suñol (eds.)

de orientación ecuménica que la explique en términos filosóficos y, por lo tanto, sin matices negativos.

Paola Druille (CONICET/UNLPam) en "Ἀναγϱάφων νόμος: la ley escrita en *Sobre el decálogo* de Filón de Alejandría", analiza el vocabulario jurídico de Filón de Alejandría y su preocupación por sistematizar las leyes de Moisés. En tal sentido, la autora reconoce en la obra del hermeneuta la concepción propia de los pueblos que ordenan jurídicamente sus normas. Su trabajo se concentra, principalmente, en la expresión ἀναγϱάφων νόμος de la fuente filónica, sus referencias semánticas, su posible definición y la descripción del método de clasificación y ordenación de la ley escrita ideada por Filón así como de sus niveles jerárquicos de organización. La institución de la "ley escrita o inscripta" significa, para Druille, un cambio sustancial en el pensamiento de Filón ya que, al razonar la normativa del Pentateuco desde la perspectiva del ordenamiento jurídico, propone un sistema orgánico que, aunque incluye un contenido exegético, se "prefigura como la primera clasificación legal conocida de la normativa judía alejandrina".

Por su parte, Laura Pérez (CONICET/UNLPam) en "Los prosélitos en la *Exposición de la Ley* de Filón: la conversión religiosa y el ingreso a la comunidad judía" analiza la figura de los prosélitos con la intención de comprender las concepciones y actitudes hacia el fenómeno de la conversión en la época de Filón. El estudio indaga, primeramente, en la terminología bíblica hebrea y el vocabulario griego empleado en la Septuaginta para determinar el sentido de πϱοσήλυτος y de otros términos relacionados con él en los textos de Filón y de autores contemporáneos. Luego, se focaliza en el examen de la concepción que Filón expresa acerca de la conversión del prosélito, tanto desde el punto de vista religioso como desde el sociopolítico. Finalmente, recala en aquellas leyes particulares que, para Filón, conciernen a los prosélitos y ponen de manifiesto su lugar en el seno de la comunidad judía, su incidencia en las relaciones personales y su posicionamiento social y político en el contexto del Imperio romano.

El hilo conductor de estas secciones es el análisis de una institución, distinta en cada caso, pero todas relevantes en las reflexiones de Filón alejandrino: el sábado o descanso semanal, la ley escrita o inscripta y la conversión de los prosélitos. A estos tres capítulos podríamos sumar el capítulo 7, "La función pedagógica de la hermenéutica alegórica en Agustín de Hipona: el caso de las dos ciudades", de Ricardo García (UNS), que, si bien se ocupa de una obra posterior en el tiempo y ya no judeohelenística sino cristiana, enfatiza el valor pedagógico de la hermenéutica alegórica para el caso de san Agustín, tal como las anteriores autoras lo hacen en el de Filón. En efecto, García analiza la utilización de la interpretación alegórica por parte de Agustín de Hipona para distinguir las dos ciudades de la *Ciudad de Dios*, obra que constituye "el resultado de su esfuerzo retórico-apologético a favor de la religión cristiana". El capítulo se inicia con el análisis de la descripción de las dos ciudades, en apariencia contradictoria debido a que las presenta ya como realidades espirituales, ya como entidades claramente históricas. A continuación, el autor investiga en qué consiste para Agustín la lectura alegórica, por oposición crítica a la concepción helenística, específicamente de Varrón y de Porfirio. Por último, expone la función pedagógica de la hermenéutica espiritual que utiliza Agustín, en el marco de su esfuerzo intelectual y existencial por aclamar la verdad del cristianismo.

El sentido educativo de la exégesis alegórica es uno de los temas que también aparece en el capítulo 6, "La bebida excelente que embriaga a los justos: bases retóricas de la representación del hombre sabio en *Noé* de Ambrosio de Milán", a cargo de Lidia Raquel Miranda (CONICET/UNLPam). Sin embargo, esta contribución está más vinculada con el capítulo 8, compuesto por Luján Díaz Duckwen (UNMdP), "El Paraíso en *Vidas de los Santos Padres de Mérida*. Una aproximación a la Historia de los Sentidos", puesto que ambas secciones tienen como foco de análisis la persona humana y su representación corporal en las fuentes tardoantiguas estudiadas. Miranda registra y explica los temas y tópicos que Ambrosio utiliza para simbolizar a Noé como hombre justo y sabio, especialmente aquellos que se valen de metáforas corporales. La autora sostiene que las analogías con el cuerpo aseguran la transmisión de la exégesis con un sentido pastoral, vale decir que son las que permiten explicar la palabra sagrada de manera sencilla o comprensible y, así, aseguran la aprehensión del mensaje cristiano e institucional del obispo por parte de los destinatarios del texto.

Díaz Duckwen organiza su capítulo en torno a dos objetivos: el de analizar la hagiografía como discurso y el de determinar las herramientas conceptuales y metodológicas que provee la historia de los sentidos para el estudio de la fuente hagiográfica elegida. Así, su trabajo se desarrolla a partir de la hipótesis de que, durante el período tardoantiguo, la hagiografía fue el medio que contribuyó a la formación de un "paisaje sensorial" de gran influencia en la vida de los creyentes, habida cuenta del fuerte vínculo entre la significación de los sentidos y la pauta moral. En *Vidas de los Santos Padres de Mérida* se propone un ascenso de los sentidos que desemboca en una representación piramidal del Paraíso y ubica en la cúspide al protagonista y a la misma urbe emeritense, lo cual otorga un plus social y político al sentido moral promovido que, según la autora, indica el paso del poder romano al visigodo junto a la inmortalidad y la legitimidad divina de la ciudad.

Finalmente, el capítulo 3 de Nicolás Jarque (UNS), "Traer a la tierra al poeta que aullaba", y el 10, "La libertad medieval en Ortega y Gasset: entre feudalismo y corporativismo", redactado por Santiago Argüello (CONICET/UNCuyo) y Hermann Ibach (UNSL), siguen sendas particulares, si bien relacionadas en sentido general con los demás, más bien independientes en cuanto a problemas y metodologías de aproximación. Jarque se ocupa del valor sociológico, hermenéutico y literario de los epigramas de Marcial, al observar las posibilidades de lectura que ofrecen los poemas y ubicarlos en un plano cultural amplio, que concibe la figura del poeta como lector y la del lector como determinante del valor del texto, así como la serie de planos que intersectan la literatura (menor o marginal como es el género del epigrama) con los alcances urbanos, políticos y estéticos que tiene la idea de Roma.

En cuanto a Argüello e Ibach, su contribución aporta una comprensión de la reflexión de Ortega y Gasset acerca de la Argentina a la luz de las conexiones que él establece entre la historia y las teorías sociopolíticas modernas y aquellas pertenecientes a la Antigüedad y Edad Media. El trabajo discurre a partir de dos núcleos de pensamiento del autor español, a saber, la valoración de la libertad feudal y la consideración de la sociedad medieval como organismo, para oponer el mundo medieval al moderno. Los autores concluyen que, en la lógica orteguiana, los rasgos del personalismo medieval subyacen en una conjunción del "liberalismo romántico del guerrero" con el "cooperativismo inherente a la teoría orgánica social", vínculo que según el análisis no clausura los estudios sobre Ortega y Gasset sino que abre la materia a otras discusiones filosóficas.

Es posible que los apreciados lectores encuentren otras secuencias de lectura o de enlace entre los capítulos, sin duda un efecto deseado en estas páginas por quienes editamos el libro y redactamos las secciones, ya que las matrices de pensamiento y los análisis discursivos propuestos no son más que un punto de partida en la aventura del conocimiento que significan la retórica, la filosofía y la educación en el mundo antiguo y medieval.

Lidia Raquel Miranda y Viviana Suñol (eds.)

¿EL PUEBLO DÓNDE ESTÁ?

CONSIDERACIONES EN TORNO A LA PARTICIPACIÓN POLÍTICA POPULAR EN LA REPÚBLICA ROMANA TARDÍA

Juan M. Gerardi
Universidad Nacional de Mar del Plata/PEFSCEA
historiantiguaunmdp@gmail.com

Introducción

A lain Badiou (2014) sostiene que el término "pueblo" es un vocablo neutro que, como tantos otros en el léxico político, adquiere distintos significados dependiendo del contexto en el que se inserta. La validez de la premisa se corrobora cuando constatamos que la palabra *populus* (pueblo, en latín) podía ser empleada para hacer alusión tanto a la totalidad de la población como a su parte subalterna y plebeya (Nicolet 1982). La polisemia del concepto indica que podía designar a un grupo colectivo concreto o a una entidad abstracta y general (Morley 2004)[1]. La falta de problematización en torno a la identificación de los referentes en los textos es una de las causas del desacuerdo sobre la naturaleza de la república romana y el carácter de la participación política popular (Ward 2004 y Gerardi 2016)[2]. Esta vaguedad promovió que se produjeran varios equívocos interpretativos que llevaron a los analistas a calificar la república como un sistema de carácter oligárquico (Gruen 1974; Steel 2013), con una tendencia a la nula participación popular, o bien tomando ese elemento por su valor

---

[1] La distinción entre *plebs sordida* y *plebs integra* presuponía la aplicación de una escala de valores a la estratificación social. El pueblo era también calificado como una *multitudo* o *turbae* en un gesto que profundizaba el efecto deshumanizador que tenía en la población la denominación colectiva.

[2] La controversia en torno al carácter del sistema político romano tiene un amplio desarrollo en la historiografía sobre la república tardía. En ese marco, el aspecto nodal que anima el debate es la intención de determinar el lugar que ocupaba el pueblo en la toma de decisiones colectivas.

nominal a estimar los aspectos democráticos del sistema[3]. Por ello, aquí nos proponemos analizar qué lugar ocupaba el pueblo en la toma de decisiones colectivas, atendiendo a las condiciones de posibilidad, los alcances y los límites que la estructura habilitaba.

La historiografía comenzó a indagar sobre la condición política del pueblo romano recién en la segunda mitad del siglo XX. Hasta ese momento, los historiadores, influenciados por los aportes de la sociología de las élites, circunscribían sus indagaciones a las vicisitudes de los sectores dominantes, sus redes de relaciones y vínculos familiares mediante la aplicación del método prosopográfico[4]. La aprobación de ese modelo sociológico derivó en la constatación axiomática de la premisa que señalaba que todas las formas de gobierno encontraban detrás una oligarquía dominante. El comportamiento de las masas e intereses populares no revestían importancia alguna para el historiador, porque se sugería que la capacidad de actuar políticamente estaba en manos de un grupo reducido que arbitraba la toma de decisiones. De manera coherente, Ronald Syme (2010, 563), el representante más influyente de esta perspectiva, concluyó su libro afirmando que las clases bajas "no tenían voz en el gobierno, ni sitio en la historia".

La aceptación dogmática de la premisa derivó en la constatación de la hipótesis que indicaba que las redes parentales, de clientelismo y de *amicitia* se extendían conformando una red de dependencias verticales que aseguraban la direccionalidad de la votación en los procesos legislativos y judiciales así como en la elección de los magistrados[5]. Pronto aparecieron voces disidentes que cuestionaron el enfoque. Por ejemplo, Arnaldo Momigliano, en la reseña que publicó en *The Journal of Roman Studies* sobre la *Roman Revolution* de Syme, destacó que existía una concepción errada de la materia del conocimiento de la historia puesto que "history is the history of problems, not of individuals or of groups" (Momigliano 1940, 77-78).

---

3   En la historiografía constitucionalista italiana una afirmación de esa hipótesis aparece en Guarino (1979) y una revisión crítica, en Polverini (2005).

4   Elaboradas por Gaetano Mosca, Wilfredo Pareto, Robert Michels y Joseph Schumpenter (Morstein Marx 2009).

5   Por ejemplo, véanse Scullard (1935 [1980], 333 y ss.), Badian (1958) y Briscoe (1982, 1075-1121).

Al ampliar el rango de interrogantes, las contradicciones del modelo llevaron a los especialistas a cuestionar las conclusiones historiográficas heredadas. Determinados aspectos como, por ejemplo, la amplitud, el carácter, la intensidad y la función de los vínculos sociales comenzaron a ser investigados en el marco del avance del estudio de la estructura social romana (Hammer 2009)[6]. La problemática emergió en oposición a la idea que presupone la noción de sistema (Briquet 1998). Los especialistas cuestionaron la idea, de acuerdo a la cual la totalidad de las relaciones sociales, en una comunidad particular, se encontraba estructurada por la lógica que ordenaba los vínculos predominantes, en el caso de Roma, según se creía, del tipo patrón-cliente (García Mac Gaw 2009). Esto se tradujo en un intento por definir con precisión sus aspectos distintivos en cada contexto, superando las descripciones estructurales y estereotipadas más corrientes[7].

La incorporación de los aportes de la Historia social y el enfoque centrado en las clases bajas, desarrollado por los historiadores marxistas británicos, permitieron ampliar el rango de indagaciones y los grupos sociales considerados hasta ese momento[8]. En ese marco, Fergus Millar publicó una serie de artículos referidos al carácter de la política romana que modificaron el eje sobre el cual se organizaba la discusión (Millar 1984; 1986; 1989). Para el autor, que aplicó a su estudio las proposiciones de Polibio sobre la república como un ejemplo típico de constitución mixta, el pueblo no era un agente pasivo, ni dependiente, sino que se comportaba de una manera racional y tomaba sus propias decisiones. Por ello indica que:

---

6   Este cambio se produjo en forma paralela a las discusiones que tuvieron lugar en el campo de la Antropología y la Sociología, a fines de 1950, en contra de los posicionamientos de la corriente funcionalista-sistémica y las teorías de la modernización.

7   Eisenstadt y Roniger (1980) sintetizan los rasgos centrales de la relación patrón-cliente. La peculiar combinación de competencia, desigualdad, asimetría y solidaridad evidencia los distintos niveles en los que se desarrollan los vínculos clientelísticos, en los que se cumplen funciones sociales disímiles entre los intercambios específicos y generalizados.

8   Duplá (2011) afirma que las obras que produjeron fueron motivo de admiración e inspiración para la formulación de nuevos problemas en Historia antigua, cuya influencia se puede observar en Zvi Yavetz, Peter Brunt o los Coloquios de Besançon y sus estudios sobre la esclavitud.

no podemos entender la política romana, si nuestra perspectiva no abarca, junto a la consideración del poder de las personas que ocupaban los cargos públicos y el poder colectivo del Senado, el poder del pueblo representado, aunque de manera imperfecta, en sus asambleas. (Millar 1984, 2)

Los ciudadanos romanos tenían tres derechos constitucionales básicos: la votación directa sobre la legislación, incluyendo las declaraciones de guerra y los tratados de paz; la posibilidad de elegir a los titulares anuales de todos los cargos y la facultad de juzgar en los tribunales populares (Nicolet 1991). Teniendo en cuenta estas características, si tomamos el término democracia, en un sentido neutral, podemos afirmar que la constitución republicana podía ser calificada como una democracia directa (Millar 1998; 2002).

Las observaciones de Millar fueron sometidas a un intenso escrutinio por parte de la comunidad académica. Las tendencias analíticas actuales se centran en la particular configuración de las instituciones destinadas a canalizar la expresión política del *populus*[9]. Esta perspectiva se basa en una concepción que reduce el problema de la participación política al "régimen electoral" eludiendo la pregunta sobre los límites que impone esa mirada modernizante[10]. En efecto, tal como destacó Finley (1986), la categoría es inadecuada e insuficiente para Roma, puesto que si bien los romanos tenían asambleas, realizaban elecciones, entre otras

---

[9] En los últimos años se multiplicaron los historiadores que estudiaron las dimensiones físicas de los espacios de participación y las limitaciones materiales que tenía la ciudadanía para formar parte del sistema de debate abierto al público del que hablaba Millar. Mac Mullen (1980), Coarelli (1997), Mouritsen (2001), entre otros autores, como Carandini (2000), ofrecen una síntesis accesible sobre la evolución del espacio público en Roma. Entre las investigaciones más recientes en clave comparativa sugiero ver Laurence y Newsome (2011) sobre Roma, Ostia y Pompeya; O'Sullivan (2011) sobre la cultura arquitectónica romana y la importancia de la creación de barreras espaciales para el control social, y Russel (2016) en relación con los espacios públicos de la política.

[10] Los estudios de Lintott (1999), Yakobson (1999) y North (2006) pusieron el acento en el funcionamiento de las asambleas, las modificaciones en las bases censales y los efectos de la ampliación de la ciudadanía sobre la participación política del pueblo. En esa línea, se pueden incluir los trabajos que abordan la situación interactiva entre el pueblo y la élite haciendo hincapié en los medios de difusión de la información, los espacios de debate, etc: entre ellos Pina Polo (1999) sobre las *contiones* (asambleas no electivas); Morstein-Marx (2004) acerca de la comunicación política; y la compilación de Steel y van der Blom (2013) en relación al modelo de intervención pública característico de la república.

acciones políticas, el ejercicio de la ciudadanía y la cultura política como tal no se reducía al pronunciamiento del voto[11].

Una de las vías de análisis que se ha desarrollado en este sentido puede atribuirse a Karl Holkeskamp (2010). Este autor recupera nociones provenientes de la Sociología y la Semiótica para elaborar una descripción densa (al modo propuesto por Clifford Geertz) de lo que en su opinión constituían los elementos articuladores del fenómeno político, que incluía junto a los procedimientos, las estructuras formales y las instituciones, las condiciones sociales, los mecanismos identitarios, los códigos simbólicos, los valores y las expectativas de las personas.

El modelo relacional implícito reinstaura el control de la situación por parte de la élite y abona la idea de modelos de gestión del público que impiden una adecuada comprensión del fenómeno. En efecto, se impone una visión "desde arriba hacia abajo" que presupone la existencia de una única modalidad de integración política que normaliza las tensiones y conflictos. Estos procesos pueden apreciarse recuperando un enfoque que ponga de relieve su experiencia, mediada por las fuentes, en un plano más amplio de relaciones sociales. En el apartado siguiente, intentaremos recuperar los enunciados que provienen de la producción intelectual de los analistas del sistema político, estableciendo el primer punto de conceptualización del referente que expresa el término *populus* en ese contexto.

Senatus populusque romanus

La particularidad de la república como régimen de gobierno puede advertirse en las representaciones, las fórmulas y los conceptos que los romanos empleaban para definir la específica articulación de fuerzas sociales que la caracterizaba. El Senado y el pueblo de Roma constituían elementos básicos, dentro de los cuales existían otras tantas divisiones de rango y orden, que representaban las fuentes de las que emanaba el poder y la autoridad, tal como lo reflejaba la frase *Senatus populusque romanus* (Manzanera 2007; Wood 2008). Si bien el acrónimo SPQR es una creación posterior a la fundación de la república, y el registro más

---

11   Cf. Harris (1990) sobre el concepto de cultura política.

antiguo de su empleo oficial se ubica por primera vez en el 189 a.C.[12], revelaba la existencia de dos cuerpos sociales irreductibles que históricamente dieron forma a la estructura de poder.

La dualidad que señalamos puede ser constatada en las representaciones de la república como un cuerpo de dos cabezas, según una concepción organicista de carácter biológico[13]. La mejor representación de esta configuración dual la encontramos en la fábula de Menenio Agripa pronunciada durante la primera secesión plebeya bien documentada en las obras de Tito Livio 2. 32; Dionisio de Halicarnaso 6. 86; Plutarco, *Coriolano*, 5-6 y Dión Casio 4. 9-14[14]. La historia simboliza la tensión entre los componentes del cuerpo cívico al mismo tiempo que da cuenta de la mutua dependencia entre ambos como garantía de la supervivencia de la comunidad[15].

De acuerdo con Livio, Agripa explicó a la plebe que hubo un tiempo en el que las partes del cuerpo no conformaban un todo en armonía, sino que cada una expresaba su propia opinión, manteniendo con el estómago cierto recelo en virtud de que este disfrutaba de los beneficios del trabajo colectivo, en apariencia, sin hacer nada. Las partes del cuerpo, según indica, se confabularon con la intención de doblegar al estómago, negándose a proporcionarle alimentos. Sin embargo, pronto notaron que, con el castigo que le infligieron, ocasionaron un mal para todo el cuerpo puesto que este entró en un proceso rápido de desmejoramiento. Las manos, la boca y los pies comprendieron que el prejuicio que le provocaron al vientre se lo produjeron también a sí mismos, puesto que el estómago cumplía la importante función de distribuir aquello que recibía (Tito Livio, 2.32.9-12). El resultado de aquel episodio fue que los plebeyos se convencieron de la necesidad de mantener unida la comunidad y de que los intereses individuales debían

---

12 Martin (1986) aborda el origen de la fórmula SPQR a partir del estudio de los bronces de Lascuta y de Alcántara, los registros materiales más antiguos en los que se emplea el acrónimo.

13 Algunos ejemplos de ello son Tito Livio 4. 9.4 y 4. 34.5. También Séneca, *Epístola a Lucilio*. 102; Lucano, *Farsalia*, 6. 292-294 y Plinio, *Historia Natural*, 15. 120-121.

14 Al respecto pueden consultarse López Barja de Quiroga (2007) y Pérez López (2014).

15 Moatti (2008) sostiene que la fábula era una demostración de que la ciudad es un cuerpo cuyos miembros, todos sin excepción, contribuyen a su funcionamiento. La concepción armónica del desarrollo de la ciudad descansa en el equilibrio entre sus partes, la concordia de los ciudadanos y la generación de solidaridades políticas.

quedar subsumidos al interés común (López Barja de Quiroga 2007). El apólogo es una representación metafórica de las tensiones que existían en la comunidad por la desigual apropiación de los bienes y el modo en que los conflictos se normalizaban.

La concepción bipartita de la sociedad romana se encuentra presente de diversas maneras en los registros literarios. Esto indica, en cierta forma, la eficacia ideológica de esta construcción. Por ejemplo, en el discurso que pronunció Cicerón en favor de Murena se refiere a la existencia de dos cuerpos en la república, a los que Catilina había diferenciado como "uno sin fuerza, con una cabeza débil; otro fuerte pero sin cabeza" (Cicerón, *Defensa de Murena*, 51). En la obra que dedicó a la guerra contra Yugurta, Salustio planteó que por largo tiempo la administración de la república había sido llevada a cabo de forma pacífica y de común acuerdo entre el pueblo y el Senado, pero que la guerra contra Cartago vino a trastocarlo todo: "Pues antes de la destrucción de Cartago el pueblo y el senado romano trataban con calma y mesura entre ambos los asuntos públicos y no había entre los ciudadanos pugna por la gloria y el poder" (Salustio, *Yugurta* 41). En las epístolas que se le atribuyen a Salustio, dirigidas a Julio César, se destaca también que la división afecta a la ciudadanía: "Yo entiendo que la ciudad, conforme a la enseñanza recibida de nuestros mayores, se dividía en dos partes, patricios y plebe" (Pseudo Salustio, *Epístolas a César*, 2. 5. 1-2).

Es cierto que los polos de oposición a los que refieren los autores citados representaban grupos distintos en cada caso, pero de igual modo es posible advertir que la república no podía pensarse si no era en un sentido relacional que articulaba la interacción de grupos desiguales en su seno. En consecuencia, es necesario recuperar el significado de la idea de la constitución mixta a la que fue asociada por sus analistas clásicos.

El historiador griego Polibio fue el primero en realizar un análisis sobre las particularidades de la *politeia* romana y el papel que ocupaba el pueblo en la administración de la *res publica*[16]. En

---

16   Polibio, *Historias*, 6. 2. 5-7 presenta las tres formas constitucionales (realeza, aristocracia y democracia) y señala que, aun cuando se consideren las mejores, quienes realizan esa clasificación se equivocan, puesto que debe considerarse una combinación de ellas la óptima para el desarrollo de un pueblo. Al respecto Lintott (1997) sostiene que se trata de un texto original en cuanto a la argumentación mientras que

el libro VI de *Historias*[17] señaló que su propósito era establecer qué tipo de constitución le había permitido a Roma, en menos de cincuenta y tres años, obtener el dominio del Mediterráneo, con la convicción de que esa era la causa efectiva del éxito de su expansión (Polibio, *Historias*, 6. 2. 1-3). En la estructura del texto, el historiador de Megalópolis dedicó los apartados 5 a 9 a exponer su teoría de la anacíclosis[18], elemento esencial para comprender la teoría constitucional (Nicolet 1974). La trayectoria histórica de Roma no escapaba, en su opinión, al proceso de formación, desarrollo y declive que alimentaba la metáfora del ciclo vital (Polibio, *Historias*, 6. 5-9)[19]. La diferencia con otras *póleis* era que en el curso de su historia los romanos habían llegado a una constitución mixta que integraba las tres mejores formas de gobierno retrasando el proceso natural de corrupción[20]. El funcionamiento de sus instituciones básicas (la asamblea de la plebe, el Senado y los cónsules) permitía que ninguno de los elementos, al menos teóricamente, prevaleciera sobre el resto. De ese modo, nadie podía afirmar si se trataba de un gobierno de tipo monárquico, aristocrático o democrático[21].

Champion (2004) plantea que Polibio miró a Roma con ojos griegos, lo que en cierta forma convierte a sus observaciones en imprecisas.

17 Sobre la composición, propósitos y coherencia de los argumentos de Polibio, en el libro VI de *Historias*, sugiero ver el artículo de Brink y Walbank (1954). Los autores sostienen que existen dos capas de significación que reflejan una modificación en la percepción de Polibio sobre los logros de la constitución romana y las virtudes de la hegemonía alcanzada en la región.

18 Sobre este concepto puede seguirse a Atkins (2013). El autor recupera el paralelismo entre el modelo de Polibio y los argumentos que desarrolla Cicerón en *Sobre la república*, 2. 25.45.

19 Un estudio de los términos empleados por Polibio para marcar el peso de la forma en que se engendra el ciclo de las constituciones y cómo cambia de una forma a la otra se encuentra en Díaz Tejera (1975). Del mismo modo, Halm (1995) sostiene que el ciclo de cambio social de Polibio, en última instancia, deriva de patrones de comportamiento humanos que en su interior tienen impulsos contradictorios de cooperación voluntaria y búsqueda del beneficio personal.

20 Existen múltiples ambivalencias en el texto, pero la ambigüedad entre la idea de cambio y declive constitucional al que Roma no puede escapar y la estabilidad del régimen político mixto ha suscitado desconcierto entre los analistas. La introducción de Díaz Tejera (1981) a la traducción al español proporciona una excelente guía para el problema que encuentra vinculado a las dos probables fases en que Polibio redactó el texto, a la luz de los acontecimientos de 150 a 146 a. C.

21 El equilibrio de poderes se definía por un conjunto de normas que pretendían regular el accionar de las partes. Por ejemplo, las magistraturas estaban sujetas a los princi-

Una vez establecidos los parámetros mencionados, Polibio describió las competencias de los cónsules, el Senado y el pueblo. La valoración sobre la importancia del pueblo en la recta administración de lo público instaló la observación de que la ciudadanía intervenía en todos los aspectos de la vida política. La potestad de conceder honores e infligir castigos era la piedra de toque que coronaba el sistema al poner en manos de toda la comunidad el juicio sobre el desempeño de quienes llevaban adelante la acción ejecutiva de todo gobierno (Polibio, *Historias*, 6. 14. 4-5). El pueblo intervenía en la selección de los magistrados, en la votación de las leyes, deliberaba sobre la guerra y la paz, y juzgaba sobre todos los asuntos y causas de importancia pública que se presentaban ante los tribunales (Polibio, *Historias*, 6. 14. 8-11).

El cuadro que presenta Polibio no valora suficientemente los medios y mecanismos concretos por los que cada uno de estos elementos de la constitución desarrolla sus competencias (cf. Walbank 1957). La importancia atribuida al ejército y al papel del Senado en la definición de la política externa ha llevado a que toda la atención se centrara en estos dos elementos sin contemplar la función de los ciudadanos.

Al igual que Polibio, Cicerón en *De Republica* sostiene que Roma es un ejemplo típico de constitución mixta[22]. No obstante, pese a compartir una matriz de preocupación común con Polibio, mantiene distancia de las conclusiones que extrae este último sobre los efectos de la distribución del poder en la república y el papel desempeñado por el pueblo (cf. Lintott 2008 y Schneider 2013). Polibio había analizado el funcionamiento de la constitución mixta de Roma en términos de la distribución del poder. En cambio, Cicerón distinguía entre el poder (*potestas*) de las magistraturas y la autoridad (*auctoritas*) del Senado. No se podía forjar un régimen estable solo con la distribución adecuada del poder; por el contrario, era necesario el aporte y el buen consejo de quienes eran portadores de la tradición, es decir, los *patres*. En su concepción, todas las cosas debían hacerse en conformidad con la opinión del

---

pios de anualidad, colegialidad y el cumplimiento de un *cursus honorum* (Crawford 1978).

22   Sigo el análisis de Oakeshott (2006, 226-229).

Senado dejando que unas pocas decisiones las tomara el pueblo[23] a los efectos de preservar el equilibrio constitucional y una cuota de libertad (Cicerón, *Sobre la República*, 2.32.56).

Es una *"especie libertatis"* en la que las prerrogativas emergen como garantes institucionalizados y representaciones simbólicas de la libertad del pueblo. En efecto, Cicerón establece que este era un principio que había sido establecido por los reyes con la intención de preservar la concordia entre la ciudadanía. El *populus* en su conjunto debía tener derecho a participar de la administración del Estado. Sin embargo, ese derecho, que suponía un principio de igualdad ante la ley, no podía igualar a personas que eran en inteligencia y fortuna desiguales. De manera que todo el sistema debía garantizar, como lo reflejaban los comicios, que todos pudieran, en principio, participar de la toma de decisiones sin que tuvieran un mismo valor. Para Cicerón el *populus* en su conjunto era importante, pero aquellos que tenían menos que perder debían consecuentemente ser limitados en sus prerrogativas guardando la apariencia de un sistema amplio de integración. En el apartado siguiente nos ocuparemos de las circunstancias concretas en las que se producía la participación política, evaluando los mecanismos institucionales y los procedimientos.

Asambleas romanas: el pueblo dice "Sí"

Una buena forma de ponderar el papel del pueblo en la política romana, aunque parcial en cuanto a las dimensiones que este aspecto ocupa, es evaluar la participación de los ciudadanos dentro de las asambleas. Los ciudadanos de pleno derecho representaban una parte minoritaria y variable de la población total que excluía, conforme a la definición de ciudadanía, a mujeres, niños y esclavos y restringía las prerrogativas de libertos y *cives sine suffragio*. El ejercicio de los derechos políticos dependía de complejas operaciones que tenían como fin registrar a cada ciudadano en uno de

---

23 En Cicerón, *Sobre la República*, 1. 31. 47: "En ellas los ciudadanos votan, nombran a los magistrados con mando supremo, participan en las elecciones y en la votación de las leyes, pero dan lo que ha de darse aunque no quiera, y dan a quien se lo pide lo que ellos mismos no tienen; porque están apartados del mando, del gobierno público, del juicio y de poder ser elegidos jueces, puesto que depende del abolengo y la fortuna de las familias".

los grupos cuyo conjunto constituía la *civitas*. La voluntad del pueblo resultaba del proceso de toma de decisiones en unidades de votación denominadas curias, centurias y tribus. Nos referiremos a las asambleas tribales y a las centuriadas. No abordaremos los comicios curiales teniendo en cuenta que desempeñaban una función ritual en la que los ciudadanos no intervenían, puesto que durante la república los lictores pasaron a ocupar el lugar que correspondía a las *gens* en la reunión de las curias (Forsythe 2005; 2007)[74].

El derecho comicial romano no contaba con una ley escrita, sino que se componía de prácticas, costumbres consuetudinarias y legislación *ad hoc* que se introdujo conforme a las necesidades de cada período. La tendencia a presentar su funcionamiento según un único parámetro inmutable en el tiempo empobreció la imagen de una institución que se adaptó a la coyuntura como consecuencia de las trasformaciones en la sociedad y la ampliación de derechos políticos. El marco en que cada ciudadano expresaba su opinión presuponía una igualdad geométrica que tenía como principio otorgar a cada uno de los componentes de la comunidad una cuota de participación, aunque esta resultara desigual respecto del peso específico que se le asignaba en el recuento de votos del conjunto al que pertenecía.

La instauración del censo, atribuida al rey Servio Tulio, fue el punto central de todo el proceso de ordenamiento de la población que se produjo durante los años finales de la monarquía. Este permitió conocer no solo la contribución en hombres y recursos, sino que también asignó un lugar a cada ciudadano en un esquema de organización política. Tal como sostiene Cornell (1999), produjo el reemplazo de la estructura de tribus gentilicias establecidas por Rómulo e introdujo un orden basado en el criterio de distinción entre las personas según la fortuna, la residencia, la edad y el estatus[25].

---

24 Las principales funciones de esta asamblea estaban relacionadas con el reconocimiento de testamentos y de adopciones, la confirmación del imperio (*lex curiata de imperio*), sin la cual un magistrado no podía ejercer el mando civil y militar, y la *inauguratio* del *rex sacrorum* y de otros cargos sacerdotales.

25 Una opinión similar puede encontrarse en Cicerón, *Sobre la República*, 2. 39 y en Dionisio de Halicarnaso, 4. 16.

La reforma de las tribus romúleas se concretó con la división de la población sobre una base territorial, un proceso gradual que solo se completó con el tiempo hasta alcanzar un número de treinta y cinco tribus, cuatro que correspondían al espacio geográfico de la ciudad y treinta y una que comprendían el *ager romanus*. El número se consolidó en el período que abarca los decenios entre el final del siglo IV y la mitad del siglo III partiendo de una cifra que los especialistas ubican entre quince y diecisiete tribus[26].

En lo que remite a la distribución de los ciudadanos en clases censales, todo el proceso dependía de la estimación del valor de los bienes de la familia. Servio Tulio distribuyó a la población en cinco clases de propiedad a las que les correspondía un número fijo de centurias, divididas a su vez en grupos iguales de edad de *iuniores* y *seniores*, a las que se sumaban las centurias supernumerarias de *equites*, obreros, músicos y *proletarii*. En orden descendente proporcionó a los *equites* dieciocho centurias, a los que seguían ochenta centurias de la primera clase, con una renta mínima de cien mil ases; inscribió a la segunda clase en veinte centurias con una renta de entre cien mil y setenta y cinco mil ases; concedió la misma cantidad de centurias para la tercera y la cuarta clase aunque con una renta de cincuenta mil ases y veinticinco mil ases respectivamente, mientras que a la quinta clase le asignó treinta centurias con una renta que en principio se estableció entre los once mil y doce mil ases. El cuadro se completó con dos centurias de obreros, dos de músicos y una centuria de *proletarii* sin renta (Tito Livio, 2. 43).

La distribución muestra la clara preponderancia de las clases con fortuna más elevada que, si se mostraban de acuerdo, podían obtener la mayoría simple que daba por concluida la votación (Mattingly 1937). El orden en el que se producía la emisión del sufragio privilegiaba esta estructura en la medida en que la consulta, o el llamado que realizaba el magistrado convocante, seguía un curso descendente que comenzaba con la votación de las centurias de *equites*, luego los *seniores* de la primera clase, seguido de los *uniores*, y así sucesivamente. Las decisiones se obtenían por la mayoría dentro de cada centuria que resolvía el voto de esa unidad. De

---

26 Cornell (1999) presenta de forma completa los debates en torno al proceso de conformación de las tribus al que las principales fuentes refieren como un proceso cerrado transponiendo la imagen de su propio tiempo a la época arcaica.

Lidia Raquel Miranda y Viviana Suñol (eds.)

un total de ciento noventa y tres centurias, la primera clase y las dieciocho centurias de *equites*, reunían un total de noventa y ocho con mayoría simple (Tito Livio, 1. 43; Dionisinio de Halicarnaso, 4. 18. 1-4).

El esquema precedente muestra que era muy difícil que el resto de las centurias pronunciaran su voto o, como sugieren algunos autores, que siquiera fueran llamados después de que se manifestaran las clases más ricas (Gruen 1991). La cuestión es que este presupuesto se basa en la idea de que existía un acuerdo entre las centurias de la primera clase. Noción que podría ser aceptada en función de los intereses comunes que podrían tener los miembros más ricos de la población si no fuera porque muchas veces estaban enfrentados por los mismos cargos en una estructura de mando que se expandía a un ritmo menor que el número de candidatos en condiciones para ejercer las magistraturas.

La mecánica de la votación en los *comitia centuriata* estaba determinada por un conjunto de procedimientos, un calendario específico y espacios de reunión que condicionan nuestra apreciación de conjunto sobre la participación política popular. En primer lugar, todo el proceso dependía de la acción del magistrado convocante, que era el único capacitado para presentar las cuestiones legislativas o judiciales y llamar a elecciones. En segundo lugar, la posibilidad de constituir a los ciudadanos en asamblea dependía de un calendario religioso que asignaba *dies fasti* (días que habilitaban la actividad conforme a los auspicios favorables de los dioses) y *dies nefasti* (días en que se prohibía toda actividad que no fueran ceremonias religiosas públicas). Esto dejaba un total de 195 / 197 días, no consecutivos, disponibles para la realización de las reuniones que podían ser desplazados por manifestaciones de presagios desfavorables. Habría que agregar, en este caso, que tanto la toma de los auspicios como la declaración de eventos que podrían suspender las votaciones eran un recurso en manos de la *nobilitas*. Además, se introdujeron normas que redujeron el número de días disponibles para la realización de las asambleas como resultado de la aprobación de la *Lex Hortensia* de 287 a.C., que prohibía su desarrollo en días de mercado, la *Lex Aelia et Fufia* de 150 a.C., que extendía el derecho de *obnuntiatio* a todos los magistrados, antes reservado a los miembros del colegio de los augures, y la *Lex Caecilia Didia* que en 98 a.C. estableció un intervalo de *tri nundinae*, un período de veinticuatro días, entre el anuncio de una ley y su votación (Willianson 2005).

Todas estas disposiciones tenían implicaciones para la asistencia de los ciudadanos a los comicios. Por ejemplo, los cambios en los días en que se realizaba el acto eleccionario, como la prohibición de su ejecución en los días de mercado, momento en que más personas podrían acercarse a la ciudad, resultaban en un gran límite (Taylor 1966 y Vishnia 2012). Debemos destacar también que la interpretación del efecto de estas leyes permite una matización. El establecimiento de un tiempo destinado a la difusión de la información entre los votantes, que admitía la realización de reuniones informales llamadas *contiones*, era un poderoso recurso para atraer a los votantes[27].

Entre 241 y 218 a.C. se produjo una modificación de los comicios centuriados que afectó la distribución de las unidades en las clases y probablemente el orden en que se producía la emisión del voto (Nicholls 1956). Las escasas referencias que tenemos al respecto no dan cuenta de las razones que motivaron la introducción de la reforma, aunque fue interpretada por los historiadores antiguos como una democratización del conjunto centuriado. Lo que sabemos es que el número de centurias de la primera clase se redujo de ochenta a setenta (treinta y cinco de *iuniores* y treinta y cinco de *seniores*) lo que implicaba una correlación con el número total de tribus[28]. Las centurias ecuestres continuaban siendo las mismas, pero a partir de ese momento ya no gozaban del beneficio de votar en primer lugar. La centuria *praerogativa* era elegida por sorteo entre las treinta y cinco centurias de *iuniores* de la primera clase (Millar 2002). El problema es que no tenemos información de cómo se distribuyeron las diez centurias de la primera clase

---

27 La tesis doctoral de Pina Polo (1989) aporta un estudio completo de las *contiones* civiles y militares.

28 En Tito Livio, 1.43.12: "No hay que extrañarse de que el sistema actual, que consta de treinta y cinco tribus y un número doble de centurias de más jóvenes y de mayores, no se corresponda con el número fijado por Servio Tulio". Grieve (1985) sostiene que Livio quería demostrar que la reforma habría reducido el peso y la autoridad de los *equites* y de la primera clase y la decisión final debía comprender, al menos, a los miembros de la segunda clase.

entre el resto de las otras clases, y si estaban vinculadas también al ordenamiento de las tribus para la votación[29].

En lo que respecta a los procedimientos en las asambleas tribales, la cuestión problemática tiene que ver con el orden de la votación y las dificultades materiales que debían enfrentar los ciudadanos. Los aspectos que regulaban el *concilium plebis* y los *comitia tributa* eran similares a los que detallamos para los comicios centuriados. En efecto, cuestiones como el calendario ritual, la normativa que establecía los días habilitados para actos públicos, el principio de votación corporativo y el desbalance en el número de tribus condicionaban su desenvolvimiento. Las asambleas tribales en principio no tenían un lugar fijo de reunión y podían convocarse tanto en el Foro o en el Capitolio, si tenían que decidir sobre un proceso judicial, como en el Campo de Marte, si el objetivo era la elección de los magistrados y la aprobación de las leyes. Los usos registrados en la documentación muestran que en siglo I a. C., después de la introducción de las *leges tabellariae*, los comicios tributos con fines electorales fueron transferidos fuera del *pomerium*. Esto significa que al menos las elecciones requerían de un espacio mayor al de los procesos ordinarios que debía atender la asamblea y sugiere que en esos casos el número de participantes se incrementaría en relación con el de un proceso judicial. Del mismo modo, nos proporciona un indicio del crecimiento de la ciudadanía y de las estructuras de la ciudad que ya no eran suficientes para albergar las elecciones (Nicolet 1982). La preminencia otorgada a la población rural, con treinta y una tribus rústicas, por encima de la población urbana que se organizaban en las cuatro tribus restantes, reflejaba la intención de proporcionar un mayor peso al campesinado. Es probable que la razón se encuentre en que se trataba del grupo que constituía la base social del ejército y eran las tribus en que se encontraban inscriptas las principales familias de la élite. En estos conjuntos de población primaba un criterio

---

29 A Dionisio de Halicarnaso, 4. 21.3., fundamentalmente, pertenece la información a partir de la cual tenemos noticias sobre la modificación de los comicios centuriados. Respecto de la información que transmite Cicerón, *Sobre la República*, 2. 22. 39-40 acerca de la reforma de los comicios centuriados es sugestivo el artículo de Summer (1960) en el que plantea que toda la reconstrucción corresponde al sistema serviano de clases y que las discrepancias en el número de centurias pueden ser atribuidas a las centurias supernumerarias.

de organización dispar puesto que los nuevos ciudadanos habían sido incorporados a las antiguas circunscripciones. Del mismo modo, ciertos grupos numerosos, como los libertos, eran reducidos en cuanto a sus capacidades políticas, al ser ubicados en las tribus urbanas, independientemente de su origen o procedencia.

Entre 139 a.C. y 106 a.C. se produjeron modificaciones que afectaron la mecánica de la votación y proporcionaron una mayor libertad a los votantes. Las leyes tabelarias introdujeron el voto por escrito que reemplazó al pronunciamiento a viva voz y ante la observación de los miembros de la aristocracia. En ese mismo sentido, la *Lex Maria* de 119 a.C. en la que se ordenaba comprimir el espacio en las pasarelas de votación estaba orientada a reducir los condicionamientos que podrían existir sobre los ciudadanos que iban a emitir sus votos. Ambas propuestas fueron consideradas como una sustracción del electorado de la *auctoritas* senatorial y son relacionadas con el incremento de la participación popular en la tardía república (Plutarco, *Mario*, 4; Cicerón, *Sobre las leyes*, 3. 38).

El último aspecto mencionado nos lleva a considerar la importancia de los cambios sociales en la conformación de la ciudadanía. El crecimiento de la población de la ciudad de Roma en el siglo II a.C., tal como lo refleja la expansión de la arquitectura urbana, en particular la necesidad de construir nuevos acueductos en la segunda mitad de la centuria, se pudo haber producido solo si existía un constante flujo de personas hacia la *urbs* para contrarrestar las altas tasas de mortalidad del período (Mouritsen 2001)[30]. Esto implicaba que más personas estaban disponibles en la ciudad para pronunciar su voto.

La distancia que debían recorrer los ciudadanos para asistir a los comicios es uno de los principales desafíos que los historiadores ubican dentro de las barreras materiales que habrían mantenido la participación política popular en un nivel muy bajo (Eder 1991). En función de las cifras que proporcionó el censo de 70 a.C., el número de ciudadanos se incrementó hasta alcanzar

---

[30] Tenemos noticias de la aprobación de una ley en 124 a.C. que tenía por objetivo expulsar a los extranjeros de la ciudad. En este mismo sentido, también la *lex Licinia Mucia* de 95 a.C. condenaba la usurpación de la ciudadanía. Ambas leyes solo tienen sentido en el contexto de una fuerte inmigración y la vinculación de estos migrantes a la política regular de la ciudad, así como con los beneficios que esta proveía a todos sus ciudadanos (Kelly 2006).

Lidia Raquel Miranda y Viviana Suñol (eds.)

un total de 910. 000, valor que refleja, aunque en forma parcial, la concesión de la ciudadanía después de la guerra social. El área en que se distribuían los nuevos ciudadanos iba desde el extremo sur de Italia, a una distancia de quinientos kilómetros de Roma, al noroeste del río Po, a alrededor de unos trescientos kilómetros, con poblaciones que incluso se ubicaban más al norte para la época del censo mencionado (Taylor 1960; Millar 1998). Millar (1998) apunta que podría ser útil pensar en zonas sucesivas, con distintos niveles de densidad demográfica, que se extenderían desde los extremos de Italia, incluyendo la Galia Cisalpina, el centro de la península, al norte y al sur de Roma, como las ciudades de Arpino, Umbría y el Piceno, lugares que al cabo de un día de viaje hubieran permitido llegar a la Capital[31].

En base a la información de la que disponemos sobre los comicios, todo conduciría a pensar que se trataría de una institución en la que el peso de los estratos sociales más bajos habría sido anulado por la abrumadora mayoría de unidades de votación otorgada a los más ricos. El problema, sin embargo, no puede resolverse tan fácilmente puesto que incluso en sociedades democráticas modernas existen grupos que quedan excluidos del sistema de participación por distintos motivos. En consecuencia, tal como sostiene Finley (1986) es necesario estudiar por qué medios se materializaba la participación popular atendiendo a las condiciones históricas en que tenía lugar ese régimen político, obviando las categorías clasificatorias determinantes que inclinen la balanza en uno u otro sentido.

Yakobson (1999) plantea que aquello que no conocemos de los comicios puede discernirse observando el comportamiento de los políticos romanos, quienes tenían una visión más realista del sistema. El caso de que las clases más bajas del censo no tuvieran importancia, por la improbabilidad de que llegaran a pronunciar su voto, deja abiertas muchas incertidumbres al observador moderno que encuentra en la documentación registros de los esfuerzos destinados por los políticos a convencer a la multitud. La primera cuestión que habría que mencionar es que el censo

---

31 Por ejemplo, las elecciones en las que estaba en juego el acceso al cargo de Tiberio y Cayo Graco, Mario, Julio César o el propio Pompeyo. De manera similar, las leyes sobre reparto de grano, distribución de tierras o condonación de deudas promovieron una movilización popular de significación.

de las distintas clases de propiedad se modificó en este período ampliando la base de la cantidad de personas que eran registradas entre la primera y la quinta clase. La segunda cuestión es que el desacuerdo entre las centurias habría sido más frecuente desde el siglo II a.C., producto de la competencia política y el aumento correlativo de la cantidad de candidatos a los cargos electivos. Esto habría llevado a que las votaciones se resolvieran dando lugar a las centurias de renta más baja y que los ciudadanos encontraran incentivo para formar filas en su tribu de pertenencia.

Una mirada de conjunto permite concluir que para ponderar la participación popular en el sistema político romano se requiere de la aplicación de un enfoque analítico no circunscripto al régimen electoral. La intervención del *populus* no se reducía al ejercicio de la ciudadanía a través del voto, aunque comprendía una de las modalidades institucionales previstas por la constitución para la toma de decisiones que no pueden dejarse a un lado.

El pueblo está en las calles

Tal como plantea Mouritsen (2017), una de las paradojas que revela el análisis de la participación política popular es que esta parece haber sido amplia en términos de los sectores involucrados, pero en escalas reducidas. El pueblo como conjunto enunciativo ocultaba en realidad estas variaciones bajo una rúbrica de totalidad que ha confundido a los observadores modernos. No obstante, es necesario señalar que los distintos grupos de la ciudadanía encontraban formas de manifestarse políticamente en distintos contextos. La importancia de estas expresiones son señaladas en los reparos que pone Cicerón respecto del cuidado que debe tener al pronunciar un discurso cualquier persona que aspire a ocupar un lugar dentro de la vida pública.

En el pequeño opúsculo que Cicerón dedicó a la retórica explica que cuando los sentimientos de los oyentes son hostiles al orador es necesario sustituir en la exposición del caso aquello que provoca discordia. La cuestión planteada tiene como fin buscar la empatía del público por medio de la demostración de un código de valores compartidos; eludiendo las referencias a los adversarios que son estimados y recuperando la atención de los oyentes en caso de que estuvieran dispersos (*La Invención retórica*, 1. 17-24; 1. 20-28; 1. 52).

En el diálogo conocido como *Sobre el Orador*, Cicerón profundiza la importancia que tiene la selección de la estrategia comunicativa adecuando el tono y el estilo de la oratoria al público presente. La situación no se construía de una manera unidireccional, sino que el pueblo reunido en asamblea afectaba la producción de enunciados de quienes estaban facultados para tomar la palabra (*Sobre el Orador*, 1. 31; 1.12, 53; 1.14, 60; 1. 18, 80). El Foro es concebido como un campo de batalla donde se produce una lucha en la que el orador debe enfrentar la embestida de los ciudadanos (*Sobre el Orador*, 1. 34. 157). Es el auditorio quien decide, con sus expresiones, "sobre la cosa pública, o sobre los temas relacionados con ella, o acerca de las personas en contra o a favor de quienes se habla" (*Sobre el Orador*, 2. 16. 70). Así destaca que

> el público quiere que a los malvados se les hiera con una violencia mayor que la del ridículo; y no quiere que se haga mofa de los desgraciados, a no ser que, en algún caso, se jacten; por otra parte hay que ser cuidadoso en particular de los sentimientos del público, para no ofender por inadvertencia a quienes aprecia. (*Sobre el Orador*, 2. 69. 237-238)

La evidencia sugiere que las personas podían operar sobre el modelo comunicacional dominante, intervenirlo y modificarlo tanto por las convenciones sociales que incidían sobre el comportamiento de los miembros de la élite como por las acciones asertivas que los impelía a poner en consideración los reclamos de la población. Tal como había notado Polibio, la aristocracia no podía desatender las reclamaciones del pueblo puesto que su condición social dependía en parte de la reputación que pudieran ganar entre los miembros de la comunidad. Así lo hace saber Cicerón en las cartas que escribe cuando requiere información del estado de ánimo de la multitud en Roma y esta constituye una referencia para tomar decisiones políticas. El 8 de abril del 44 Cicerón escribe a Ático lo siguiente: "Ayer recibí dos cartas tuyas. Por la primera he sabido del teatro y de Publilio, buenas señales de que la multitud esté de nuestro lado. Me pareció que el aplauso dado a Lucio Casio era una broma" (*Cartas a Ático*, 356. 14.2).

El fragmento nos parece relevante, entre otros que se pronuncian en un sentido similar, ya que informa de la consideración que tenían de los acontecimientos que se producían en los escenarios públicos. Las respuestas de las multitudes ante la presencia de un personaje determinado (aplausos, abucheos, murmullos, silbidos, gestos, etc.) componían un lenguaje político que era necesario compilar y codificar a los efectos de conocer las orientaciones del pueblo. En este sentido, la interacción política revela el carácter performativo de tales acciones. El propio Cicerón lo demuestra cuando, unas líneas más adelante, solicita a Ático lo siguiente: "Escribe de nuevo con cualquier noticia dura que tengas. A falta de eso, dame un relato completo de aplausos populares y lo que dicen los actores mímicos" (Cicerón, *Cartas a Ático*, 14. 3. 2.).

El texto es importante porque muestra un estado de conocimiento por parte de la plebe de los asuntos y causas que llevaban adelante los miembros de la élite, un conocimiento de las decisiones políticas que los afectaba directamente y de las condiciones individuales de quienes se ocupaban de los temas públicos. Las multitudes romanas expresaban sus puntos de vista en los espacios abiertos en los que la personificación de los actores intervinientes era más compleja, escapando así de las posibles represalias. Las perceptibles diferencias de estatus y clase entre los miembros de la plebe conspiraban en contra de la posibilidad de que se expresaran con una única voz sin que esto anulara coaliciones circunstanciales. Este efecto dinámico de la configuración política hacía que las lealtades y percepciones se modificaran rápidamente, por lo que la carrera de un político en particular no estaba asegurada en forma indeterminada y requería trabajar la estima y consideración del pueblo. La oposición de este podía resultar en la imposibilidad de ser electo para un cargo o bien ser apartado por la propia élite. Jehne (2013) ha observado el esfuerzo que los políticos realizaban en la organización de los eventos públicos, en la selección de los temas que iban a representarse y en la convocatoria del público a los efectos de cuidar posibles acciones de oposición. Muchos miembros de la aristocracia preferían eludir los días festivos cuando la plebe tomaba las calles y podían ser más vulnerables (Toner 2012).

En ocasiones, los historiadores han cuestionado el interés que pudieron tener los romanos comunes en las cuestiones políticas de la organización de la ciudad cuando tenían que emplear su tiempo disponible en asegurarse los medios de supervivencia (Gruen 1991). Esta suposición ha sido matizada ante la evidencia de ciertos

Lidia Raquel Miranda y Viviana Suñol (eds.)

tópicos que concitaban la atención de los ciudadanos y promovían su movilización (Purcell 2008; Toner 2012). Las propuestas de distribución de tierra, condonación de deudas, reparto de trigo y los derechos de ciudadanía obtuvieron su aprobación gracias a la participación popular y se produjeron como respuesta a reclamos consistentes que fueron expresados en ocasión de reuniones públicas de diverso tipo: reuniones pre-comiciales, celebraciones públicas, juegos, entre otras (Earley 2012 y Morstein-Marx 2013).

Wiseman (2017) recupera la opinión que los poetas registran sobre el comportamiento de la multitud. En Lucilio, por ejemplo, puede advertirse un viso de crítica a la ocupación continua en los asuntos del Foro y las prácticas que allí se desarrollaban. No obstante, si aceptamos sus observaciones por su valor nominal, podemos conocer un estado de situación que es coincidente con otros registros (Cicerón, *En defensa de Murena*, 44):

> De hecho, desde el amanecer hasta el atardecer, los días festivos y los días de trabajo, todo el pueblo y todos los senadores se ocupan en el Foro, sin abandonarlo nunca. Todos se han entregado a un solo y mismo estudio y arte, para poder engañar sin ser atrapados, luchar por la astucia, competir por el buen hablar, poner trampas como si todos fueran enemigos de todos. (Lucilio, *Sátiras*, 791/1228-34).

Los escritores antiguos nos recuerdan aquello que los analistas modernos, en ocasiones, olvidaron. El pueblo no era un agente pasivo ni un mero apéndice del poder. La constitución del referente *populus*, permeado en la documentación por las actitudes hostiles que la mayor parte de los miembros de la élite tenían con los sectores populares, hace que perdamos de vista la capacidad que tenían las personas de producir aserciones dentro de un marco político institucional de participación restringida. El término *populus*, a diferencia de otros como el de aristocracia o senado, conservaba una especie de indiferenciación que posibilitaba la identificación con ese colectivo a distintas fracciones de la población. El pueblo se constituía en cada acción y movimiento en el proceso de auto-designación que la propia reunión instalaba a partir de la afirmación de un "nosotros" que se hacía presente para dar cabida a la pluralidad social que nombraba (Butler 2014). La dinámica observada nos conduce a pensar en la importancia de las formas de interacción que se producían en las asambleas. Otorgarles un estatuto político a las manifestaciones del *populus* puede ayudarnos a comprender el papel que ocupaba en la administración de la cosa pública rompiendo los esquemas conceptuales que imponen una visión restrictiva.

Conclusiones

El abordaje de las condiciones, contextos, posibilidades y límites que tenía el pueblo romano para ejercer sus derechos ciudadanos muestra que existía una disparidad entre las atribuciones y funciones que teóricamente se le asignaba y las restricciones prácticas que encontraba para desarrollarlas. La valoración de los aspectos formales y conceptuales del régimen político suscitó un debate que llevó a establecer hipótesis contrapuestas en las que se destacaban los elementos democráticos del sistema o bien estos se desestimaban por la presencia de factores como el patronazgo o la preponderancia de la élite en el cuerpo de magistrados. El papel ambiguo que desempeñaba el pueblo en la política no puede esclarecerse sin prestar atención a los conjuntos enunciativos a los cuales designaba el concepto en distintos contextos. Existía un referente general que asociaba el término con un componente indiscernible de la estructura de poder, con la que se representaba a la *res publica*, sintetizado en el acrónimo SPQR. El pueblo y el Senado de Roma eran los dos pilares fundamentales de los cuales emanaba la *auctoritas* y la *libertas* entendidas como la fuerza que garantizaba la no dominación para aquellos que formaban parte de la comunidad.

El análisis de los textos que reflexionaron sobre el régimen político romano muestra que la asociación de la república con un tipo particular de constitución mixta permite entender la necesaria articulación de las distintas partes de la *civitas*. En ocasiones los argumentos presentados por Polibio fueron utilizados por los historiadores para exacerbar las prerrogativas de los ciudadanos. En este sentido, las decisiones tenían que ser aprobadas por el Senado, encontrarse en conformidad con los designios de los dioses, pero también requerían la legitimidad formal del *populus*. No se trataba de la afirmación de un principio democrático sino del reconocimiento de que no podía haber legitimidad sin el consentimiento popular. Una corriente historiográfica que intentó precisar esta dimensión de la política centró su atención en las posibilidades que proporcionaban las asambleas. En efecto, los comicios eran el ámbito en el que se tomaban las decisiones vinculantes sobre las que el pueblo debía pronunciarse. La votación corporativa introdujo un elemento de abstracción en la noción de participación popular. Esto permitió que se convocara al *populus* sin que participara efectivamente a gran escala. Los contrapesos constitucionales ideados para ello suponían que los ciudadanos no contaban individualmente sino como miembros de unidades de votación concebidas como tribus y centurias, las cuales tenían un peso específico en el recuento general que inclinaban la balanza en favor de los miembros más ricos. Tal como Cicerón había mostrado, con sutileza, era necesario que en apariencia todos participaran en los asuntos comunes para conservar la concordia. La acción ejecutiva siempre se mantuvo en manos de los magistrados y el cuerpo de Senadores aunque desde el siglo II a. C. las asambleas obtuvieron cierta preminencia por encima de estos dos cuerpos constitucionales. Los estudios producidos en ese sentido indican que, pese a que se registra una mayor participación hacia fines del siglo I a. C., todo apuntaría a que los ciudadanos que intervenían eran una parte minoritaria del total. Esto no anula, ni siquiera en las democracias modernas con bajos niveles de participación ciudadana, la pertinencia de la pregunta sobre el papel que desempeña el *populus* en la política.

Los procedimientos que observamos permiten trasladar nuestra mirada hacia otro campo de significación constituido por la realización de ese principio de legitimación o des-legitimación que operaba sobre la política. Los ciudadanos podían intervenir invistiendo de autoridad o desautorizando la formulación de una propuesta de ley, la orientación de un juicio o la candidatura de un miembro de la aristocracia para promover sus intereses. En la práctica, la materialización de ese principio encontraba distintos medios que incluían la votación, las distintas modalidades de protesta, la presión y la violencia. La libertad del pueblo se concretaba en la posibilidad de colocarse por encima de toda autoridad instituida. La élite conocía este peligro que se había manifestado en las secesiones plebeyas y en distintos conflictos durante la historia de la república, por esa razón cuidaba la producción de enunciados. El pueblo de Roma no tenía una única voz ni se pronunciaba al unísono, pero quienes efectivamente se reunían, para dar lugar a un determinado movimiento, disputaban su propia inserción dentro de ese colectivo al que se le reconocía una especial consideración. El hecho de expresarse colectivamente sobre un determinado tema, en un acto de afirmación del lugar que la estructura le garantizaba, nos conduce a pensar en los contextos en los que el concepto de pueblo adquiría un sentido político que operaba sobre la realidad. En esa constitución el pueblo que estaba en las calles, en las asambleas, en los espectáculos y en todo lugar desde donde se afirmaba como sujeto era en cada ocasión un factor de poder.

Bibliografía

ATKINS, J. W. (2013). *Cicero on Politics and the Limits of Reason. The Republic and Laws,* Cambridge.

BADIAN, E. (1958). *Foreign Clientelae,* Oxford.

BADIOU, A. (2014). "Veinticuatro notas sobre los usos de la palabra pueblo", en Badiou, A., P. Bourdieu, J. Butler, G. Didi-Huberman, S. Khiari y J. Rancière, *¿Qué es un pueblo?*, Buenos Aires, 9-20.

BRINK C. O. y WALBANK F. W. (1954). "The Construction of the Sixth Book of Polybius", en *The Classical Quarterly,* New Series, Vol. 4, N 3-4 (Jul.–Oct.), 97-122.

BRIQUET, J. L. (1998). "Clientelismo e processi politici", *Quaderni Storici,* 97, XXXIII, n. 1, Aprile, 3-29.

BRISCOE, J. (1982). "Livy and Senatorial Politics, 200-167 B.C.: The evidence of the Fourth and Fifth Decades", en H. Temporini y W. Haase (eds.), *Aufstieg und Niedergang der römischen Welt,* 2. 30. 2. Berlín, 1075-1121.

BUTLER, J. (2014). "Nosotros, el Pueblo. Apuntes sobre la libertad de reunión", en Badiou, A., P. Bourdieu, J. Butler, G. Didi-Huberman, S. Khiari y J. Rancière, *¿Qué es un pueblo?*, Buenos Aires, 47-67.

CARANDINI, A. (2000). "I luoghi della politica dalla Republica all'Impero", en Giardina, A. (ed.), *Storia di Roma dall'Antichità a oggi,* Roma, 56-83.

CHAMPION, C. B. (2004). *Cultural Politics in Polybius's Histories,* Berkeley and Los Angeles.

COARELLI, F. (1997). *Il Campo Marzio: dalle origini alla fine della repubblica,* Rome.

CORNELL, T. J. (1999). *Los orígenes de Roma. c. 1000–264 a. C. Italia y Roma de la Edad del Bronce a las guerras púnicas,* Barcelona.

CRAWFORD, M. (1978). *The Roman Republic,* London.

DÍAZ TEJERA, A. (1975). "Análisis del libro VI de las Historias de Polibio respecto a la concepción cíclica de las constituciones", *Habis*, N 6, 23-34.

Díaz Tejera, A. (1981). "Introducción", en Polibio, *Historias*, trad. y notas de Manuel Balasch Recort, Madrid.

Duplá, A. (2011). "Violencia política y desigualdades económicas en la crisis de la república romana", *Devenires XII*, 24, 43-63.

Eder, W. (1991). "Who rules? Power and participation in Athens and Rome", en Molho, A., K. Raaflaub y J. Emlen (eds.), *City States in Classical Antiquity and Medieval Italy*, Ann Arbor.

Eisenstadt, S. N. y Roniger, L. (1980). "Patron-Client Relations as a Model of Structuring Social Exchange", *Comparative Studies in Society and History*, Vol. 22, N 1, 42-77.

Finley, M. I. (1986). *El nacimiento de la política*, Barcelona.

Forsythe, G. (2005). *A Critical History of Early Rome. From Prehistory to the First Punic War*. Berkeley-Los Angeles.

García Mac Gaw, C. (2009). "Patrones y clientes en la República romana y el Principado", en Campagno, M. (ed.), *Parentesco, patronazgo y Estado en las sociedades antiguas*, Buenos Aires.

Gerardi, J. (2016). "El problema de la participación política popular en la república romana tardía. Lógicas de articulación del conflicto social", en Campagno, M., J. Gallego y C. García Mac Gaw (comps.), *Regímenes políticos en el Mediterráneo Antiguo*, Buenos Aires, 211-224.

Gruen, E. S. (1974). *The last generation of the Roman Republic*, California.

Gruen, E. S. (1991). "The Exercise of Power in the Roman Republic", en Molho, A., K. Raaflaub y J. Emlen (eds.), *City States in Classical Antiquity and Medieval Italy*, Ann Arbor.

Guarino, A. (1979). *La democrazia a Roma*, Napoli.

Hammer, D. (2009). "What is Politics in the Ancient World?", en Balot, R. K. (edit.), *A companion to Greek and Roman Political Thought*, United Kingdom, 20-35.

Halm, D. (1995). "Polybius applied political theory", en Laks A. y M. Schoefield (eds.) *Justice and Generosity. Studies in Hellenistic Social and Political Philosophy*. Cambridge.

Harris, W. V. (1990). "On defining the political culture of the Roman Republic: Some comments on Rosenstein, Williamson, and North", *Classical Philology*, Vol. 85. N. 4. (Oct.), 288-294.

Hölkeskamp, K. J. (2010). *Reconstructing the Roman Republic. An Ancient Political Culture and Modern Research*, Princeton.

Jehne, M. (2013). "Feeding the *Plebs* with Words: The significance of Senatorial Public Oratory in the Small World of Roman Politics", en Steel, C. y H. van der Blom (2013). *Community and Communication. Oratory and Politics in Republican Rome*, Oxford, 49-63.

Kelly, G. (2006). *A History of Exile in Roman Republic*, Cambridge.

Laurence, R. y D. Newsome (2011). *Rome, Ostia, Pompeii: Movement and Space*, Oxford.

Lintott, A. (1997). "The theory of the mixed constitution at Rome", en Barnes, J. y M. Griffin (edits.), *Philosophia Togata II: Plato and Aristotle at Rome*, Oxford, 70-85.

LINTOTT, A. (1999). *The constitution of the Roman republic*. Oxford.

LÓPEZ BARJA DE QUIROGA, P. (2007 a). *Imperio legítimo. El pensamiento político en tiempos de Cicerón*, Madrid.

LÓPEZ BARJA DE QUIROGA, P. (2007 b). "El cuerpo político: la fábula de Menemio Agripa", *Gerión*, Vol. 25. N 1, 243-253.

MACMULLEN, R. (1980). "How many Romans voted?", *Athenaeum* 58, 454-457.

MANZANERA, L. (2007). "SPQR. El nombre del pueblo romano", en *Clío: Revista de Historia*, N° 71, 106-120.

MARTIN, F. (1986). "La fórmula *populus senatusque romanus* en los bronces de Lascuta y de Alcántara", *Gerión*, 4, 313-317.

MATTINGLY, H. (1937). "The property qualifications of the Roman Classes", *The Journal of Roman Studies*, Vo. 27. Part. 1, 99-107.

MILLAR, F. (1984). "The political character of the Classical Roman Republic, 200-151 B.C", *The Journal of Roman Studies*, 74, 1-19.

MILLAR, F. (1986). "Politics, Persuasion and the People before the Social War (150-90 B.C.)", *The Journal of Roman Studies*, Vol. 76, 1-11.

MILLAR, F. (1989). "Political power in Mid-Republican Rome: curia or comitium?", *The Journal of Roman Studies*, 79, 138-150.

MILLAR, F. (1998). *The Crowd in Rome in the Late Republic*, Michigan.

MILLAR, F. (2002). *Rome, the Greek world, and the East (Studies in the History Greece and Rome)*, North Carolina.

MOMIGLIANO, A. (1940). "The Roman Revolution by Ronald Syme", *The Journal of Roman Studies*, Vol. 30, Part. 1, 75-80.

MORLEY, N. (2004). *Theories, models and concepts in Ancient History*, London y New York.

MORSTEIN-MARX, R. (2004). *Mass oratory and political power in the Late Roman Republic*, Cambridge.

MORSTEIN-MARX, R. (2009). "Political History", en Erskine, A. (edit.), *A companion to Ancient history*, Oxford.

MOATTI, C. (2008). *La razón de Roma. El nacimiento del espíritu crítico a fines de la República*, Madrid.

MOURITSEN, H. (2001). *Plebs and politics in the Late Roman Republic*, Cambridge.

MOURITSEN, H. (2017). *Politics in the Roman Republic*, Cambridge.

NICOLET, C. (1974). "Polybe et les institutions romaines", en Gabba, E. (ed.), *Polybe*. Vandoeuvres, 209-267.

NICOLET, C. (1982). *Roma y la conquista del Mediterráneo (254–27 a. C.)*, Barcelona.

NICOLET, C. (1991). "El ciudadano y el político", en Giardina, A. (ed.), *El hombre romano*. Madrid.

NICHOLLS, J. J. (1956). "The Reform of the *Comitia Centuriata*", en *The American Journal of Philology*, Vol. 77, N 2, 225-254.

NICHOLLS, J. J. (1964). "Cicero *De re Publica* 2. 39-40 and the Centuriate

Assembly", *Classical Philology*, Vol. 59, N 2, 102-105.

NORTH, J. A. (2006). "The Constitution of the Roman Republic", en Rosenstein, N. y R. Morstein-Marx (eds.), *A Companion to the Roman Republic*, Oxford-New York.

O'SULLIVAN, T. (2011). *Walking in Roman Culture*, Cambridge.

PÉREZ LÓPEZ, M. (2014). "De nuevo la fábula de Menenio Agripa. El cuerpo y los miembros", en Martínez Fernández, A. (coord.), *Agalma: ofrenda desde la filología clásica a Manuel García Teijerio*, Valladolid, 1087-1093.

PINA POLO, F. (1989). *Las contiones civiles y militares en Roma*, Zaragoza.

POLVERINI, L. (2005). "Democrazia a Roma? La costituzione repubblicana secondo Polibio", en Urso, G. *Popolo e potere nel mondo antico*, Piza.

PURCELL, N. ([1992] 2008). "The city of Rome and the plebs urban in the late republic", en J. Crook Rawson, E. y A. Lintott (edits.), *The last age of the Roman Republic, 146-46 B.C. The Cambridge Ancient History*, Cambridge.

RUSSELL, A. (2016). *The Politics of Public Space in Republican Rome*, Cambridge.

SCHNEIDER, M. (2013). *Cicero 'Haruspex'. Political Prognostication and the Viscera of a Deceased Body Politic*, United States of America.

SCULLARD, H. ([1935] 1980). *A History of the Roman World, 753 to 146 B.C*, London y New York.

STEEL, C. (2013). *The end of the Roman republic, 146 to 44 BC. Conquest and crisis*, Edinburgh.

STEEL, C. y VAN DER BLOM, H. (2013). *Community and Communication. Oratory and Politics in Republican Rome*, Oxford.

SUMMER, G. V. (1960). "Cicero on the Comitia Centuriata: De Re Publica, II, 22, 39-40", *The American Journal of Philology*, Vol. 81. N 2, 136-156.

SYME, R. ([1939] 2010). *La revolución romana*, Barcelona.

TAYLOR, L. R. (1960). "The voting districts of the Roman Republic. The thirty-five urban and rural tribes", *Papers and monographs of the American Academy in Rome*, N° 20, 69-78.

TAYLOR, L. R. (1966). *Roman voting assemblies from the Hannibalic war to the Dictatorship to Caesar*, Ann Arbor.

TONER, J. (2012). *Sesenta Millones de Romanos. La cultura del pueblo en la Antigua Roma*, Barcelona.

VISHNIA, R. (2012). *Roman elections in the Age of Cicero. Society, Government, and voting*, New York-London.

WALBANK, F. W. (1957). *A Historical Commentary on Polybius*, Oxford.

WALBANK, F. W. (2002). *Polybius, Rome and the Hellenistic World. Essays and Reflections*, Cambridge.

WARD, A. M. (2004). "How Democratic Was the Roman Republic?", *New England Classical Journal*, 31.2, 101-119.

WILLIANSON, C. (2005). *The Laws of the Roman People. Public law in the expansion and decline of the Roman republic*, Ann Arbor.

WISEMAN, T. P. (2017). "Politics and the people: what counts as evidence?", *Bulletin of the Institute of Classical*

Studies, Institute of Classical Studies University of London, Vol. 60, 16-33.

Wood, E. M. (2008). *De ciudadanos a señores feudales. Historia social del pensamiento político desde la Antigüedad a la Edad Media*, Barcelona.

Yakobson, A. (1999) *Elections and Electioneering in Rome. A Study in the political system of the Late Republic*, Stuttgart.

Traer a la tierra
al poeta que aullaba

Nicolás Jarque
Departamento de Humanidades, UNS
nicolasjarque@gmail.com

La frase del título proviene del *Satiricón* (115.5). El texto latino dice: *in terram trahere poetam mugientem*, y pretende aludir a un aspecto programático de la novela de Petronio y de los epigramas de Marcial, que surge de la confrontación con la poesía. En realidad, con una forma demasiado elevada de poesía a la que se refiere el capítulo 90 del *Satiricón*, donde se oponen dos modos expresivos: *poetice - humane*. El escenario que enmarca la cita es el naufragio de los protagonistas (114-115), la nave a la deriva, deshecha sobre las olas luego de la tormenta. Se escucharon murmullos extraños en la cabina del piloto. En el interior se hallaba el poeta Eumolpo anotando versos en un pergamino. Ni siquiera en el desastre del naufragio había forma de separar su fruncido entrecejo de la página escrita. Tuvieron que luchar con él para llevarlo a tierra, lo arrastraron aullando, chillando furioso por la interrupción de su poema o gritando sus versos, como un monstruo atrapado en su laberinto (cf. Juvenal, 1,53: *mugitum labyrinthi*). La frase *in terram trahere poetam mugientem* no excluye ninguna de esas posibilidades. "Mugiente" puede referirse a alguien que da alaridos o al estilo "estridente" de algunos oradores[1].

Además de intervenir permanentemente en el humor de la narración, Eumolpo cumple una función paródica y programática[2]. Se trata de un anciano con aire prometedor y vestido de harapos,

---

1   Marco Cornelio Frontón utiliza *mugire* en ese sentido: *Carta a Marco Aurelio*, 3.17.3.
2   Eumolpo es un personaje valioso para confrontar con Ignatius Reilly, con el profesor Landormy de Arturo Cancela o con el desconcertante Quijote que encuentran los cabreros en el monte: "No entendían los cabreros aquella jerigonza de escuderos y de caballeros andantes, y no hacían otra cosa que comer y callar y mirar a sus huéspedes,

que se presenta ante Encolpio como un poeta de un "no humil-dísimo espíritu": *'ego' inquit 'poeta sum et ut spero non humillimi spiritus'* (83.8). En esa línea, pretenciosa y rebuscada, tenemos una caricatura del personaje y una muestra de su vocación por lo abstruso. Aunque la impresión casi inmediata de la escena es la co-micidad que provoca el aspecto del vetusto poeta y la exuberancia de sus palabras[3]. En nuestra opinión, el término "humildísimo" es importante. El vínculo entre *humus, humilis* y *humane* nos puede ayudar a comprender el sentido contrapuesto de *poetice*.

Eumolpo es un poeta con el corazón más cerca de las estrellas que del suelo, y una ética moderna y rastrera. Después de contra-decir con anécdotas la moralidad del preámbulo que lo introduce en la novela, lanza sesenta y cinco versos (senarios yámbicos) sobre la conquista de Troya (89). El ritmo del senario yámbico se encuentra tanto en las tragedias de Séneca como en las comedias de Plauto, de modo que la seriedad del asunto poético se vuelve un poco ambigua. Tal vez se trate de un elaboradísimo pleonasmo sobre la estafa a su pupilo (86), al que le prometió un magnífico caballo, como los griegos a los troyanos (cf. Rimell 2002). La gente que casualmente pasaba por ahí, y que asistió a la inspiración del pretendido recitador, comenzó a arrojarle piedras. Encolpio huyó para no ser tomado por colega del lírico, y una vez a salvo del ataque, le dijo al anciano maestro (90.3-4):

> *quid tibi vis cum isto morbo? minus quam duabus horis mecum mo-raris, et saepius poetice quam humane locutus es. itaque non miror, si te populus lapidibus persequitur.*

> ¿qué enfermedad es esa? Hace menos de dos horas que nos conocemos y has hablado más como un poeta que como un ser humano. No me sorprende que la gente te corra a piedrazos.

Los comentaristas señalan que la aparición de la palabra *morbo* en el texto sugiere que las expresiones poéticas de Eumolpo deben ser interpretadas como manifestaciones demenciales[4], desvaríos

---

que con mucho donaire y gana embaulaban tasajo como el puño" (ed. RAE, 2004, capítulo 11, 97).

3   El efecto cómico que genera el personaje de Sócrates en las *Nubes* de Aristófanes surge de un contraste similar.

4   Cf. Habermehl (2006) y Schmeling (2011). En ambos casos, los comentaristas remiten al *vesanus poeta* que se encuentra al final del *Ars* de Horacio. Cf. Brink (1982) y

Lidia Raquel Miranda y Viviana Suñol (eds.)

propios del poeta insano al que se refieren las últimas líneas del *Arte Poética* de Horacio (453-476). Pero la imagen de la insania clausura toda posibilidad de entender algo de esa locura. Desarticula la oposición *poetice - humane*, reduciendo todo a un paréntesis de insensatez, a una manía inexplicable y por ese motivo autoexcluyente[5]. Aunque tal vez podamos leer algo más en esa contraposición de términos. Como antecedente de *humane* en el capítulo 90 del *Satiricón*, los comentaristas indican el verso 1058 de las *Ranas* de Aristófanes (escena en la que Esquilo y Eurípides discuten acerca de la poesía) y un fragmento cómico atribuido a Estratón (Ateneo 9.383.*b* = 9.29) (Schmeling 2011). En el primero de los casos, Eurípides cuestiona a Esquilo por el tono majestuoso de sus tragedias, por evitar un lenguaje "humano" (ἀνθρωπείως). Incluso podemos traducir el griego ἀνθρωπείως como "terrenal", ya que Esquilo se justifica diciendo que la magnificencia en el tono es conveniente para representar a los semidioses (1058-1062). La línea de *Ranas* es poco clara, nos falta algo de información allí. Tal vez los versos 1179-1180 de *Avispas* expliquen mejor el sentido programático del término "humano". Uno de los personajes de la comedia le pide al otro que diga un buen discurso, y le aclara:

μὴ 'μοιγε μύθους, ἀλλὰ τῶν ἀνθρωπίνων,
οἵους λέγομεν μάλιστα, τοὺς κατ' οἰκίαν.

nada de mitos, cosas humanas,
algo de la vida diaria, como solemos decir.

El fragmento cómico de Estratón define el contraste entre *poetice* y *humane* de un modo todavía más sencillo y comprensible. En el escenario que permite ver el fragmento se encuentra un paisano que no logra entenderse con un cocinero, estudioso obsesivo de los poemas homéricos. El paisano le reclama al erudito que se exprese "como un ser humano" (ἀνθρωπίνως): "Hablame más simple que soy del campo"[6]. Aparentemente los reclamos fueron

---

Slater (1990). Rimell (2002, 149), por su parte, propone: "Poetry is imaged as the dangerous revelation of disease otherwise concealed within the body, in this case in parallel with the expulsion of Greek soldiers from the belly of the Trojan Horse".

5   Schmeling (2011) conecta la imagen del *vesanus poeta* en Horacio con la θεία μανία platónica. Cf. también Conte (1996).

6   Estratón, 25: ἀγροικότερός εἰμ', ὥσθ' ἁπλῶς μοι διαλέγου.

desoídos y no hubo forma de convencer al cocinero[7], que podría representar una caricatura satírica de Filitas de Cos (cf. Bing 2003).

Para Cicerón el adjetivo "humano" referido al estilo es lo opuesto al modo "rústico" o "agreste", y el término *inhumanus* puede significar el extremo de lo *inurbanus*[8]. Pero con Eumolpo sucede lo contrario. Lo que da sentido a la confrontación entre *poetice - humane* es el exceso de su lirismo fuera de sitio y su "heladísima urbanidad" (109.8). El comentario sobre el *Satiricón* que publicó Paratore, en 1933, propone entender el reclamo sobre el abstruso lenguaje del poeta con la expresión análoga: "Ma parla da cristiano!". Leído literalmente, "Eumolpo" puede significar "dulce-cantor", nombre adecuado para un personaje al que se le superpone un sentido irónico. La fruición poética de Eumolpo es tan inoportuna y desagradable para sus interlocutores como las recitaciones de Ligurino en los epigramas de Marcial (3.45)[9]:

Fugerit an Phoebus mensas cenamque Thyestae
Ignoro: fugimus nos, Ligurine, tuam.
Illa quidem lauta est dapibusque instructa superbis,
Sed nihil omnino te recitante placet.
Nolo mihi ponas rhombos mullumve bilibrem,
Nec volo boletos, ostrea nolo: tace.

No sé si Febo huyó de la mesa y de la cena de Tiestes;
nosotros huimos de la tuya, Ligurino.
Aunque es una mesa suntuosa provista de manjares soberbios,
nada es agradable cuando recitás tus versos.
No quiero turbot ni trilla[10]
ni hongos boletos ni ostras:
lo que quiero es que te calles.

---

7   Para ἀνθρωπίνως, D. L. Page propone: "como un ser humano común y corriente" (1941, 269). Page tradujo la versión conservada en un papiro hallado en El Cairo (Guéraud - Jouguet, 1938, 34-43), que difiere del fragmento citado por Ateneo. Sobre las divergencias entre los textos conservados de Estratón, cf. Kassel (1974).

8   *El Orador* 172: *Quodsi auris tam inhumanas tamque agrestis habent, ne doctissimorum quidem virorum eos movebit auctoritas?* Cfr. *Cartas a Ático*, 12.46.1; *Sobre los deberes*, 1.130; *Sobre el orador* 2.365. También se ocupa de este término Puelma Piwonka (1949, 47 y 58).

9   Cfr. Marcial, 44 y 50. Sobre Eumolpo y Ligurino, Schmeling (2011).

10   Son dos peces muy preciados en la gastronomía romana: la "trilla" (*mullus*), conocida también como "salmonete", y el "turbot" (*rhombus*), también "rodaballo" o "faisán de mar".

Los versos de la elegía a la cabellera (*Satíricón*, 108.9 y ss.), así como otros efluvios poéticos de Eumolpo, bien podrían ser inepcias[11], aunque muy distintas a las *humiles ineptias* que revelan la vulgaridad y mal gusto de Trimalción (52.11). Quizá se trate de la ineptitud opuesta, producto de una exuberancia desconcertante y de un refinamiento absurdo (cf. Cicerón, *El Orador*, 39). Marcial se ocupa de esta cuestión en el epigrama 2.86, dedicado a un elocuente interlocutor llamado Clásico[12]:

Quod nec carmine glorior supino
Nec retro lego Sotaden cinaedum,
Nusquam Graecula quod recantat echo
Nec dictat mihi luculentus Attis
Mollem debilitate galliambon:
Non sum, Classice, tam malus poeta.
Quid si per gracilis vias petauri
Invitum iubeas subire Ladan?
Turpe est difficiles habere nugas
Et stultus labor est ineptiarum.
Scribat carmina circulis Palaemon,
Me raris iuvat auribus placere.

Que no me vanaglorie con palíndromos
ni lea a la inversa al maricón de Sótades
ni resuene nunca en mis versos
la musiquita griega
ni el finísimo Attis me dicte
poemitas suaves y blandos
no quiere decir que sea, Clásico, un mal poeta.
¿qué pasaría si Ladas, el corredor,
sube obligado a caminar en la cuerda floja[13]?

---

11 *Satíricón*, 110.1: *plura volebat proferre, credo, et ineptiora praeteritis.*

12 Este personaje aparece mencionado tres veces en los epigramas. En 2.69 asegura que se ve forzado, muy a pesar suyo, a concurrir a elegantes cenas. Marcial le pregunta: ¿dónde están tus *grandia verba*, Clásico, para declinar esas invitaciones? En el epigrama 12.47, Marcial refuta el vínculo idealizado entre la inspiración poética y la locura –que Clásico aparentemente suscribe– con el ejemplo de algunos poetas que venden sus versos (*vendunt carmina*).

13 *Per gracilis vias petauri...subire* debe entenderse como una acrobacia aérea contrapuesta a la potencia atlética de Ladas en la carrera, aunque no se puede determinar con precisión a qué tipo de ejercicio acrobático alude el texto. Para

Es una idiotez dedicarse a escribir pavaditas dificilísimas,
un trabajo estúpido e inútil.
Que Palemón escriba para los círculos literarios,
a mí me alcanza con ser agradable a los oídos
alguna que otra vez[14].

Junto con el poema dedicado a Clásico, uno de las piezas importantes para comprender el lugar que ocupa la poesía demasiado elaborada en la obra de Marcial es el epigrama 7.46. Prisco, el destinatario del texto[15], tiene la intención de enviar a Marcial un obsequio acompañado por un poema erudito y minucioso. "Prisco" puede referirse a un personaje de ficción o a un contemporáneo de Marcial, tal vez a su amigo Terencio Prisco. En cualquier caso el significado del nombre ("arcaico", "anticuado") parece definir sus elecciones poéticas:

Commendare tuum dum vis mihi carmine munus
Maeonioque cupis doctius ore loqui,
Excrucias multis pariter me teque diebus,

---

nosotros, la medida y cuidadosa caminata en la cuerda floja enfatiza el contraste con la carrera del velocista. La expresión *per gracilis vias petauri* también puede sugerir saltos ornamentales impulsados por trampolines o trapecios (el verbo griego πέτομαι resuena en *petaurus*). Sobre *petauri*, ver Williams (2004); cf. Kay (1985) sobre 11.21.

14   Ker (1919), Izaac (²1961), Shackleton Bailey (1993), Estefanía (1996), Scàndola (²2000), Holzberg (2008) tradujeron *raris...auribus* en el sentido de "oídos selectos", "para unos pocos", etc.; cfr. Williams (2004). Salvo Elena Merli, que ha notado cierta extrañeza allí –pensando en el vasto público de lectores de Marcial–, ninguno de los estudiosos mencionados explicó las últimas líneas de 2.86. Conferirle al poeta la intensión de hacer epigramas para "oídos selectos" desestima la diferencia entre el amplio público al que comúnmente se dirige Marcial y los poquísimos lectores que podían desandar los versos de Palemón, y de esa manera se anula la confrontación que da sentido al epigrama. Nosotros creemos que debe reponerse el valor adverbial de *rarus* entendido como "rara vez", "de vez en cuando" (cfr. Marcial, 6.29.7; Ovidio, *Metamorfosis*, 11.766); el prefacio del noveno volumen de epigramas (part. 13-14) justifica esa lectura. Merli (²2000) propone otra posibilidad: el poeta no era suficientemente conocido para cuando escribió su segundo libro y se sentía inseguro sobre sus textos, por ese motivo escribía solo para "unos pocos".

15   Junto con Clásico y Prisco, deberíamos incluir a Estela como interlocutor de Marcial en discusiones literarias. Estela es un adinerado cliente, distinguido por su urbanidad y elogiado como poeta (1.61): las joyas de sus anillos y la belleza de la fuente que se encuentra en su mansión dan muestras de la fineza de su cultura, que es incluso más notable en las gemas de su poesía (6.47, 7.50, 12.2 y esp. 5.11). No obstante los elogios, Marcial difiere de los juicios estéticos de su interlocutor: 1.44, 9.55 y 9.89. Cf. Canobbio (2011) y Neger (2012).

Lidia Raquel Miranda y Viviana Suñol (eds.)

Et tua de nostro, Prisce, Thalia tacet.
Divitibus poteris musas elegosque sonantes
Mittere: pauperibus munera πεζά *dato.*

Querés encomendarme tu regalo con un poema
más locuaz que la obra del doctísimo Homero;
son muchos días de sufrimiento para vos y para mí,
y de lo que me interesa, Prisco, tu Talía no dice nada.
A los ricos enviales elegías inspiradas y sonoras,
a los pobres dales regalos prosaicos.

La mayor dificultad del texto se encuentra en la expresión *munera* πεζά, que puede entenderse como "regalos prosaicos"[16]. En 1882, Arthur Palmer propuso leer πεζά, en lugar de *pexa* o *plena*, que era como se interpretaban los manuscritos conservados de Marcial[17]. Y desde la edición de Friedlaender en 1886, la enmienda de Palmer ha sido aceptada por los editores más reconocidos (cf. Lindsay 1903, 17; Duff 1903, 221). Sin embargo merece mayores precisiones, sobre todo pensando en la posibilidad de una lectura programática, asunto muy poco estudiado en la bibliografía sobre Marcial[18].

El significado primario de πεζός se refiere al hecho de andar a pie o de tener los pies en el suelo. Su utilización para identificar el discurso en prosa es tardío, aunque como término técnico supone una jerarquía que deriva del sentido original. Estrabón explica que, así como la comedia representa un descenso del lenguaje poético con respecto a la tragedia, las palabras en prosa se definen con el adjetivo πεζός porque descendieron de las alturas desde un carro al suelo[19]. En el terreno de la poesía, tanto el griego πεζός, como la traducción latina *pedestris*, expresan un juicio generalmente negativo sobre la dignidad de los temas, del lenguaje o sobre la

---

16 Friedlaender (1886), Ker (1919), Izaac (²1961), Puelma Piwonka (1995, 438, n. 18), Estefanía (²1996), Holzberg (2008), Canobbio (2011b, 65) leyeron "regalos prosaicos"; Shackleton Bailey (1993) y Scàndola (²2000) optaron por "regalos en prosa".

17 7.46.6: πεζά Palmer; *pexa* β; *plena* γ.

18 La discusión detallada sobre la importancia programática del sintagma *munera* πεζά se encuentra en prensa; se publicará en *LATOMUS* posiblemente a mediados de 2019.

19 *Geografía*, 1.2.6.31-33. El énfasis en la altura desde la que caen las palabras (ἀπὸ ὕψους) sobreentiende un carro "alado". Cf. Píndaro, *Ístmicas*, 2.3 y *Peán*, 7b.13 = fr. 52h (seguimos la edición de Snell - H. Maehler de 1975).

pertinencia de algunos ritmos métricos[20]. En este sentido, suponen inferioridad[21], vulgaridad, bajeza; y están relacionados con adjetivos como χαμαιπετής y *humilis*[22]. En términos programáticos, y contrastada con *musas elegosque sonantes, munera* πεζά podría remitir a géneros considerados "poco poéticos" como la comedia o la sátira[23]. Tratándose de Marcial, ese contraste puede aportar significados sobre los epigramas.

Por la elección de los temas y el registro del lenguaje, se puede decir que la comedia, la sátira y los epigramas de Marcial han bajado del carro alado de las musas[24]; pero no debe juzgarse este 'descenso' únicamente a partir de la jerarquía que define Estrabón. Tal vez en el teatro cómico de la antigüedad pueda encontrarse una alternativa al canon clásico de las musas. Aristófanes muestra el reverso del orden que ubica a la tragedia y la lírica por encima de otros géneros. La recusación cómica a los poetas etéreos (*Ranas*, 892-894) o a aquellos que vuelan con sus versos hacia nebulosas alturas (*Aves*, 1372-1409) visibiliza el programa poético de la comedia[25].

---

20 Terent. Maur. 2232-2242. Se conservan escolios a Homero en los que se desestiman algunos hexámetros demasiado prosaicos (πεζότεροι) de la *Ilíada*: 2.252, 3.432, 9.688. Cf. Cameron (1995).

21 Fuera de un contexto retórico y técnico, en Homero (*Ilíada*, 5.13), Diomedes enfrenta a pie (πεζός) a dos guerreros troyanos que lo atacan desde sus carros.

22 Cf. Píndaro, *Olímpica*, 9.12-18. En *Cómo debe escribirse la historia* de Luciano se encuentra la expresión πεζὸν καὶ χαμαιπετές (16) referida a unos textos de mala calidad (sin pulimentos literarios); y más adelante en el mismo texto (8, 21): πεζή τις ποιητική. Como equivalente de πεζή λέξις, Hesiquio anotó κοινὴ λέξις (seguimos la edición de Schmidt, reimpresa en 1965). Cf. Cicerón, *El Orador*, 196-197: *iambus enim frequentissimus est in iis quae demisso atque humili sermone dicuntur*; Horacio, *Odas*, 3.25.17: *nil parvum aut humili modo*. Cf. Quintiliano, 1.1.34-35: *vocabulis vulgaribus et forte occurrentibus*; Cicerón, *Cartas Familiares*, 9.21: *plebeius sermo*.

23 Puelma Piwonka (1949, 334) propone una distinción para la poesía de Calímaco entre una λίγεια Μοῦσα (deidad del hexámetro y la elegía) y una πεζὴ Μοῦσα (inspiradora de los yambos y el lenguaje coloquial).

24 El gramático Diomedes subraya el parentesco entre la sátira romana y la comedia antigua: *satira dicitur carmen apud Romanos nunc quidem maledicum et ad / carpenda hominum vitia archaeae comoediae charactere conpositum* (ed. Keil, 1857, 485). Sobre la vecindad entre la poesía yámbica, la comedia antigua, la sátira y los epigramas de Marcial, ver Citroni (²1993).

25 Cf. Aristófanes, *Acarnienses*, 398-400 y 410-411 (con escolios a 399 y 410), escena en la que se cuestiona a Eurípides porque escribe tragedias con los pies en el aire. J. Taillardat (1965, 284) entiende que la estética noble y suntuaria representada con imágenes de *palabras montadas a caballo* (*Ranas* 821 y 929) se opone a la "simplicité

Lidia Raquel Miranda y Viviana Suñol (eds.)

El último dístico del epigrama 7.46 responde a las elevadas pretensiones líricas de Prisco, proponiendo lo contrario. No se trata de que Prisco no escriba, sino de que abandone la elaboradísima poesía que lo ocupa en favor de algo menos sofisticado (cf. Marcial, 9.89). Marcial entiende que el esfuerzo al que somete su interlocutor es un sufrimiento innecesario y una pérdida de tiempo para ambos. Por el contrario, los epigramas incluyen palabras tan vulgares como vigentes, no evitan los temas licenciosos ni desprecian la expresión cruda. Es posible que el adjetivo griego πεζά esté asociado al interés del poeta por las costumbres de los romanos, a la elección de un lenguaje prosaico y a la inclusión de voces inaceptables dentro de los géneros elevados[26]. En 8.3 y 10.4 podemos ampliar nuestra mirada a través de la metáfora gastronómica: a la insulsa y monstruosa poesía de tema mitológico se opone la sal (8.3) y el sabor humano de los epigramas (*hominem pagina nostra sapit*); representación poética de un modo de entenderse, de un saber usual de una parte importante de los habitantes de Roma y del público de Marcial.

Bibliografía

BING, P. (2003). "The Unruly Tongue: Philitas of Cos as Scholar and Poet", *Classical Philology* 98, 330-48.

BRINK, C. (1982). *Horace on Poetry*, Cambridge.

CAMERON, A. (1995). *Callimachus and his critics*, Princeton.

CANOBBIO, A. (2011). *M. Valerii Martialis Epigrammaton liber quintus*, Nápoles.

CANOBBIO, A. (2011b). *Parole greche in Marziale: tipologie di utilizzo e tre problemi filologici (3, 20,5; 3,77, 10; 9,44,6)*, en Bonadeo, A. A. Romano F. Gasti (eds.), *Filellenismo e identità*

romana in età flavia, Atti della VIII Giornata ghisleriana di Filologia classica (Pavía, 10-11 novembre 2009), Como - Pavía, 59-89.

CONTE, G. B. (1996). *The hidden author*, Berkeley - Los Ángeles - Londres.

CITRONI, M. (²1993). *Musa pedestre*, en Cavallo (ed.). *Lo spazio letterario di Roma antica*, Roma, 311-341.

DUFF, J. D. (1903). "Lindsay's Martial M. Val. Martialis Epigrammata", *Classical Review* 17, 220-223.

ESTEFANÍA, D. (²1996). *Marcial. Epigramas completos*, Madrid.

roturière" que expresa el adjetivo πεζός referido al lenguaje. Cf. Puelma Piwonka (1949, 327, n. 4).

26 Marcial explica la elección de ese registro en los prólogos de los libros 1 y 2. Cf. Watson (2002).

Friedlaender, L. (1886). *M. Valerii Martialis Epigrammaton Libri, mit erklärenden Anmerkungen*, Lipsia.

Guéraud - Jouguet (1938). *Un Livre d'écolier du III siècle avant Jésus-Crist*, El Cairo.

Habermehl, P. (2006). *Petronius, Satyrica 79-141. Ein philologisch-literarischer Kommentar*, Berlín.

Holzberg, N. (2008). *M. Valerius Martialis: Epigramme*, Stuttgart.

Howell, P. (1998). *Martial's return to Spain*, en F. Grewing (ed.) *Toto Notus in Orbe*, Stuttgart, 173-186.

Izaac, H. J. (²1961). *Martial, Épigrammes*, I, París.

Kassel, R. (1974). "Ärger mit dem Koch (Com.Gr. Fr. 219 Austin)", *Zeitschrift für Papyrologie und Epigraphik* 14, 121-127.

Kay, N. M. (1985). *Martial. Book XI. A Commentary*, Londres.

Keil, H. (1857). *Grammatici Latini*, Lipsia.

Ker, W. C. A. (1919). *Martial, Epigrams*, Londres.

Lindsay, W. M. (1903). *Ancient editions of Martial*, Oxford.

Mindt, N. (2013). *Martials ,epigrammatischer Kanon'*, Múnich.

Neger, M. (2012). *Martials Dichtergedichte*, Tubinga.

Page, D. L. (1941). *Select Papyri III*, Londres.

Palmer, A. (1882). "Martial, VII. 46", *Proceedings of the Cambridge Philological Society*, II, 39-40.

Paratore, E. (1933). *Il Satyricon di Petronio*, Florencia.

Puelma Piwonka, M. (1949). *Lucilius und Kallimachos*, Fráncfort.

Puelma Piwonka, M. (1995). *Dichter und Gönner bei Martial, Labor et Lima*, Basilea, 415-466.

Rimell, V. (2002). *Petronius and the anatomy of fiction*, Cambridge.

Scàndola, M. y Merli, E. (²2000). *Marziale. Epigrammi*, Milán.

Shackleton Bailey, D. R. (1993). *Martial. Epigrams. Edited and Translated*, Cambridge.

Schmeling, G. (2011). *A Commentary on the* Satyrica *of Petronius*, Oxford.

Schmidt, M. (1861-1862). *Hesychii Alexandrini lexicon*, vols. 3-4 [reimp. 1965, Amsterdam].

Slater, N. (1990). *Reading Petronius*, Baltimore - Londres.

Snell, B. - Maehler, H. (1975). *Pindari carmina cum fragmentis*, Lipsia.

Taillardat, J. (1962). *Les images d'Aristophane*, París, [reimp. 1965].

Watson, P. (2002). *The Originality of Martial's Language, Glotta* 78, 222-257.

Williams, C. A. (2004). *Martial, Epigrams, Book Two*, Oxford.

La institución del *Šabbāt* (תְּבַשׁ)

Marta Alesso
IDEAE/FCH,UNLPam
alessomarta@gmail.com

Estamos tan acostumbrados al día de descanso semanal que nos parece imposible que en la Antigüedad las interrupciones de las arduas tareas cotidianas de artesanos y campesinos ocurrieran pocas veces en el año, en ocasión de las fiestas Leneas o las Dionisíacas en Grecia, por ejemplo. La necesidad del descanso semanal está reglada hoy por leyes que obligan a las empresas industriales y comerciales, públicas o privadas. Pero antes de la institución de un día no laborable en la esfera civil productiva, hubo razones religiosas y culturales que permitieron establecer un día sagrado en el marco de la semana. Estamos también habituados a que sea la del domingo la jornada que dedicamos a la familia y al esparcimiento y los creyentes, a la reflexión religiosa y al culto. Pero fue recién en el siglo cuarto, mediante un decreto del emperador Constantino, que se ordenó aplicar al domingo cristiano la observancia de acciones y prohibiciones del sábado judaico. Para nosotros el sábado es el sexto día de la semana civil, pero fue el séptimo de la semana litúrgica y por ello está en relación con la sacralidad secular del número siete y el concepto de *hebdómada*, nombre que se le da a cualquier ciclo de siete períodos de tiempo, tanto sean días como años.

La tercera palabra o tercer mandamiento que le fue dado por Dios a Moisés en el monte Sinaí establece en Deuteronomio 5, 12-14 y Éxodo 20, 8-10 la misma prescripción: que debe guardarse un día de reposo; que durante seis días se debe trabajar y el séptimo día se honrará a Jehová, no solo el varón de la casa sino tampoco deben hacer tareas ni su hijo, ni su hija, ni el siervo, ni la sierva, ni el buey ni el asno, ni el extranjero que está dentro de sus puertas.

Nos proponemos entonces hacer una breve introducción sobre la institución del sábado o *šabbāt* en hebreo; incursionaremos en la literatura rabínica, en la que abundan las reglamentaciones sobre el respeto al sábado, con instrucciones detalladas que van mucho más allá de lo que se encuentra en otras partes de la literatura judía; haremos luego un repaso de los posibles orígenes extrabíblicos del *šabbāt* y, finalmente, observaremos cómo la literatura judeo helenística del siglo primero de nuestra era, especialmente Filón de Alejandría, interpreta el relato genesíaco según las estructuras pitagóricas internas de la década, donde los números seis y siete simbolizan respectivamente lo cósmico y los supracósmico.

Introducción

La concepción sobre el sábado ha experimentado una evolución si repasamos someramente la historia de Israel. En los textos más antiguos se entiende que el sábado es una fiesta más permisiva. En Isaías 1, 13, Jehová expresa su abominación contra las excesivas celebraciones del sábado y la luna nueva, con "ofrendas vanas" e incienso. Se debían interrumpir en el séptimo día los trabajos usuales y las transacciones comerciales, pero como se permitían "visitas a algún hombre de Dios" (2 Reyes 4, 23), se entiende que algún viaje menor se podía realizar. Después de la destrucción del Templo en el siglo primero, los judíos de Jerusalén quedaron desamparados. Se vieron expulsados de la ciudad sagrada y sin sacerdotes que celebraran el culto. Los judíos en la diáspora empezaron entonces a refugiarse aún más en el cumplimiento de la Ley, la prudencia, la oración y en las reuniones de la sinagoga bajo la guía de los rabinos[1]. El sábado adquirió mayor importancia y el precepto del reposo en el séptimo día se hizo más riguroso. Se prohibía llevar carga e introducirla en Jerusalén, realizar cualquier trabajo (Jeremías 17, 21-22) y hacer negocios (Isaías 58, 13). En las

---

[1] Adoptamos esta posición por ser el criterio general y demostrado por los textos de Filón de Alejandría, en los que se percibe la existencia de lugares de reunión para los judíos de la diáspora. El estudio de Heather A. McKay (1994) entiende –contra la mayoría de las opiniones– que la imagen habitual de los judíos que van en el sábado a la sinagoga carece de fundamento. Considera incluso dudoso que hubiera edificios para uso exclusivo como sinagoga. La conclusión de McKay es que no hay evidencia de que el sábado fuera un día de culto judío comunal antes del año 200.

luchas independentistas de los macabeos, se observa el rigor de la observancia del sábado. Un grupo de fieles se dejó matar por los sirios antes que quebrar el precepto del descanso sabático: "los soldados los atacaron el día sábado y los israelitas, con sus mujeres y sus hijos y sus animales, murieron. Eran en total unas mil personas" (1 Macabeos 2, 38). La matanza provocó la reacción de Matatías y su gente, quienes decidieron defenderse aun si la lucha se produjera en día de sábado, para no ser diezmados (1 Macabeos 2, 39 41).

La literatura deuterocanónica mantiene su severidad con respecto a quien infrinja el reposo del séptimo día. El *Libro de los Jubileos*, escrito un siglo antes de la era cristiana prescribe que

> todo hombre que haga trabajo en él, ande camino, cultive campo, tanto en su casa como en cualquier lugar, encienda fuego, cabalgue en cualquier animal, viaje en barca, hiera o mate cualquier ser, degüelle animal o ave, o capture bestia, ave o pez, el que haga guerra en sábado, todo hombre que hiciere cualquiera de estas cosas en sábado, muera. (Jubileos 50, 12-13)

Vemos que, en Jubileos, en sábado no está permitida la guerra, hay que observar el séptimo día aun a costa de la propia vida. La comunidad esenia de Damasco, cuyo manifiesto, denominado *Documento de Damasco*, data muy probablemente del siglo II a.C., no castiga con la pena de muerte la violación del sábado (DC 12, 3-6), Jubileos sí (2, 25-27)[2]. El *Documento de Damasco* prohibía comer alimentos que no hubiesen sido preparados antes del sábado, sacar agua del pozo, ayudar a un animal en el parto o sacarlo de un pozo o cisterna donde hubiese caído. Dios descansa en sábado con todos los ángeles en el cielo y la tierra (Jubileos 2, 18); escogió a los hijos de Jacob y lo ha designado como hijo primogénito, santificándolo por toda la eternidad: les enseñó el sábado, para que en él descansen de todo trabajo (Jubileos 2, 20). Difieren estas consideraciones de la creencia rabínica de que Dios trabaja en sábado, pues hace nacer niños en ese día y juzga a los muertos. Jesús justifica sus curaciones en sábado diciendo que "el Padre

---

2   Para todas las referencias al *Libro de los Jubileos*, cf. Corriente y Piñero (1983) y para el *Documento de Damasco*, García Martínez (2009).

sigue hasta el presente obrando (en sábado); yo hago como él" (Juan 5, 17)[3].

La *Mishná*, por su parte, recoge, sin duda, la rigurosidad existente, pero introduce elementos propios del rabinismo que, si bien intentan ser fieles a los preceptos recibidos, al mismo tiempo inventan medios y razones para que el hombre judío no se sienta abrumado por el peso de la ley[4]. Así, en la *Mishná*, el tratado referido al sábado no solo explica las cosas que no se pueden hacer, sino también las que se pueden realizar. De esta forma los doctores aliviaron la situación del sábado para que no perdiera su condición de día festivo y gozoso.

Nos referiremos en primer lugar a la institución del sábado o *šabbāt* en los textos bíblicos y luego a su repercusión en la preceptiva de la *Mishná*. Haremos un repaso de los posibles orígenes extrabíblicos del *šabbāt* y finalmente expondremos un resumen de la significación simbólica que adquiere en el plano filosófico en los primeros siglos de nuestra era, merced al platonismo-pitagorismo imperante en la época.

El *šabbāt* en los textos bíblicos

La palabra *šabbāt* designa en la Biblia el séptimo día de la semana, que debe dedicarse al descanso y a la meditación después de una semana de trabajo de seis días. El término hebreo *šabbāt* se registra 111 veces en el Antiguo Testamento: con mayor frecuencia en el Pentateuco con 47 veces; en la literatura profética, 32 veces (Ezequiel, 15 veces; Isaías, ocho veces; Jeremías, siete veces; en Amós y Oseas una vez cada uno); en los libros históricos, 30 veces (Nehemías, 14 veces; 1-2 Crónicas, diez veces; 2 Reyes, seis veces). Aparece también una vez en Salmo 92, 1 y en Lamentaciones 2, 6.

---

3 La expresión un tanto críptica de Jesús en Juan 5, 17 que justifica la curación del paralítico en sábado ha sido objeto de no poca bibliografía; cf. Burer 2012 y McKinley 2016.

4 El paso de la forma midráshica a la míshnica, esto es, el cambio de la transmisión oral a la escrita, no se llevó a cabo sin concesiones importantes. Ante el peligro de que la literatura oral no pudiera sobrevivir, los rabinos organizaron la Mishná –por una cuestión de eficiencia– sin anotar la fuente de la Biblia; es por esto que las explicaciones que facilitan la comprensión de la Torá y ejemplifican de modo comprensible el texto antiguo carecen en el texto míshnico de referencias bíblicas; cf. Halivni (1986, 38-65, esp. 40).

El *šabbāt* aparece en el Antiguo Testamento en contextos de importancia tanto histórica como teológica. El Pentateuco, es decir, los cinco primeros libros de la Biblia, que se corresponden con los que en la tradición hebrea conforman la Torá, contiene las referencias más tempranas al sábado en el AT. Si bien la moderna crítica ha percibido registros de muy distintas épocas en los libros del Pentateuco –diferencias léxicas, estilísticas, narraciones contadas más de una vez, etc.–, la opinión general lo ubica en estadio muy temprano de redacción respecto de los demás libros de la Biblia, no obstante la cantidad de elaboraciones, refundiciones y redacciones que pueda haber sufrido[5].

El término griego que es traducción de *šabbāt* aparece en el Pentateuco 47 veces (Éxodo, 15 veces; Levítico, 25 veces; Números, cuatro veces; Deuteronomio, tres veces). El sustantivo *šabbātôn*, con la acepción de día de reposo, deriva de *šabbāt* (el séptimo día de la semana) y aparece once veces. Se usa en Éxodo 16, 23 y 31, 15; Levítico 23, 24 y 39. En Levítico 25, 6 tiene el significado de descanso de la tierra en el séptimo año o año sabático.

La combinación *šabbāt šabbātôn* –"el séptimo día [será] día de reposo"– aparece en Levítico 23, 3; referido al día anual de expiación o Yom Kippur, en Levítico 16, 31 y 23, 32, al día anual de las trompetas (el día primero del mes séptimo), en Levítico 23, 24 y al año sabático, en Levítico 25, 4. La similitud fonética entre *šabbāt* y *šābat* (séptimo día y reposo), además de oficiar como un juego de palabras, enlaza el significado de uno y otro término.

En el Nuevo Testamento aparece como σάββατον 67 veces: en los Evangelios sinópticos, 43 veces; en el Evangelio de Juan, 13 y el resto, en Actos de los apóstoles y refiere siempre al séptimo día de la semana, es el equivalente al *šabbāt*.

---

5   La reflexión teológica de los judíos ortodoxos no ha podido evitar volver una y otra vez sobre el Pentateuco. Las discusiones judías premodernas, cuando analizaban la fijación del texto bíblico, se basaban casi exclusivamente en los escritos transmitidos por los judíos y en las numerosas enseñanzas rabínicas en relación con ellos. Los líderes rabínicos no reconocían a nadie más que a sus antepasados en la labor de haber conservado el texto correcto. En la actualidad se han visto obligados a admitir la importancia del griego como un texto fundante. Levy (2001) realiza un interesante trabajo sobre la fijación de la Torá a partir de la Septuaginta y del Pentateuco samaritano (la versión del Pentateuco en idioma hebreo). Un tratamiento particularmente profundo y documentado sobre el *šabbāt* en el Pentateuco, en Hasel (1982). Cf. Davies (2002) y Evans (2008).

Ahora bien, lo que nos interesa para esta exposición son las razones o la explicación de cómo *šabbāt* o σάββατον adquiere en la cultura hebreo-cristiana el rango de institución, es decir, cómo se funda o establece hasta adquirir en el marco de sociedades seculares una entidad simbólica que representa las creencias y los valores de un pueblo y está reglada por la observancia de ciertos preceptos o pautas de orden sagrado, a tal punto que constituye uno de los elementos fundamentales del culto. El *sábado* y la circuncisión llegan a convertirse en los elementos externos más distintivos del judaísmo. Los rituales que lo acompañan se consideran inmutables. Si no se respetan estas reglas, la persona o el grupo incurren en una falta tan grave como un crimen.

Dos narraciones hablan del sábado en el Pentateuco y muestran consecuencias disímiles de la falta de observancia: Éxodo 16, 1-36 y Números 15, 32-36. Éxodo 16, 1-36 registra acontecimientos relacionados con el sábado antes de la entrega de la Ley en el Monte Sinaí. Cuando cae el maná del cielo, recogieron en el sexto día doble porción de comida (16, 22), Moisés recuerda a su pueblo que el día siguiente es día de reposo, de modo que lo que haya que cocinar, se debe cocinar en el día sexto (16, 23). Así que aconteció que algunos del pueblo salieron en el séptimo día a recoger y no hallaron nada. Entonces Jehová dijo a Moisés: "¿Hasta cuándo rehusaréis guardar mis mandamientos y mis leyes?", si Jehová da en el sexto día pan para dos días, nadie debe salir de su lugar en el séptimo día. Así el pueblo reposó el séptimo día (16, 27-30).

Números 15, 32-36 habla de un incidente relacionado con el sábado después de la entrega de la Ley. Cuando estaban los hijos de Israel en el desierto, hallaron a un hombre que recogía leña en día de reposo. Lo llevaron ante Moisés y Aarón y ante toda la congregación; lo pusieron en la cárcel, porque no estaba declarado qué se le había de hacer. Y Jehová dijo a Moisés: "Irremisiblemente muera aquel hombre; apedréelo toda la congregación fuera del campamento. Entonces lo sacó la congregación fuera del campamento y lo apedrearon, y murió, como Jehová mandó a Moisés". En la narración del maná (Éxodo 16), la desobediencia del pueblo con respecto al sábado no fue castigada, pero el hombre que recogía leña el sábado fue ejecutado por lapidación (Números 15, 36).

El *šabbāt* en la *Mishná*

En la literatura rabínica abundan las reglamentaciones sobre el respeto al sábado; son instrucciones detalladas que van mucho más allá de lo que se encuentra en otros registros de la literatura judía. Las regulaciones más extensas están reunidas en la *Mishná*, en la que un extenso tratado con 24 capítulos se refiere al sábado de manera específica (Del Valle 2003, 221-257).

Como sabemos, la *Mishná* es la primera parte del Talmud, idéntica tanto en el Talmud de Jerusalén como en el Talmud de Babilonia. Se trata de un cuerpo exegético que recoge y consolida la tradición oral judía desarrollada durante siglos desde los tiempos de la Torá. Ordena sus leyes por asunto y no en torno de los versículos del texto bíblico, pero, obviamente, no puede jamás contradecir la esencia preceptiva de la Torá. A sus autores se los conoce como Tanaim y fue codificada o editada en su versión final por al rabino Yehudá Hanasí, a fines del siglo segundo o comienzos del tercero. Después de la destrucción del templo de Jerusalén, en el año 70, se desencadenó con fuerza el declive económico y político de la comunidad judía en Israel y peligraba la obtención de los conocimientos provenientes de la mera transmisión oral por el pueblo judío, debido a las continuas persecuciones, razón por la cual se decidió volcar esta sabiduría de los rabinos por escrito.

Respecto de los rituales del día séptimo, el tratado míshnico refleja un estadio ya final de un largo proceso. En general se ofrece *a posteriori* una explicación de que el establecimiento de reglas se debe a cuerpos prestigiosos fuera de toda duda. Por ejemplo, las fuentes rabínicas otorgan esta potestad a "los hombres de la Gran Asamblea", quienes constituyeron en la práctica un verdadero cuerpo legislativo. Ellos hicieron de la Torá, en su sentido pleno (revelación oral y escrita), el fundamento de la vida judía; recogieron u ordenaron recoger todas las tradiciones heredadas y establecieron además normativas nuevas, algunas de ellas sin soporte bíblico. A la Gran Asamblea se le adjudica la responsabilidad de haber fijado el texto de ciertas bendiciones y de haber establecido el rito del *kidush* al comienzo del sábado y el de la *havdalá*, al final del mismo; son estas ceremonias las que separan el *šabbāt* de los días laborables de la semana, es decir, señalan los límites entre lo santo y lo profano.

El sábado fue adquiriendo en el transcurso de su evolución histórica un valor social además de su aspecto religioso[6]. La importancia social se exterioriza en la prohibición de realizar trabajos corporales durante el sábado. El descanso se extiende a los animales y a los esclavos. Éxodo 23, 12 reza "Seis días trabajarás, y al séptimo día reposarás, para que descanse tu buey y tu asno, y tome refrigerio el hijo de tu sierva, y el extranjero". El valor del reposo semanal está puesto en relación con la historia del pueblo de Israel cuando en Deuteronomio 5, 15 leemos: "Recuerda que fuiste esclavo en Egipto, y que el Señor tu Dios te sacó de allí con gran despliegue de fuerza y de poder. Por eso el Señor tu Dios te manda observar el día sábado".

El aspecto religioso ubica el séptimo día como signo vivo de la Alianza entre Dios e Israel. Su observancia es la ratificación personal de la Alianza y la señal externa del misterio que une a Dios con su pueblo. Su condición religiosa contempla también una función pedagógica. No solo ha de entenderse como una pausa en el ritmo semanal sino también como un día especial para el estudio de la Torá.

Orígenes extrabíblicos del *šabbāt*

El auge de los estudios críticos sobre los libros del Pentateuco, que coincidió con el descubrimiento de numerosos textos de la antigua Babilonia, hizo que en el siglo XIX surgieran los primeros intentos –al menos en el mundo académico– de una investigación sobre los posibles orígenes religiosos extrabíblicos del *šabbāt*[7].

Wilhelm Lotz (1883, 57-58), por ejemplo, sugirió que el término hebreo *šabbāt* y el acadio *šab/pattu (m)* significaban de manera

---

6 La Torá especifica muy pocas labores (*melajot*) vedadas en *šabbāt*: prohíbe encender fuego, segar, cosechar y hachar árboles. No obstante, en la *Mishná* se especifican 39 acciones que deben evitarse en *šabbāt*; cf. Dundes (2002), quien en p. 27 refiere a Rosenfeld (1966, 70).

7 Hoy día se continúa con estudios sobre los ciclos de siete días y el *šabbāt* en tabletas cuneiformes halladas en Warka, cerca de Babilonia, que se analizan en un marco mayor de investigación: el descubrimiento de un "Texto de Sabbath" en Nínive, que según Koot Van Wyk (2012, 25) fue descubierto por George Smith en 1869, reproducido por H. Rawlinson en 1875 y en el mismo año comentado por Archibald Henry Sayc y, más tarde, por Francis Brown (1882), Peter Jensen (1892) y Morris Jastrow (1894).

aproximada la misma cosa, es decir, el "día del descanso". Esta hipótesis ponía en relación *šab/pattu (m)* con *ûmê lemnûti*, diablo o tabú, que aparecía en secuencias de aproximadamente siete días, pero debió ser abandonada cuando se hizo evidente que *šab/pattu (m)* era el día 15 del mes, el día de luna llena, y nunca se aplicó a los días tabú. En términos generales, se podría decir que un origen babilónico no suena improbable, ya que el pueblo de Judah pasó cautivo en Babilonia setenta años[8], pero no tenemos prueba alguna del antecedente de un descanso semanal en esta cultura. La variante *šab/pattu (m)* que designa el día 15 del mes tiene la etimología de *sha patti*, "división" del mes y esta es la traducción más probable.

A fines del siglo XX, sin embargo, la hipótesis encontró una cierta adhesión, cuando Gnana Robinson (1988, 171-185) descubre que la secuencia "luna nueva-sábado" aparece en los textos pre-exílicos (Amós 8, 5; Oseas 2, 11; Isaías 1, 13 y 2 Reyes 4, 23: "luna nueva y día de reposo") del mismo modo que en los textos babilónicos hay una secuencia luna nueva (*arḫum*)-luna llena (*šapattu*). En época post exílica el *šabbāt* mensual (luna nueva o luna llena) habría pasado a semanal y se habría afincado sólidamente la preceptiva atinente al "descanso de las labores". Esto solo en teoría, porque no hay evidencia fehaciente en el AT del paso de un *šabbāt* mensual pre-exílico a un *šabbāt* semanal post-exílico. Poner en relación las fases de la luna no suena razonable, puesto que el sábado era independiente de ellos. El sábado es una fiesta semanal sin conexión con la luna, no puede decirse que se derive de la fiesta babilónica de la luna llena.

Otra información dice que en Babilonia se consideraban nefastos los días séptimos del mes –el 7, 14, 21, 28–; tenían carácter penitencial e iban acompañados de la suspensión de cierto tipo de actividades. Durante esos días, el "pastor de los pueblos" (el rey) no debe comer carne cocida ni pan cocido, no debe cambiar su ropa ni ponerse vestidos nuevos, ni ofrecer sacrificios, ni subir a su carro, ni ejercer el poder. El sacerdote no debe suministrar oráculos y el médico no debe tocar al enfermo. De todos modos, la hipótesis del origen babilónico encuentra fuertes dificultades

---

8   El período exílico comienza cuando Joaquín fue capturado por Nabucodonosor (2 Reyes 24, 12-16) y termina cuando a los judíos les fue permitido regresar a Jerusalén (2 Crónicas 36, 22-23 o Esdras 1 o Jeremías 29, 10).

para su aceptación. El sábado hebreo nunca tuvo el carácter de día nefasto ni tampoco se designó como tal la luna nueva.

Harold Henry Rowley (1963, 1-36), por su parte, sostiene la tesis de que los israelitas adoptaron la celebración del séptimo día a través de los cineos (o quineos o kenitas, conocidos posteriormente como recabitas), pueblo nómade que trabajaba el metal y honraba cada siete días a un dios equivalente a Cronos. La convivencia pacífica entre israelitas y cineos se consolida por el matrimonio de Moisés con la hija de Jetró (Jueces 1, 16); no obstante, tampoco el AT ofrece datos concretos que avalen esta teoría.

Hans-Joachim Kraus (1966, 87) señala como posibles fuentes del sábado textos de la antigua Ugarit (*Ras Shamra* en árabe), ciudad estado que tuvo su esplendor entre los siglos XV y XII a.C., en la costa mediterránea de Siria, y que realizó aportaciones importantes en las fases iniciales del judaísmo. Hay períodos de siete años en el ciclo de *Dan-El* (epopeya semítica de la cual solo se conservan tres tablillas con fragmentos) y un festival de siete días en la leyenda de Keret. No parece que una semana de fiesta en la cultura ugarítica pudiera ser un antecedente del *šabbāt*. Es más procedente pensar que el siete es un número sagrado en muchas religiones: baste el ejemplo de los siete cielos del islam o las siete virtudes del *Bushidō* en la cultura japonesa.

Creemos que lo más razonable es que el origen del *šabbāt* esté en relación directa con los ciclos agrarios, en una sociedad donde la tierra marcaba la vida de los habitantes rurales y urbanos y señalaba los lapsos de labor y descanso, con proyección más que probable sobre las prescripciones religiosas. La teoría del origen social del *šabbāt*, en correspondencia con el "día de descanso" de un pueblo agricultor ha sido sostenida por Hutton Webster (1916, 188-192 y 101-123), mientras otros, como Ernst Jenni (1956, 7-16), sugieren que el sábado tuvo su comienzo en los "días del mercado"[9].

La creación del día de descanso universal

El texto canónico que establece oficialmente la institución del sábado es Génesis 2, 1-3, que señala el fin de la Creación y ha

---

9   Para una recopilación completa de las distintas teorías sobre el origen del *šabbāt*, véase la tesis doctoral de Niels-Erik Andreasen (1972).

hecho correr ríos de tinta sobre su significación[10]. El relato de lo sucedido en el séptimo día de la creación es sin duda la base de la institucionalización del sábado: (1) quedaron terminados los cielos y la tierra como obra de Dios; (2) el día séptimo, Dios vio terminada la obra que había hecho y descansó; (3) Dios bendijo y santificó el séptimo día de la creación. Nos interesan especialmente las argumentaciones que en los primeros siglos de la era cristiana hacen una lectura filosófica –más específicamente, platónica– de la letra del libro sagrado de los judíos. Es decir, nos ocupa lo que se escribe en griego en los comienzos del Imperio romano en forma paralela a la literatura rabínica escrita en hebreo. Estas interpretaciones dan los fundamentos de la institución del sábado, ya no en un marco específico judío sino con un alcance ecuménico. Filón de Alejandría, en los albores de la era común, asevera que la institución del sábado es de naturaleza moral y su alcance es universal y la obligación de consagrar este día no está restringida a un tiempo y lugar determinados o a un pueblo específico. Así lo entiende cuando afirma que

> Después de que todo el universo se completara, según la naturaleza del número perfecto de la héxada, el Padre exaltó el día siguiente, el séptimo, alabándolo y llamándolo santo. En efecto, no es la fiesta de una ciudad o región, sino del universo, que también es la única que merece llamarse universal y cumpleaños del mundo. (*La creación del mundo según Moisés* 89)[11]

Filón está preocupado por un problema, de raigambre estoica, debatido con frecuencia en el período helenístico: la relación entre νόμος (ley) y φύσις (naturaleza). Como judío, Filón toma como texto primario el texto sagrado del Pentateuco, que según él es un texto inspirado y por lo tanto autorizado. Como filósofo del siglo primero, está familiarizado con las principales tendencias de la filosofía de su época. Según Filón, el Pentateuco y el cosmos están relacionados y se reflejan uno a otro. El Pentateuco –o, como lo llama Filón, la ley de Moisés– es la verdadera esencia del νόμος. Aspectos de esa ley explican el orden del universo o, lo mismo es

---

10 Sobre la creación del sábado en Génesis 2, 1-3, cf. Negretti (1972); Robinson (1988); Ross Cole (2003) y Frey (2011, 14-70).

11 Para todas las referencias a *La creación del mundo según Moisés* y *Alegorías de las Leyes*, cf. Martín, Lisi y Alesso (2009).

decir, la base estructural de la φύσις. Para respaldar esta posición epistemológica, Filón utiliza una serie de mecanismos exegéticos, que se pueden resumir con la expresión "lectura alegórica". Su lectura del Pentateuco es por completo alegórica, es decir la filosofía helenística aplicada al texto bíblico. Dos de los mecanismos exegéticos que empleó para demostrar el significado universal del Pentateuco fueron la teoría platónica física y la teoría de los números de Pitágoras. El uso de estas teorías se encuentra en casi todo el corpus de Filón, pero especialmente en *La creación del mundo según Moisés*, *Sobre el decálogo*, en muchos lugares de *Las leyes particulares* y en las *Quaestiones et Solutiones in Genesin*[12].

Sin embargo, esta idea de que la filosofía de los griegos 'depende' de la palabra sagrada de Moisés y, en particular, que existe una identificación de la "primera génesis de la luz" con el día séptimo o sábado, el cual a la vez es *lógos septenario* o principio de toda realidad, se encuentra por primera vez en Aristóbulo. El Fr. 5 reza:

> Dios ha producido el mundo todo y, ya que la vida está llena de males, nos ha dado para descanso el día séptimo. Éste debe interpretarse como primera génesis de la luz, en la que todas las cosas están comprendidas [...] Que Dios descansó en el séptimo día, no se debe entender como que Dios dejara de obrar, sino en el sentido de que terminó de fijar la disposición de las cosas para que, con el tiempo, se reprodujeran siempre las mismas. Significa que en seis días creó el cielo y la tierra, como así todo lo que hay en ellos, para hacer conocer los tiempos y preanunciar el orden en que cada cosa antecede a la otra. [...] Dispuso que este día fuera de guardar, como signo del *septenario lógos* establecido entre nosotros, en el cual tenemos conocimiento de las cosas divinas y humanas. Todo el mundo, pues, gira en ciclos a través de las hebdómadas, tanto los engendrados animales como todo vegetal que florece.

---

12 En *La creación del mundo según Moisés* 127, Filón hace un juego de palabras y dice que los que pusieron nombres a las cosas al inicio, como sabios que eran, denominaron así al número siete (τὸν ἀριθμὸν ἑπτὰ) por su *s*olemnidad (σεβασμός) y por su *s*eriedad (σεμνότης). Los romanos, al añadir la letra s (σ) a ἑπτά, lo llamaron *septem* más correctamente, por lo serio (σεμνός) y por lo solemne (σεβασμός). Cf. Weiss (1991) para una recopilación bastante completa de los lugares en que Filón explica la sacralidad del sábado.

Lidia Raquel Miranda y Viviana Suñol (eds.)

Pero el método de exégesis filoniano es mucho más complejo que la percepción filosófica de Aristóbulo. Revela un mecanismo en el que quedan engastados un razonamiento con el otro. Podríamos llamarlo un mecanismo de proyecciones ensambladas. Filón entendió que era posible percibir el Génesis desde una perspectiva aritmológica. El relato de la creación en el Génesis se podía comprender por lo que realmente era, en especial si entendemos que el cosmos, el micro-cosmos (Israel) y el Pentateuco están todos relacionados entre sí y cada uno refleja a los otros. El uso que hace de la aritmología como herramienta exegética pone de relieve la soberanía divina en un mundo que puede explicarse mediante el número[13].

Clemente de Alejandría menciona a Filón por su nombre en cuatro ocasiones, pero el uso que hace de los textos del sabio judío es mucho más extenso y frecuente que esas cuatro veces en que lo nombra (lo mismo que Ambrosio y otros Padres). En dos lugares de esos cuatro –en *Stromateis* 1, 72, 4 y en 1, 152, 2–, Clemente se refiere a Filón como "Filón, el pitagórico"[14]. Filón había escrito un tratado *Sobre los números*[15], hoy perdido. Si bien en la actualidad entendemos que platonismo y (neo)pitagorismo son dos líneas filosóficas independientes, en los primeros siglos de nuestra era, los filósofos percibían puntos de contacto mucho más estrechos entre una doctrina y otra, solo que la segunda –el pitagorismo– ponía mayor énfasis en el valor sagrado de los números y en la conveniencia de la vida contemplativa. En Filón, en efecto, vida práctica y vida contemplativa están en relación con el número siete. La vida práctica precede a la vida contemplativa: Dios hizo

---

13 Moehring (1978) fue el precursor de los estudios de los textos de Filón con el objetivo de reconstruir y explicar la naturaleza y extensión de la aritmología en las fuentes medio y neoplatónicas a partir del siglo primero.

14 ¿Por qué Clemente lo denomina "Filón, el pitagórico"?, se pregunta Runia (1995). Podría haberlo nombrado "Filón, el judío", ya que para un cristiano los antecedentes del judaísmo tienen mayor autoridad y valor como antecedente que el pitagorismo. O podría haber dicho "Filón, el platónico". Llama la atención que lo mencione por su nombre y como "Filón, el pitagórico". Clemente puede haber visto relaciones del pensamiento filoneano con la escuela pitagórica porque, en efecto, Filón utiliza no pocas veces el simbolismo de los números o la aritmología para su exégesis bíblica y usa términos tales como 'mónada', 'tríada' y 'hebdómada'.

15 Περὶ ἀριθμῶν, perdido, al que alude en *Vida de Moisés* 2, 115 y *QG* 4, 110. Como lo cita por su título en la *Vida de Moisés* puede suponerse que la redacción de esta obra es de época temprana, sin duda anterior al año 38.

el mundo en seis días y el séptimo descansó. Contempló lo que había hecho y vio que era bueno. La reproducción del modelo a escala humana es la institución del *šabbāt*. Indica también que la vida contemplativa es mucho más que la beatífica contemplación de Dios; es, sobre todo, un tiempo de estudio y reflexión, y de análisis del verdadero sentido de las Escrituras. El parangón de la institución del "sagrado día séptimo" con la creación del mundo está expresado con claridad por el propio Filón en *Sobre el Decálogo* 98: "los que están destinados a vivir como ciudadanos de este mundo" deben seguir en este punto, como en los demás, el ejemplo Divino, entregándose durante seis días a los trabajos, y tomándose un reposo en el séptimo, para consagrarse a la meditación filosófica y ocupar su ocio en la contemplación de las cosas de la naturaleza, y además examinar si en los días precedentes algo ha sido hecho sin la debida pureza […] a fin de corregir lo que ha sido descuidado y prevenir que no se vuelvan a repetir en adelante las faltas.

Filón lee las escrituras en términos de filosofía griega, y no es una excepción su interpretación sobre la sacralidad del sábado[16]. El marco filosófico-teológico con el que Filón organiza su particular lectura de la legislación bíblica se ofrece con claridad en los tratados *Sobre el decálogo* y *Las leyes particulares* 1-4, donde el sabio judío sigue el orden de los diez mandamientos –o "diez palabras"– expresadas en el Pentateuco en Éxodo 20 y Deuteronomio 5 para explicar los ámbitos en que se deben aplicar las diez leyes que fueron entregadas por Dios a los hombres por intermedio de Moisés. *Las leyes particulares* 2 comprende los mandatos y prohibiciones referentes a tres mandamientos: al tercero, que versa sobre cumplir los juramentos; al cuarto, que ordena honrar el sagrado día séptimo y al quinto, que trata sobre el respeto a los padres. Lo referente al día séptimo se lee especialmente en *Las leyes particulares* 2, 39-41 y 86.

En los textos de orden legislativo, Filón entiende que la sacralidad del número siete trasciende y es mayor que la que incumbe al día de reposo semanal. Afirma que es igual en importancia al Uno o a la unidad. *Sobre el Decálogo* 102 dice que el número siete es

---

16   Goldenberg (1979, 429) lo dice de un modo exagerado cuando afirma que el sábado para Filón es "a symbol of all the highest philosophical truths".

el número virgen (παρθένος), la naturaleza sin madre (ἡ ἀμήτωρ φύσις), el número más estrechamente vinculado a la mónada y al origen. Filón identifica dos sietes. En *Sobre el Decálogo* 159 afirma que cuando dice "séptimo" (ἑβδόμη) se refiere tanto al siete que contiene al seis, el más fecundo de los números, como al que no lo contiene porque se asimila a la unidad. Una y otra especie de siete son empleadas para la enumeración de las fiestas. En *Las leyes particulares* 2 se explica el significado simbólico de siete fiestas, ensamblando de este modo la santidad del séptimo dia de la semana que debe dedicarse al reposo con las significaciones más profundas de las festividades judías. En *Sobre el Decálogo* 161, el sabio alejandrino afirma que al siete se asignaron las fiestas que duran varios días y tienen lugar con ocasión de los equinoccios anuales, el de primavera y el de otoño, estableciendo dos fiestas (la de los panes ácimos y la de los tabernáculos) para dos estaciones, cada una de siete días: la de primavera, por la maduración de los sembrados, y la de otoño, por la recolección de todos los frutos que han producido los árboles.

Mediante la unidad se ha fijado el día inicial del mes sagrado, fiesta que se anuncia con trompetas. (1) La "fiesta de las trompetas" (*Las leyes particulares* 2, 188) es el día primero del séptimo mes, es un día en que no se debe trabajar y se debe hacer una santa convocación al son de trompetas (en la *Mishná* es la fiesta de año nuevo); es el día en que se recuerda cómo resonó la trompeta (Éxodo 19, 16) el día que Jehová entregó las tablas de la Ley a su pueblo. (2) La fiesta de "la travesía" (τὰ διαβατήρια) es la Pascua (*Las leyes particulares* 2, 145) y consiste en una celebración en la que "toda la nación es sacerdote" (σύμπαν τὸ ἔθνος ἱερᾶται) pues no se trata de que los particulares lleven ofrendas al altar para que los sacerdotes ofrezcan sacrificios, sino que los fieles lo hacen sin intermediación. La Pascua, que recuerda la salida "de Egipto, de la casa de la esclavitud" (Éxodo 13, 3) representa alegóricamente para Filón la purificación del alma (véase § 147), el tránsito del alma desde lo corporal hacia la virtud o el conocimiento. (3) La fiesta de los "panes ácimos" (ἄζυμα) o de los panes sin levadura dura del 15 al 21 del mes; se distingue de la fiesta de la Pascua, celebrada en la tarde y noche del día 14. La literatura rabínica las confunde en una sola y dice que la fiesta de la Pascua se extiende a toda la celebración de los siete días que siguen al sacrificio pascual

(Del valle 2003: 289). Sucede que el pan ácimo es la comida oficial de la Pascua judía. La fiesta de los panes sin levadura dura siete días (*Sobre el decálogo* 161) y comienza el 15 del mes primero de Israel –Nisán– al día siguiente de celebrar la Pascua, en la que se comía un cordero con panes sin levadura e hierbas amargas. (4) El día anual de expiación o Yom Kippur. Según Filón (*Las leyes particulares* 2, 194), Moisés proclamó que este día del ayuno era una fiesta y la denominó la más grande de las fiestas en su lengua ancestral, "sábado de sábados" y –como dirían los griegos, dice Filón–, hebdómada de las hebdómadas, la más sagrada de las sagradas. (5) La fiesta "de los tabernáculos" (*Las leyes particulares* 2, 204) tiene lugar en el equinoccio de otoño. En realidad, es la que tradicionalmente se denomina fiesta de las "cabañas" (σκηναί). Se comienza a celebrar a los cinco días de Yom Kippur y dura siete días. Durante ese tiempo estaba obligado todo israelita a vivir en una cabaña, en una tienda; allí dentro debía dormir y hacer las comidas. (6) Una fiesta dentro de la fiesta (*Las leyes particulares* 2, 162) es el día inmediatamente después que el primero, que se llama fiesta de la "gavilla" (δράγμα). Los primeros frutos se llevan como primicia al altar, no solo del país que la nación ha recibido para vivir, sino también de la tierra en su totalidad; de modo que se trata no solo de la primicia particular de nuestra nación, sino también de la universal de todo el género humano. (7) Pentecostés o la fiesta de las siete semanas. En *Las leyes particulares* 2, 176, Filón afirma que la festividad de la gavilla es el preludio de otro festival de mayor importancia. A partir de esta fecha se calcula el día quincuagésimo contando siete veces siete y se añade como un sello al final un uno, número sagrado, que es la imagen incorpórea de Dios. O sea, que "la primera bondad que demuestra el número cincuenta", en términos de Filón, es porque resulta de una serie cuya sacralidad reside en que a 49 (= 7 x 7) se le agrega como coronación la unidad: al 49 se suma uno más.

La lectura de Génesis 2, 2-3, que dice que Dios descansó en el séptimo día y que además "bendijo" y "santificó" ese día, implicó la institución del sábado para todas sus criaturas, no solo para el pueblo elegido. La institución del sábado es de naturaleza moral y su alcance es universal, y la obligación de consagrar ese día no está restringida a un tiempo y lugar determinados o a un pueblo específico. Así lo entiende también Filón cuando afirma que "Después de que todo el universo se completara, según la naturaleza del número perfecto de la héxada" (cf. *Alegorías de las leyes* 1, 3), el Padre exaltó el día siguiente, el séptimo, alabándolo y "llamándolo santo". En efecto, no es la fiesta de una ciudad o región, sino del universo y es la única que merece llamarse universal y cumpleaños del mundo (*Sobre la creación del mundo según Moisés* 89).

Filón obviamente no interpreta de manera literal las jornadas de la creación. Rechaza la génesis *ex nihilo* del mundo en favor de una génesis temporal originada en el intelecto (νοῦς) de Dios que lo ha diseñado y que lo sostiene mediante su providencia (πρόνοια). Interpreta los seis días de la creación como anteriores y exteriores al tiempo: los días no señalan sucesiones temporales sino estructurales (*Sobre la creación del mundo según Moisés* 13 y *Alegorías de las leyes* 1, 2). Para sostenerlo filosóficamente recurre a Platón (*Timeo* 38c-39d), donde "antes de crear el tiempo" el De-miurgo dota a los astros de la capacidad de marcar los ritmos racionales de las realidades cósmicas según reglas universales. Para interpretar esta creación del mundo inteligible, sin tiempo, Filón interpreta el relato genesíaco según las estructuras pitagóricas internas de la década, donde los números seis y siete simbolizan respectivamente lo cósmico y los supracósmico. Es así que asoman en los textos de Filón las fuentes del antiguo pitagorismo –y su interpretación de la realidad en términos numéricos–, pero pasados por el cedazo de autores que se ubican en las primeras centurias previas a nuestra era y son una fuente común para Filón, Teón de Esmirna (s. II a. C.) y Anatolio (s. III a.C.)[17].

El extendido tratamiento de la hebdómada, que ocupa en *Sobre la creación del mundo según Moisés* casi una cuarta parte del tratado (§§ 89-128), y el paralelo de *Alegorías de las leyes* 1 (§§ 8-16) constituyen un ejemplo de la síntesis conceptual del pensamiento judeo-alejandrino que abreva tanto en la filosofía griega (platonismo-pitagorismo) como en la tradición litúrgica hebrea. Y todo para demostrar la superioridad de la ley mosaica, cuya expresión del orden cósmico es verdadera en cuanto puede explicarse en términos tan universales como los de la numerología.

---

17 Teón escribió un manual para los estudiantes de filosofía que demostraba la interrelación entre números primos y geométricos con la música y la astronomía. Anatolio escribió, según Eusebio de Cesarea, diez libros sobre aritmética de los que quedan unos pocos fragmentos.

Filón, además de dirigirse a su propia comunidad, hace una reflexión encauzada hacia lo ecuménico, hacia todos los hombres virtuosos que aspiren a acatar la sabiduría de la Ley, porque puede explicarse en términos de la filosofía, ya que la filosofía de los griegos y toda filosofía entendida como camino de sabiduría 'depende' de la palabra sagrada de Moisés. El sabio judío pretende quitar del sábado la negatividad contenida en la fría letra del mandamiento. Afirma que tanto los seis días de labor como el séptimo día ofrecen oportunidades para crear. Incluso si el séptimo día requiere abstenerse de muchas acciones, tiene sus beneficios en el orden de realizar otras acciones más edificantes. Para Filón, la diferencia entre los seis días dedicados a la vida práctica y el séptimo día dedicado a la vida contemplativa no es solo el cese del trabajo, sino más bien la participación en la sacralidad de un número que demuestra su perfección también en la armónica concepción de las festividades judías. La observancia de un séptimo día de reposo por los gentiles sería un signo de la eventual adopción universal de la Ley de Moisés.

Bibliografía

ANDREASEN, N. E. (1972). *The Old Testament Sabbath: A Tradition-historical Investigation*, Missoula.

BURER, M. H. (2012). *Divine Sabbath Work*, Winona Lake, Indiana.

CORRIENTE, H. y A. PIÑERO (trad.) (1983). "Libro de los Jubileos" en Diez Macho, A. (ed.). *Apócrifos del Antiguo Testamento* II, Madrid, 65-193.

DAVIES, Ph. R. (2002). "The Jewish Scriptural Canon in Cultural Perspective" en McDonald, L. M. y J. A. Sanders(eds.) *The Canon Debate*, Peabody, Massachusetts, 36-52.

DEL VALLE, C. (trad.) (2003). *La Misná*, Salamanca.

DUNDES, A. (2002). "The Sabbath in rabbinical Tradition" en *The Shabbat Elevator and other Sabbath Subterfuges: An Unorthodox Essay on Circumventing Custom and Jewish Character*. Lanham, Maryland, 26-30.

EVANS, C. A. (2008). *Exploring the Origins of the Bible: Canon Formation in Historical, Literary, and Theological Perspective*, Grand Rapids.

FREY, M. (2011). *The Sabbath in the Pentateuch:an Exegetical and Theological Study*. Diss. Ph. D. Seventh-day Adventist Theological Seminary. Andrews University.

GARCÍA MARTÍNEZ, F. (trad.) (⁶2009 [¹1992]). "Documento de Damasco" en García Martínez, F. y J. Trebolle Barrera (eds.). *Textos de Qumrán*, Madrid, 80-120.

Goldenberg, R. (1979). "The Jewish Sabbath in the Roman World up to the Time of Constantine the Great". *Aufstieg und Niedergang der römischen Welt* II 19.1, 414-447.

Halivni, D. W. (1986). *Midrash, Mishnah, and Gemara: The Jewish Predilection for Justified Law.* Cambridge/ Massachusetts/ London.

Hasel, G. F. (1982). "The Sabbath in the Pentateuch" en Strand, K. A. (ed.) *The Sabbath in Scripture and History*, Washington, D. C., 21-43.

Jenni, E. (1956). *Die theologische Begründung des Sabbatgebotes im Alten Testament*, ThStud 46, Zollikon-Zurich.

Kraus, H.-J. (1966). *Worship in Israel: A Cultic History of the Old Testament.* Trad. al inglés de G. Buswell, Richmond, VA.

Levy, B. B. (2001). *Fixing God's Torah: The Accuracy of the Hebrew Bible Text in Jewish Law*, Oxford.

Lotz, W. (1883). *Questiones de Historia Sabbati*, Lipsiae.

Martín, J. P., F. Lisi y M. Alesso (2009). *Filón de Alejandría. Obras Completas I*, Madrid.

McKay, H. A. (1994). *Sabbath and Synagogue. The Question of Sabbath Worship in Ancient Judaism*, Religions in the Graeco-Roman World 122, Leiden.

McKinley, D. S (2016). *On the Seventh Day there Shall be to you an Holy Day, a Sabbath of Rest to the Lord*, Utah.

Moehring, H. R. (1978). "Arithmology as an Exegetical Tool in the Writings of Philo of Alexandria", *Society of Biblical Literature Seminar Papers* 13, 191-229.

Negretti, N. (1972). *Il Settimo Giorno. Indagine critico-teologica delle tradizioni presacerdotali e sacerdotali circa il sabato biblico,* Analecta biblica 55, Roma.

Robinson, G. (1988). *The Origin and Development of the Old Testament Sabbath.* A Comprehensive Exegetical Approach, Bern.

Rosenfeld, A. (1966). "On the concept of sabbath work", *Proceedings of the Association of Orthodox Jewish Scientists* 1, 53-60.

Ross Cole, H. (2003). "The Sabbath and Genesis 2:1-3". *Andrews University Seminary Studies* 41/ 1, 5-12.

Rowley, R. R. (1963). *Men of God: Studies in Old Testament History and Prophecy.* London/ New York.

Runia, D. (1995). "Why Does Clement of Alexandria Call Philo 'The Pythagorean'?", *Vigiliae Christianae* 49/ 1, 1-22.

Van Wyk, K. (2012). "Seven Day Cycles and Seventh-day Sabbath in Cuneiform Texts", *Korean Christian Theology Publications* 84, 25-48.

Webster, H. (1916). *Rest Days: A Study in Early Law and Morality*, New York.

Weiss, H. (1991). "Philo on the Sabbath", *The Studia Philonica Annual* 3, 83-105.

Ἀναγράφων νόμος:

LA LEY ESCRITA EN *SOBRE EL DECÁLOGO* DE FILÓN DE ALEJANDRÍA

Paola Druille
CONICET/IDEAE, FCH, UNLPam
paodruille@gmail.com

Introducción

La problemática en torno al pensamiento legal de Filón es una de las más debatidas en los estudios dedicados a los tratados del autor. Sin embargo, la mayoría de las investigaciones se preocupa por explicar nociones como ley no escrita y ley natural[1], mientras reducen la interpretación de la ley escrita al concepto νόμος[2] sin profundizar en los distintos aspectos que consigue este término en expresiones del ámbito jurídico como ἀναγράφων νόμος, cuyo significado y clasificación estructuran el desarrollo expositivo que Filón presenta en *Sobre el decálogo* (*Decal.*[3]). Este tratado pertenece a la serie propiamente legislativa

---

1   Sobre la ley no escrita y la ley natural en Filón, cf. Myre (1972, 217-47; 1976, 163-81); Horsley (1978, 35-59); Remus (1984, 5-18, 13-16); Najman (1999, 55-73; 2003, 54-63); Sterling (2003, 64-80); Martens (2003); Termini (2004b, 159-191); Kullmann (2010, 59-69); Mazzinghi (2010, 185-218); Jones (2013, 339-359).

2   Cf. Myre (1973, 209-225); Amir (1983a, 77-105).

3   Las traducciones de los textos de Filón nos pertenecen. Las abreviaturas de sus tratados son las establecidas por *The Studia Philonica Annual*: *Cher.=Sobre los Querubines*; *Abr.=Sobre Abraham*; *Conf.=La confusión de las lenguas*; *Contempl.=La vida contemplativa*; *Det.=Las insidias*; *Deus=Sobre la inmutabilidad de Dios*; *Ebr.=Sobre la ebriedad*; *Fug.=Sobre la fuga y el encuentro*; *Her.=El heredero de los bienes divinos*; *Jos.=Sobre José*; *Leg. 1-3=Alegorías de las Leyes 1-3*; *Migr.=La migración de Abraham*; *Mos 1-2.=Vida de Moisés 1-2*; *Mut.=Sobre el cambio de nombres*; *Opif.=La creación del mundo según Moisés*; *Praem.=Premios y castigos*; *QG 1-6=Cuestiones sobre el Génesis 1-6*; *Sacr.=Los sacrificios de Abel y Caín*; *Spec.1-4=Las leyes particulares 1-4*; *Somn.1-2=Sobre los sueños 1-2*; *Virt.=Sobre las virtudes*; *Aet.=Sobre la indestructibilidad del mundo*; *QE.= Cuestiones sobre el Éxodo*. Seguimos la edición de Cohn, Wendland y Reiter (1962).

de la *Exposición de la Ley*[4], que está formada por cinco escritos de los cuales *Decal.* ocupa el lugar superior por encima de los cuatro textos que integran *Spec.* Su superioridad se debe a que *Decal.* no solo incluye los principios generales de los diez mandamientos bíblicos de los cuales derivan las leyes especiales que el autor expone en *Las leyes particulares*, sino que introduce y enuncia los argumentos que precisan el alcance teórico de una de las innovaciones conceptuales más importantes de la producción de Filón. A partir de la incorporación de la expresión ἀναγράφων νόμος, el autor sitúa las leyes del Pentateuco dentro de la historia de los pueblos con tradición normativa. Pero no solo esto. Filón piensa en sistematizar la legislación mosaica en el marco de las transformaciones jurídicas que atravesaron Roma y Egipto entre los siglos III a.C. y II d.C.

En efecto, hacia el fin de la República los romanos comenzaron a ordenar las leyes en colecciones legales claras y concisas (Termini 2004a, 21) que promovieron cambios profundos en la evolución de la *scientia iuris civilis*. Las evidencias más antiguas de este proceso se pueden rastrear en los fragmentos de la obra *Enchiridion* de Sexto Pomponio, quien dedica parte de su escritura a repasar los nombres de los juristas y los avances jurídicos del período romano que se extiende desde mediados del siglo II a.C. hasta la época de Augusto. Primero menciona los nombres de Manio Manilio (*ca.* 149 a.C.), Plubio Mucio Escévola (*ca.* 115 a.C.) y Marco Junio Bruto, de los cuales dice que fundaron el *ius civile* (*Digesto*, 1.2.39). Luego nombra al hijo de Plubio Mucio[5], llamado Quinto Mucio Escévola (140-82 a.C.), sobre quien asegura que expuso "por

---

4   Martín (*OCFA* I 2009, 20) agrupa los tratados en tres grandes series: "a) la del método *zetemático* o de *Preguntas y respuestas*, b) el *Comentario alegórico* y c) la *Exposición de la Ley de Moisés*". Cf. Nikiprowetzky (1965, 13). Divide esta última serie, a su vez, en cuatro partes. Primero, una sección cosmológica desarrollada en el tratado *La creación del mundo según Moisés*; segundo, una sección de carácter genealógico e histórico constituida por los tratados *Sobre Abraham* y *Sobre José*; tercero, la exposición legislativa formada por *Sobre el decálogo* y los cuatro escritos de *Las leyes particulares*; cuarto, la sección que expone, por un lado, la relación entre las leyes y las virtudes griegas y, por otro, el cumplimiento o no de las leyes. Esta última parte está integrada por *Sobre las virtudes* y *Premios y castigos*. Martín (*OCFA* I 2009, 36) asegura que la "estructura totalizadora" de la *Exposición* responde al esquema estoico basado en la lógica, la física y la ética.

5   Pomponio menciona otro jurista de la época de Augusto, Marco Antistio Labeone (*ca.* 54 a. C. - 5/11/22 d. C.), de quien dice que dejó cuatrocientos volúmenes escritos

genera" (*generatim*) el *ius civile* reuniéndolo "en dieciocho libros[6]" (*in libros decem et octo, ibid.*, 1.2.41). Esta exposición *generatim* basada en la ordenación "of each institute" (Termini 2004a, 22) según una conceptualización y técnicas de partición precisas (*ibid*, 23) funcionará como modelo de sistematización de la normativa romana[7]. El adverbio *generatim* usado por Mucio Escévola describe así una elección metodológica que indica un cambio cualitativo en la forma de ordenación de la materia jurídica[8], que también se observa en el ámbito político. De acuerdo con los datos que registra Isidoro de Sevilla en su obra *Etimologías*, Pompeyo inauguró un programa de reformas legislativas para reunir y ordenar las leyes romanas (5.1.5), que fue seguido por César (*ibid*.)[9], aunque sin resultados sustantivos[10]. Los opositores de Pompeyo y la muerte de César dejaron inconcluso el plan ideado por los republicanos.

Un principio de organización legal también se observa en Egipto. Los documentos que registran este fenómeno son dos papiros fechados entre los siglos III a.C. y I-II d.C. El primero es el *P. Cairo, JE* 89127-89130 y 89137-89143 que conserva el *Código de Hermópolis*[11], que es un manuscrito demótico redactado durante el reinado de Ptolomeo II Filadelfo y encontrado en el año 1938 en Hermópolis. Las disposiciones legales reunidas en este *Código* son predominantemente del orden privado (cf. Seidl 1969, 17-30); si bien varias leyes del documento no se pueden reconstruir con exactitud debido a que los pasajes hallados se dividen en dos

---

(*Digesto*, 1.2.47), y agrega que *plurima innovare instituit* (*ibid*.). Cf. Tácito, *Annales*, 3. 75-76; Aulo Gelio, *Noctes Atticae*, 13. 10.1.

6   Esta obra habría sido la primera exposición sistemática del derecho privado. Fue comentado por juristas de los siglos siguientes como Gayo, además de Pomponio. Cf. *Digesto*, 41. 1. 64; 43. 20. 8; 50. 16. 241; 50. 17. 73.

7   Esta es la tesis defendida por Schiavone (2016, 134).

8   Si bien no se puede demostrar que la *ius civile* de Escaévola estuviera dividida en *capita*, Termini (2004a, 23) considera que es posible suponer que tenía esta estructura.

9   Cf. Suetonio, *Vida de los doce césares, El divino Julio*, 44.2.

10   Cf. Isidoro, *Etimologías*, 5.1.5. Recién entre los siglos III y IV d.C., las leyes romanas fueron reunidas en compendios legales de normas privadas y públicas conocidos con los títulos *Codex Gregorianus*, *Codex Hermogenianus* y *Codex Theodosianus*, que fueron los códigos principales que dieron origen al *Codex Iustinianus* del siglo VI. Cf. Schiavone (2016, 425).

11   Sobre las ediciones, comentarios y análisis del *Código de Hermópolis*, cf. Mattha y Hughes (1975); Donker van Heel (1990); Grunert (1982); Allam (1986, 50-75); Martin (2004, 196-218). Véase también Lippert (2004, 147-75).

grandes fragmentos cuya conexión entre sí es difícil de enmendar, el *Código* es una de las fuentes escritas más importantes para conocer el ordenamiento jurídico egipcio bajo el gobierno ptolemaico. El segundo documento es el *Gnomon del Idios Logos* preservado en los papiros *BGU*, 5.1210[12] y *P. Oxy.*, 42.3014 respectivamente. El *BGU*, 5.1210 fue descubierto en 1912 en Teadelfia y datado en el siglo II d.C. Contiene una colección de regulaciones de casos fiscales recogidos por el *Idios Logos*. Está basado en un *liber mandatorum* emitido por Augusto[13] y complementado por decisión de los emperadores que continuaron su función, como también por los sucesivos prefectos y tesoreros de los gobiernos imperiales. El *P. Oxy.*, 42.3014, por su parte, es un breve papiro encontrado en la región de Oxirrinco y publicado en año 1974. Está fechado en el siglo I d.C. y registra leyes identificadas con el *Gnomon del Idios Logos* (cf. Maehler 2005, 135 y Seidl 1973, 13-30).

En este contexto de organización normativa no resulta arriesgado suponer que Filón comparte una preocupación de su época, como también un vocabulario jurídico que adapta a su propósito de sistematizar las leyes de Moisés. El uso de la expresión ἀναγράφων νόμος que el autor hace en *Decal.* es significativo en este sentido. Su traducción como "ley escrita o inscripta" y su aparición en el primer tratado de la sección legislativa de la *Exposición*[14] señalan dos hechos que muestran la innovación del pensamiento legal de Filón. Por un lado, la necesidad de aplicar a las leyes de Moisés el significado de una concepción propia de los pueblos normativos ordenados jurídicamente alrededor de la promulgación pública de leyes grabadas en piedras; por otro, un intento de presentación orgánica del material legal mosaico fundado posiblemente sobre los principios filosóficos de la *sciencia iuris* romana, pero relacionado especialmente con el problema que suponía el estado disperso de las leyes del Pentateuco[15] y la apari-

---

12   Sobre las ediciones y comentarios del *Gnomon*, cf. Schubart (1919); Riccobono (1950). Para un estudio de sus fuentes, cf. Wolff (2002, 46-47).

13   Sobre el término código asignada al papiro de Hermópolis y al *Gnomon*, cf. Mahler (2005, 123 y nota 4).

14   Cf. Martín (2009, 23). Borgen (1997, 71, 78) propone que la *Exposición* cumple los criterios para ser considerada una forma de "rewritten Bible". Sin embargo, cf. Royse (2009: 46, nota 39).

15   Las "santas escrituras" son para Filón los cinco libros o Pentateuco. Cf. Cohen (1997, 78); Martín (2009, 21 y nota 32). Sobre el lugar del Pentateuco en Filón, cf. Kraus

ción de nuevas normas que, vinculadas con la legislación mosaica, se acumulaban en una masa jurídica confusa cuya ordenación en un corpus legislativo claro y conciso se había tornado urgente. *Decal.*, por lo tanto, no es una descripción más o menos completa de la revelación de los diez mandamientos[16]; un análisis de su contenido revela que es una exposición de la ley escrita a partir de la clasificación de toda la normativa legislativa del Pentateuco bajo cada uno de los mandamientos del decálogo que funciona como resumen del contenido de las leyes especiales que el autor expone en *Spec.*[17]

En los apartados siguientes nos proponemos, entonces, examinar la expresión ἀναγράφων νόμος a partir del desarrollo expositivo elaborado por Filón en *Decal*. Para esto comenzaremos por ubicar la frase en el tratado antes mencionado; seguiremos por analizar las referencias semánticas que nos ayuden a elaborar una definición de ella; terminaremos con un examen y descripción del método de clasificación y ordenación de la ley escrita ideada por Filón y de sus niveles jerárquicos de organización.

La ley escrita en *Sobre el decálogo*

La ley escrita es la base conceptual sobre la cual Filón desarrolla sus argumentos en *Decal*. Esto resulta evidente desde el inicio del tratado, donde surge la primera mención de la expresión ἀναγράφων νόμος que es diferenciada de la νόμος ἄγραφος ("ley no escrita") en un movimiento paradójico que marca tanto la oposición semántica entre una ley y otra como la permanente dependencia entre ambas, como se observa a continuación:

Reggiani (1993, 177-191).

16   Probablemente no es un trabajo de la juventud del autor. Sobre la vida de Filón, cf. Martín (2009, 10-13); Pérez (2016, 20-25).

17   Termini (2004a, 1-29) es una de las primeras investigadoras modernas en plantear esta tesis. La autora considera que el decálogo es una revelación directa de Dios y tiene una doble función. Cada precepto es una ley específica y se convierte en una regla mediante la cual se clasifica una serie de leyes particulares según un principio de géneros y especies. El decálogo se convierte así en la base para catalogar todos los preceptos de la Torá y el fundamento de la reorganización y reelaboración de Filón del material legal del Pentateuco en *Decal.* y *Spec*. Termini (*ibid.*, 11-28) compara este método taxonómico de Filón con las categorías taxonómicas de Josefo y Cicerón.

1. Τοὺς βίους τῶν κατὰ Μωυσέα σοφῶν ἀνδρῶν, οὓς ἀρχηγέτας τοῦ ἡμετέρου ἔθνους καὶ νόμους ἀγράφους [...], ἐν ταῖς προτέραις συντάξεσι μεμηνυκὼς κατὰ τὰ ἀκόλουθα ἑξῆς τῶν ἀναγραφέντων νόμων τὰς ἰδέας ἀκριβώσω μηδ᾽, εἴ τις ὑποφαίνοιτο τρόπος ἀλληγορίας, τοῦτον παρείς [...].

1. [Después de haber expuesto] las vidas de los hombres sabios de los tiempos de Moisés, que son los fundadores de nuestro pueblo y leyes no escritas [...], a continuación describiré con precisión y en orden los tipos de las leyes escritas y, si se entreviera alguna forma de alegoría, no la pasaré por alto [...]

A partir de la filiación entre la ley no escrita y la escrita, *Decal.*, 1 establece un vínculo directo entre los tratados histórico-genealógicos de la segunda sección de la *Exposición*, que incluye los escritos *Sobre José* y *Sobre Abraham*, y la tercera parte de la serie, que es la propiamente legislativa. En efecto, a partir de la conexión entre la ley no escrita y la escrita, *Decal.*, 1 señala el tránsito desde los tratados dedicados a "las vidas de los hombres sabios de los tiempos de Moisés" (τοὺς βίους τῶν κατὰ Μωυσέα σοφῶν ἀνδρῶν), que Filón identifica como "los fundadores de nuestro pueblo" (ἀρχηγέτας τοῦ ἡμετέρου ἔθνους) y como "leyes no escritas" (νόμους ἀγράφους), hacia los tratados legislativos, que exponen acerca "de los tipos de leyes escritas" (τῶν ἀναγραφέντων νόμων). El autor propone de esta manera continuar el recorrido expositivo a través de la ley sintetizando el contenido más sustancial de la segunda sección y de la tercera a través de la puesta en comunicación de las construcciones νόμος ἄγραφος y ἀναγράφων νόμος, cuyo vínculo no es explicado por el autor en *Decal.*, 1. Solo anuncia el paso de la parte histórico-genealógica a la legislativa sin justificar el cambio temático que inaugura la exposición de la ley escrita. Esta justificación tampoco la encontramos en el resto de los pasajes del mismo tratado, pero surge en *Spec.*, 4. 149-150 que recupera las expresiones de *Decal.* 1 e intenta una definición de sus significados más sustanciales.

En *Spec.*, 4. 149-150, el autor dice que las ἄγραφοι νόμοι son "costumbres" (ἔθη), entendidas como "doctrinas" o "disposiciones" (δόγματα, 149) transmitidas por los fundadores del pueblo de Israel, que "no han sido grabadas en columnas o en hojitas de papiros" (οὐ στήλαις ἐγκεχαραγμένα καὶ χαρτιδίοις), sino en las almas de quienes participan de la sabiduría divina[18]. En el pasaje 150, Filón añade más información. Define las ἄγραφοι νόμοι como "costumbres patrias" (ἔθη πάτρια, *ibid*. 150)[19] y sostiene que su transmisión ha sido no escrita[20]. Luego alude a las ἀναγραφέντες νόμοι, aunque no presenta ninguna explicación que permita comprender cuál es el significado de la expresión en ese contexto. Si bien parece introducir la expresión en un campo semántico que opone las leyes no escritas a las escritas, que según esta relación son leyes impresas y transmitidas de manera escrita, esta suposición no es suficiente para delimitar el significado de las ἀναγραφέντες νόμοι, menos aun cuando Filón no expone claramente una definición precisa. Frente a la dificultad que entraña conocer qué es la ley escrita en los únicos dos lugares que anotan el sustantivo νόμος acompañado por el participio ἀναγράφων, saber el sentido que adquieren estos términos en un mismo contexto de enunciación, en especial el verbo ἀναγράφω del cual deriva la forma participial ἀναγράφων, nos permitirá una aproximación a su significado en el pensamiento del autor.

¿Qué es ἀναγράφων νόμος?

Como se advirtió más arriba, el término νόμος consigue un sentido particular en expresiones del ámbito jurídico como ἀναγράφων νόμος, cuyo valor principal reside en el participio del verbo ἀναγράφω. Este verbo, formado por la preposición ἀνά ("sobre", "en") y la palabra γράφω ("escribir")[21], tiene el significado general[22] de "poner por escrito", "inscribir en un registro" o, simplemente, "registrar" nombres de personas[23], documentos y

---

18   Cf. Najman (1999, 65); también Heinimann (1928, 149-171); Sandmel (1954, 226). Sobre *Spec*., 4.149, cf. Cohen (1987, 165-186; 1995); Martens (1992, 38-45; 2003, 87, nota 10; 175-185).

19   Para la expresión ἔθη πάτρια, cf. Platón, *Político*, 298e, 299e y 301a.

20   Cf. *Legat*., 115 y *Hypoth*., 7. 6; Martens (2003, 87).

21   Cf. Chantarine (1999, 235-236).

22   Cf. Adrados (1995, 231-232).

23   Lisias utiliza el verbo ἀναγράφω para referir a la acción de inscribir públicamente a los deudores del Estado (cf. *En favor del soldado* (Or 9), 7), pero también a quienes realizaron alguna acción benéfica para el pueblo (cf. *Discurso de defensa en favor de Polístrato por subversión de la democracia* (Or 20), 19). Cf. Andócides, *Sobre*

propiedades[24] o contratos privados y sentencias judiciales[25]. Pero también adquiere el significado específico[26] de "inscribir o grabar públicamente" pactos políticos[27] y leyes[28]. Con estos sentidos lo encontramos en la oratoria y en la historiografía ática, donde el verbo surge junto a los sustantivos νόμος[29] y στήλη[30] para referir a la acción de inscribir una norma jurídica[31], previamente sancionada por una autoridad competente[32], en piedra o en algún material sólido. Este mismo sentido aparece también en los escritos griegos de los historiadores del siglo I a.C., que tratan acerca de la inscripción de las leyes romanas[33], en especial sobre la ley de las Doce Tablas grabada en bronce[34], y es común en los papiros en lengua griega ubicados en Egipto, fechados entre los siglos III a.C.

---

los misterios, 51; Platón, *Leyes*, 784 c-e; también Aristóteles, *Constitución de los atenienses*, 47. 2-3; 53, 4.

24 Cf. Platón, *Leyes*, 850 a-b.

25 Cf. Aristóteles, *Política*, 1321 b 34; 1322 b 34.

26 Cf. Adrados (1995, 231-32).

27 Cf. Tucídides, 5.47; Polibio, 12.10.3-5, quien también usa ἀναγραφή para las inscripciones públicas. Cf. 12.10.9 y 11.1-4.

28 La forma sustantiva ἀναγραφή tiene significados cercanos a la forma verbal ἀναγράφω. Cf. Jenofonte, *Sobre los ingresos públicos*, 3.11; Platón, *Leyes*, 850a; Aristóteles, *Política*, 1322b34; también Lisias, *Contra Nicómaco* (Or 30), 17; 25; Dionisio Halicarnaso, *Historia antigua de Roma*, II. 27.3-4 y III.36.4; Diodoro Sículo, *Biblioteca*, I.31.6-7; 43.6; 44.4; 45.3. Sobre el uso de ἀναγραφή en los papiros fechados entre los siglos III a.C. y I d.C., cf. *P.Cair.Zen.*, 2. 59166 (siglo III a.C.); *SB*, 20. 14084 (siglo II a.C.); *SB*, 5. 7532 (siglo I a.C.); *P.Oxy.*, 64 4440 (siglo I d.C.).

29 Cf. Demóstenes, *Contra Timócrates* (Or. 24), 23, donde alude a la acción de inscribir nuevas leyes, y Andócides, *Sobre los misterios* 82, donde menciona la promulgación de un decreto que obligaba a que todas las leyes aprobadas por el Consejo debían inscritas en el Pórtico.

30 Cf. Lisias, *Contra Nicómaco* (*Or*. 30), 21.

31 El funcionario encargado de la inscripción de leyes era el ἀναγραφεύς. Cf. Lisias, *Contra Nicómaco* (Or 30), 2 y 25. Según Calvo Martínez (1995, 206-207), constituía "una magistratura sujeta a rendición de cuentas y subordinada lógicamente a los *nomothétai*". Lisias alude repetidas veces a la acción de transcribir leyes practicada por Nicómaco, cf. *Contra Nicómaco* (Or 30), 3-5; 29; etc. Sobre la "trascripción" (ἀναγραφή) de leyes en Lisias, cf. *ibid.*, 17, 25.

32 En *Sobre los misterios* 83-86, Andócides describe el procedimiento para la inscripción de leyes adicionales en la normativa estatuida a partir de Solón y Dracón y asegura que en ningún caso los magistrados podían hacer cumplir una ley que no había sido inscrita (*ibid.*, 85-86).

33 Cf. Dionisio Halicarnaso, *Historia antigua de Roma*, II. 27.3-5; III.36.4

34 Cf. Livio, *Historia de la fundación de Roma desde su fundación*, III.57.10; también 33-34.6; Jiménez y Sánchez (1984, 192, nota 43); Castro Sáens (2006, 168).

y I d.C.[35] y referidos a operaciones de compra y venta[36], declaración de impuestos[37], decretos y leyes[38], y hasta misivas oficiales[39].

Dentro de este contexto semántico, la expresión ἀναγράφων νόμος de *Decal.* 1 cobra una importancia singular, más aún cuando examinamos su uso en el resto de los tratados de Filón[40]. La mayoría de ellos registra la forma verbal en conexión con el sustantivo νόμος y en construcciones conjugadas como νόμος ἀναγράφει[41] o de infinitivo como ἀναγέγραπται νόμος[42]. En ambos casos, el verbo tiene el sentido particular de "inscribir o grabar públicamente", cuya unión con νόμος o con el sustantivo στήλη hace referencia a las leyes que Moisés "inscribió en las estelas más sagradas de su ley" (ἀνέγραψεν ἐν ταῖς ἱερωτάταις τοῦ νόμου στήλαις, *Opif.*, 128). Así en *Sacr.*, 19, Filón anota Dt 21. 15-17, que legisla sobre los derechos de primogenitura; en *Deus*, 127 apunta las normas para los leprosos de Lv 13. 11-13; en *Spec.*, 2. 79, el autor liga Dt 15. 12 y Ex 21. 2, que tratan sobre el año sabático y la liberación de los esclavos de origen hebreo; y en *Conf.*, 141 remite a Ex 23. 1 y la ley que prohíbe aceptar falsos testimonios. En los casos mencionados, ἀναγράφω y νόμος son usados para la inscripción de la ley mosaica en piedra (*Opif.*, 128) y para la inscripción de la ley mosaica en general, sin especificación alguna del material de grabación, tal cual se desprende de *Sacr.*, 19, *Deus*, 127, *Spec.*, 2. 79 y *Conf.*, 141. De ahí que, en el pensamiento de Filón, la expresión ἀναγράφων νόμος adquiera el significado de "ley escrita o inscripta" que mantiene la connotación dada por los autores

---

35 Para un análisis del uso de ἀναγράφω en la epigrafía datada entre los siglos III a.C. y I d.C., cf. *Milne Cairo Mus.*, 17. 9270 (siglo III a.C.); *OGIS*, 168 (siglo II a.C.); 665 (siglo I d.C.); *Temple of Hibis*, II. 1 (siglo I d.C.).

36 Cf. *P. Ashm.*, 1.14; 1.16; 1.17, 11, 14-15 (siglo I a.C.).

37 Cf. *P. Oxy.*, 38.2850 (siglo I d.C.).

38 Cf. *P. Rev.*, 4-36, 11-18 (siglo III a.C.).

39 Cf. *P. Gurob.*, 21 (siglo III a.C.).

40 Filón también hace uso de la forma sustantiva ἀναγραφή, especialmente en la expresión ἱερά ἀναγραφή que, en su forma plural, obtiene el significado de "inscripciones sagradas" o "escrituras sagradas". Cf. *Cong.*, 175; *Fug.*, 137; *Mut.*, 189; *Somn.*, 1.33; 1.48; 2.265; 2.301; *Hypoth.*, 192.23. Josefo utiliza ἀναγραφή para referir a los veintidós libros que, según él, forman las Escrituras. Cf. *Contra Apión*, I.37-39; 43; *Antigüedades judías*, I.12, 17; XII.110-111. 10 y ss.

41 Cf. *Sacr.*, 19; *Deus*, 127; *Spec.*, 2. 79; *Migr.* 204.

42 Cf. *Conf.*, 141; *Aet.*, 31.

áticos y helenísticos al verbo ἀναγράφω en contexto con νόμος, de acuerdo con los datos presentados en el inicio del apartado. Esto nos lleva a suponer que el uso que hace Filón de ἀναγράφων νόμος es un resultado de la lectura formativa del autor. Sin embargo, el examen de otras fuentes muestra que ἀναγράφω, sea en su forma verbal o participial, es usado comúnmente en los papiros egipcios en lengua griega del período ptolemaico y romano. Frente a estas evidencias, y sin descartar la influencia del lenguaje jurídico de la oratoria y de la historiografía ática de los siglos V y IV a.C. y posterior sobre el pensamiento de Filón, podemos suponer además que el autor emplea un vocabulario de uso frecuente en su época, cuya ocurrencia es habitual en la documentación fiscal o jurídica que contiene información tanto sobre transacciones comerciales como sobre registros públicos de leyes.

Este último es el sentido de ἀναγράφων νόμος en *Decal.* 1; la construcción alude tanto a la inscripción del texto legal mosaico en piedra, cuyo hecho representativo es la grabación en dos tablas de los diez mandamientos del decálogo bíblico, como al registro público de las leyes mosaicas distribuidas en el Pentateuco. Pero no solo esto. Consideramos que su aplicación en *Decal.* marca un giro innovador en el pensamiento de Filón. En el momento en que el autor utiliza ἀναγράφων νόμος para referir a las normas escritas introduce la preceptiva judía en la historia jurídica de los pueblos con tradición normativa y en un contexto de cambios decisivos en Roma y Egipto. De acuerdo con lo mencionado más arriba, los romanos republicanos idearon nuevos paradigmas de organización legal que revolucionaron la *scientia iuris civilis* conocida hasta entonces. Comenzaron a ordenar las leyes en compendios legales claros y concisos, estructurados según un método taxonómico de clasificación (Termini 2003). Este paradigma fue mentado por juristas reconocidos como fundadores de la *ius civile*, como Quinto Mucio Escévola (*Digesto*, 1.2.41), y llevado a la práctica política a través del programa de reformas legislativas inaugurado por Pompeyo y César (Isidoro, *Etimologías*, 5.1.5). El mismo inicio de sistematización se observa en Egipto. El *Código de Hermópolis* del siglo III a.C. (*P. Cairo JE*, 89127-89130 y 89137-89143) y el *Gnomon del Idios Logos* de los siglos I y II d.C. (*BGU*, 5.1210 y *P. Oxy.*, 42.3014) son pruebas palpables de este proceso, que empieza durante el gobierno de los ptolomeos y continúa en

Lidia Raquel Miranda y Viviana Suñol (eds.)

época imperial. En función de estos datos es posible suponer que Filón comparte una preocupación de su época y un vocabulario legal que adapta a su propósito de sistematizar las leyes de Moisés.

Frente al estado disperso en el cual se encontraban las leyes del Pentateuco, además de la virtual acumulación de nuevas leyes emitidas con posterioridad a la promulgación mosaica y posiblemente circunscriptas a cada comunidad judía de la diáspora, no resulta sorprendente que Filón pensara en ordenar jurídicamente todo el acervo legislativo del Pentateuco y de otras leyes cuyo origen es imposible de determinar[43]. Sobre la base de la expresión ἀναγράφων νόμος, Filón dispone entonces las leyes mosaicas dentro de un corpus legislativo organizado a partir de categorías generales que incluyen las leyes particulares vinculadas con la temática propuesta por cada mandamiento del decálogo, según un método de clasificación binaria que será analizado a continuación.

Clasificación y ordenación de la ley escrita

Filón presenta los objetivos del método que aplicará sobre la ley escrita en *Decal.*, 1, cuando sostiene que su propósito será "describir con precisión" o "investigar detalladamente" (ἀκριβόω) y "en orden" (κατὰ τὰ ἀκόλουθα) todo aquello incluido en el cuerpo que define como "tipos de leyes escritas" (τῶν ἀναγραφέντων νόμων τὰς ἰδέας) con el fin de entender tanto su sentido literal como aquel que aparece en "forma de alegoría" (τρόπος ἀλληγορίας). Aunque Filón no dice en este pasaje cuál es esa normativa que formará parte de τῶν ἀναγραφέντων νόμων τὰς ἰδέας ni la manera en que tales leyes serán divididas. Se concentra en expresar los objetivos que guiarán su exposición. Recién en los pasajes 18-19 se hace evidente su procedimiento de ordenación:

18. [...] ἑξῆς αὐτοὺς ἀκριβώσω τοὺς νόμους, [...] προμηνύσας, ὅτι τῶν νόμων οὓς μὲν αὐτὸς ὁ θεὸς οὐ προσχρησάμενος ἄλλῳ δι' ἑαυτοῦ μόνου θεσπίζειν ἠξίωσεν, οὓς δὲ διὰ προφήτου Μωυσέως, ὃν ἀριστίνδην ἐκ πάντων ὡς ἐπιτηδειότατον ἱεροφάντην ἐπελέξατο.

---

43   Sobre las leyes orales y escritas en el corpus filónico, cf. Belkin (1940).

18. [...] describiré con precisión y una tras otra las leyes mismas, [...] declarando previamente que, de las leyes, unas el propio Dios consideró conveniente pronunciarlas por sí mismo sin servirse de otra persona, y otras a través del profeta Moisés, que en razón de su valía fue elegido entre todos como el más adecuado para revelar los misterios[44].

El autor formula aquí su primera clasificación de la normativa bíblica sobre la base de un criterio jerárquico de organización. Para esto recupera la terminología utilizada en el prólogo, pero agrega nuevas referencias. Por un lado, repite su afán por "describir con precisión" (ἀκριβόω) y sucesivamente (ἑξῆς) las leyes escritas, y por otro, discrimina tales leyes de acuerdo con el sujeto de enunciación. De esta manera, divide las leyes en dos: 1) las pronunciadas por Dios, y 2) las reveladas por medio de Moisés. Según Filón, Dios fue quien manifestó las leyes principales por medio de oráculos y personalmente, mientras que comunicó las particulares "mediante el más perfecto de los profetas" (διὰ τοῦ τελειοτάτου τῶν προφητῶν, *ibid.*, 175), a quien seleccionó en función de sus méritos y eligió como "intérprete de sus oráculos" (ἑρμηνέα τῶν χρησμῳδουμένων, *ibid.*). Sobre la base, el autor vuelve a dividir las leyes de la siguiente manera:

19. τοὺς μὲν οὖν αὐτοπροσώπως θεσπισθέντας δι᾽ αὐτοῦ μόνου συμβέβηκε καὶ νόμους εἶναι καὶ νόμων τῶν ἐν μέρει κεφάλαια[45], τοὺς δὲ διὰ τοῦ προφήτου πάντας ἐπ᾽ ἐκείνους ἀναφέρεσθαι.

19. por tanto, las que pronunció por sí mismo en persona resultan ser leyes y los puntos principales de las leyes' particulares, y las que pronunció a través del profeta se remontaban todas a aquellas.

Siguiendo una clasificación binaria, Filón menciona dos clases de leyes que difieren en su nivel de importancia. Unas son las agrupadas bajo la categoría κεφάλαια ("principales"); se corresponden

---

44   Literalmente, hierofante, el sacerdote que en los misterios se encargaba de mostrar los objetos sagrados y de revelar las fórmulas sagradas a los iniciados en el punto culminante de la ceremonia.

45   La expresión κεφάλαια unida a una construcción de genitivo plural y preposición ἐν más dativo la encontramos en el *Gnomon del Idios Logos*. Cf. *BGU*, 5. 1210.1.4-5.

Lidia Raquel Miranda y Viviana Suñol (eds.)

con los diez mandamientos pronunciados por Dios[46] mismo (*ibid.*, 18, 175) y presentados en los pasajes 50-178 de *Decal.*; las otras están contenidas en la fórmula ἐν μέρει ("en particular"); son las leyes particulares dadas a conocer por Moisés (*ibid.*, 18, 175)[47] y desarrolladas a lo largo de los cuatro tratados que componen *Spec.* Ambas son leyes escritas[48] y se encuentran incluidas en una estructura organizada en función de un criterio jerárquico de clasificación que determina la ordenación de todas las leyes del Pentateuco a partir de una doble modalidad de revelación que, según Termini, establece que las leyes promulgadas a través del profeta ocupen el nivel más bajo en relación con las reveladas directamente por Dios. Para la autora, esta relación vertical es sugerida por el neutro plural κεφάλαια[49], que define las diez palabras divinas como *"the heads summarizing the particular laws"* (Termini 2003, 2), y por el infinitivo ἀναφέρεσθαι (*ibid.*, 2, 6), que señala la subordinación de las leyes mosaicas a las divinas[50].

En efecto, de todas las leyes bíblicas solo los preceptos del decálogo representan la normativa completa revelada por Dios a Israel.

---

46   Según García (1998, 95), en el estado actual del libro, el decálogo no enlaza con el relato que lo enmarca (Ex 19. 4-24 y 20.18-21), y parece estar relacionado con la orden de hablar al pueblo (Ex 19.25).

47   Para un análisis entre la revelación directa y la comunicación divina mediada por Moisés, cf. *Praem.*, 2; *Spec.*, 2. 189; 3. 7 y 4. 132.

48   De acuerdo con Termini (2004a, 6-7), algunos preceptos del decálogo tienen un doble carácter: como νόμος, porque prescriben algo específico, y como κεφάλαιον, porque son las reglas usadas para clasificar las leyes particulares. La autora considera que esta ambivalencia de νόμος y κεφάλαιον señala que, en *Decal.* 50-153, las diez palabras divinas son explicadas como νόμοι, mientras que los parágrafos 154-175 ofrecen un "quick sketch" del decálogo como κεφάλαια, una interpretación que Filón desarrolla de manera completa en los cuatro libros de *Spec.*

49   Sobre el uso semántico de κεφάλαιον, cf. Termini (2004, 5). Para el uso del término en otros tratados de Filón, cf. *Leg.*, 1.99; 2.35 y 102; 3. 188; *Cher.*, 17; *Ebr.*, 93; 114-115; 195; *Conf.* 55; *Sacr.*, 82-83; 85; 94; *Mut.*, 106 y 130; *Aet.*, 89.3; 124.4; *Post.*, 131; *Agr.*, 2; *Fug.*, 7; 143 y 166.

50   En *Antigüedades judías*, 4.196-97, Josefo propone una innovación similar. Entre las observaciones referidas al resumen de las leyes del Pentateuco, el autor dice: "hemos innovado al ordenar cada tema por familia" (νενεωτέρισται δ' [...] τὸ κατὰ γένος ἕκαστα τάξαι, *ibid.*, 197). Cf. Termini (2004a, 16-17 ss.). En *Spec.*, 1.1, Filón propone organizar las leyes del Pentateuco bajo los diez mandamientos según el esquema aristotélico de clasificación en género (γένος) y especie (εἶδος). Cf. Aristóteles, *Tópicos*, 102a-b. Sobre la división en géneros y especies, cf. Termini, *ibid.*, 8 y n. 29. Sobre el papel esencial de los diez mandamientos en el trabajo de Filón, cf. Amir (1983b, 131-163).

Termini (2004a) defiende que mientras otras leyes del Antiguo Testamento se preocupan por casos específicos, el decálogo determina que las leyes generales sean observadas por todos los israelitas en alguna circunstancia. Este carácter obligatorio e inmodificable de los diez mandamientos les otorga una superioridad axiomática sobre las leyes particulares, de ahí que Filón clasifique la preceptiva del Pentateuco a partir del decálogo[51]. El autor interpreta que los mandamientos son normas sintéticas "[que contienen el] carácter general resumido en una definición" (τῶν κεφαλαιωδεστέρων, *Decal.*, 20) que marcan el orden completo de las leyes mosaicas (Martín 2009). Estas leyes no tienen una disposición precisa, ni están reunidas por la materia que tratan, sino que están dispersas a lo largo de los cinco libros del Pentateuco. Es aquí donde Filón realiza otro giro novedoso en la normativa judía. Divide los mandamientos en dos y les asigna una posición en las dos tablas que fueron grabadas por Dios y entregadas a Moisés en el Sinaí; luego agrupa por tema cada una de las leyes mosaicas bajo el encabezado o título de una norma general.

Con un criterio de jerarquización utilizado para seccionar las leyes escritas en principales y particulares, Filón sostiene que Dios dividió los diez mandamientos en grupos de cinco leyes cada uno[52], que más tarde talló en piedra, como se lee en *Decal.* 50:

50. [...] ἐπ᾽ αὐτὰ δὲ ἤδη τρεπτέον τὰ λόγια καὶ πάντα τὰ ἐν τούτοις ἐρευνητέον διάφορα. δέκα τοίνυν ὄντα διένειμεν εἰς δύο πεντάδας, ἃς δυσὶ στήλαις ἐνεχάραξε, καὶ ἡ μὲν προτέρα πεντὰς τὰ πρωτεῖα ἔλαχεν, ἡ δ᾽ ἑτέρα δευτερείων ἠξιοῦτο·

50. [...] Hay que dirigirse ahora a los propios oráculos y examinar todos los diversos aspectos que encierran. Es un hecho que siendo diez los dividió en dos péntadas, que grabó en dos estelas, y la primera péntada obtuvo el primer lugar y la segunda era considerada digna del segundo.

---

51 Según Martín (2009, 33-34), *Sobre el decálogo* tiene gran importancia en la exposición de Filón pues, si bien la literatura judía conocía la expresión "diez palabras" o decálogo, es peculiar de Filón incorporar un punto de vista jurídico grecorromano.

52 Sobre la división de la década en péntadas, cf. Aristóteles, *Metafísica*, 1082a1-14.

Filón afirma en este lugar que Dios separó los diez mandamientos en "dos péntadas" (δύο πεντάδας)[53], "[las] grabó en dos piedras" (δυσὶ στήλαις[54] ἐνεχάραξε[55]) y, por último, fijó un orden jerárquico para cada una. Otorgó el lugar superior a la primera péntada, que incluye los mandamientos que tratan sobre la monarquía de Dios (*ibid.*, 52-65), no rendir cultos a los ídolos (*ibid.*, 66-81), no tomar el nombre de Dios en vano (*ibid.*, 82-95), santificar el día séptimo (*ibid.*, 96-105) y honrar a los progenitores (*ibid.*, 106-120), y concedió el lugar más bajo a la segunda péntada, que contiene las leyes relativas a no cometer adulterio (*ibid.*, 212-131), no matar (*ibid.*, 132-134), no robar (*ibid.*, 135-137), no dar falso testimonio (*ibid.*, 138-141) y no desear (*ibid.*, 142-153). Filón justifica esta división en el pasaje 51 diciendo que la primera péntada está formada por los mandamientos del nivel más alto, porque remiten a Dios y a los padres, y la segunda está integrada por las leyes inferiores, porque refieren a los hombres. Sin embargo, la novedad legislativa de los pasajes 50-51 no reside tanto en esta justificación como en la separación por él propuesta.

Como fue mencionado en distintas oportunidades a lo largo de nuestro estudio, el decálogo está compuesto por las diez palabras reveladas por Dios a Moisés en el Sinaí. Estos preceptos se encuentran asentados en el libro de Ex 20. 2-17 y se reiteran en Dt 5. 6-21[56]. Aunque de estos textos, Éxodo es el libro que parece contener la normativa expuesta por Filón en *Decal.*, 50-51. En

---

53   Para las tablas, cf. *QE*, II. 41-42. Sobre la simbología del número cinco, cf. *Opif.*, 96; *Migr.*, 201.

54   El autor argumenta que la historia de los patriarcas como Abraham está "inscripta sobre las tablas sagradas" (ἐν ταῖς ἱεραῖς ἀναγεγραμμένος στήλαις, *Somn.*, 1.172). Cf. *Mos.*, 2, 108. Sobre la simbología de la στήλη, cf. *Somn.*, 1.242-256.

55   El verbo ἐγχαράσσω con el significado de grabar los mandamientos bíblicos solo vuelve a surgir en *Opif.*, 128, donde aparece en el mismo contexto que ἀναγράφω. Sin embargo, en este pasaje Filón parece establecer una diferencia entre la acción material de inscribir una ley en piedra, señalada mediante el verbo ἀναγράφω, y la acción intelectual de grabar la ley en las mentes de los fieles de Moisés, marcada con la forma ἐγχαράσσω. Este significado se mantiene en la mayoría de los tratados filónicos (cf. *Decal.*, 101; *Spec.*, 1.30; 59; 313; *Leg.*, 1.19 y 3.16; *Virt.*, 178), excepto en *Decal.*, 50, donde Filón emplea la forma ἐγχαράσσω para la acción divina de grabar leyes en piedras.

56   Las indicaciones de la introducción de Ex 20.1, del contexto inmediato de Dt 5, en especial los vv. 4-22, y de la conclusión de la alianza en Ex 24.3-8 permiten sugerir, según García (1998, 95), que la lista de mandamientos contiene las palabras pronunciadas por Dios, como Filón lo asegura en *Decal.*, 18-19 y 175.

efecto, una vez reveladas las diez prohibiciones en el contexto de una teofanía descripta como una tormenta acompañada por una erupción volcánica (*ibid.*, 19.16-18; 20.18), Éxodo combina distintas tradiciones que presentan contradicciones entre sí. La primera está registrada en el capítulo 24, donde el texto menciona que fue Moisés quien transmitió al pueblo "todas las palabras de Dios y sus normas" (πάντα τὰ ῥήματα τοῦ θεοῦ καὶ τὰ δικαιώματα, *ibid.*, v. 3), que más tarde "escribió" (ἔγραψεν, *ibid.*, v. 4) en el libro de la Alianza y leyó ante Israel (*ibid.*, v. 7). Pero esta versión contrasta con el segundo relato anotado en 24.12. Aquí surge que Dios exigió a Moisés que subiera al monte, donde le entregó "las tablas de piedra, [que contienen] la ley y los mandamientos" (τὰ πυξία τὰ λίθινα, τὸν νόμον καὶ τὰς ἐντολάς, ἃς ἔγραψα νομοθετῆσαι αὐτοῖς, *ibid.*) que él mismo escribió (γράφω) para ser enseñados al pueblo de Israel. Esta tradición enlaza con dos testimonios más. Con un tercero presente en 31.18, según el cual "las […] tablas de piedra, escritas por el dedo de Dios" (τὰς […] πλάκας λιθίνας γεγραμμένας[57] τῷ δακτύλῳ τοῦ θεοῦ) eran "dos" (δύο) en número, y con una cuarta narración registrada en 32.15-16, que cuenta el descenso de Moisés sujetando las dos tablas escritas por ambos lados (v. 15) y termina con una sentencia que de alguna manera cierra el ciclo del relato del decálogo: "las tablas eran obra de Dios, y la escritura era escritura de Dios, grabada en las tablas" (αἱ πλάκες ἔργον θεοῦ ἦσαν, καὶ ἡ γραφὴ γραφὴ θεοῦ ἐστιν κεκολαμμένη ἐν ταῖς πλαξίν, v. 16).

Ninguno de estos relatos es mencionado de manera explícita por Filón en los pasajes del *Decal.* que tratan sobre la división del decálogo en dos péntadas. Sin embargo, Filón parece tener conocimiento acerca de la tradición bíblica que narra la existencia de dos tablas escritas por Dios, porque en otro tratado de su autoría, *Her.*, 167-173, no solo repite la división en dos de los mandamientos bíblicos, sino que también cita Ex 32.16 de la versión de la LXX sin quitar ni añadir ninguna palabra (*ibid.*, 167). Posteriormente explica que de las diez prohibiciones que había en las tablas se hizo una división igual en péntadas y, de la misma manera que en

---

57 Éxodo y *Deuteronomio* no utilizan el verbo ἀναγράφω para la acción de escribir los diez mandamientos. De hecho, no existe prácticamente ningún registro de ese verbo en el Pentateuco. En su lugar, se vale del verbo γράφω para referir a la acción de escribir.

Lidia Raquel Miranda y Viviana Suñol (eds.)

Decal., 51, vuelve a justificar este fraccionamiento diciendo que la primera está compuesta por las leyes relacionadas con las acciones justas para con Dios y la segunda para con los hombres (*ibid.*, 168)[58]. Por último, explica cada uno de los diez mandamientos y agrega que "éstos son los patrones generales para casi todas las faltas, a los que corresponde referir cada uno de los casos específicos" (οὗτοι γενικοὶ σχεδὸν πάντων ἁμαρτημάτων εἰσὶ κανόνες, ἐφ᾽ οὓς ἕκαστον ἀναφέρεσθαι τῶν ἐν εἴδει συμβέβηκεν, *ibid.*, 173). La lectura en conjunto de *Her.*, 167-173 y *Decal.*, 50-51, además de la vinculación entre la promulgación e inscripción de los mandamientos y la división y jerarquización de las diez leyes, es importante en dos sentidos. Por un lado, revela que Filón sigue una tradición judía ya establecida en el Pentateuco, como lo demuestran los versículos de Éxodo copiados más arriba. Si bien este libro no menciona la división en dos del decálogo, al menos refiere que Dios entregó dos tablas de piedra escritas con su propio dedo (Ex 31.18), que contrasta con el relato de Ex 24.4, donde se relata que Moisés fue quien escribió las palabras y otras normas reveladas por Dios. Por otro lado, Filón cita Ex 32.16 tal vez como un hito que confiere autoridad divina a la inauguración de la instancia propiamente escrita de la ley. De esta manera, el autor ratifica la preeminencia[59] y superioridad del decálogo en relación con las otras leyes del Pentateuco e incorpora un giro novedoso en el momento que propone poner en orden los mandamientos en dos grupos de diez prohibiciones de los que depende la normativa mosaica.

De hecho, finalizados los pasajes que refieren a la división del decálogo y su grabación en piedras, Filón explica cada uno de los mandamientos, a los que define como "el compendio de las leyes especiales inscriptas a lo largo de toda la legislación en los libros sagrados" (κεφάλαια νόμων εἰσὶ τῶν ἐν εἴδει παρ᾽ ὅλην τὴν νομοθεσίαν ἐν ταῖς ἱεραῖς βίβλοις ἀναγραφέντων, *ibid*. 165; también 20)[60]. Esta breve explicación de las diez leyes funciona a modo de preludio de las prohibiciones especiales que ocupan

---

58   Cf. *Decal.*, 51.

59   Esta es la tesis defendida por Termini (2004a, 16) y con la que coincidimos en este estudio. Según la autora, "Philo can thus be considered the first author in Jewish literature of the Hellenistic-Roman age who gave preeminence to the Decalogue".

60   Cf. *Spec.*, 1.1.

los cuatro libros de *Spec*. Así, por ejemplo, en *Decal*. 52-81 Filón discurre acerca del primero y segundo mandamiento, referidos a la monarquía divina y a la prohibición de no rendir culto a los ídolos. Pero no incluye las leyes especiales derivadas de cada prohibición; se dedica a ofrecer una interpretación personal de los mandamientos sin ninguna especificación de las leyes especiales que desarrollará detalladamente en *Spec*. En efecto, cuando Filón argumenta sobre la exigencia de considerar a Dios como el único ser supremo (*ibid*., 52-65) y sobre la prohibición de rendir culto a los ídolos (*ibid*., 66-81), preludia las leyes vinculadas con no reconocer otros dioses soberanos fuera del único Dios y no divinizar imágenes fabricadas por la mano del hombre que desarrolla de manera extensa entre los pasajes 1-345 del libro primero de *Spec*. Para esto selecciona aquellas leyes del Pentateuco relacionadas con ambos mandamientos y las expone en el tratado antes citado. Este método de selección y ordenación de la materia legislativa mosaica se hace visible desde el inicio de *Spec*., 1[61].

Este tratado expone sobre los mandamientos contenidos en Ex 20.2-6 y Dt 5. 6-10; sin embargo, la separación que hace Filón de esos preceptos no coincide con la presentada por el Pentateuco, pues incorpora cambios que surgen de su propia lectura. En *Spec*., 1, el autor trata acerca de los dos mandatos que expone en *Decal*., 52-81, pero no alude al v. 2 de Ex 20, en el que la LXX ubica el primer precepto y donde se proclama la relación privilegiada entre Dios y el pueblo de Israel[62]. Filón, en cambio, basa su exposición del primer mandato en Ex 20. 3, que dice "no tendrás otros dioses aparte de mí" (οὐκ ἔσονταί σοι θεοὶ ἕτεροι πλὴν ἐμοῦ)[63]; luego une los vv. 4-6 de Ex 20, que rezan "no te harás ningún ídolo ni imagen" (οὐ ποιήσεις σεαυτῷ εἴδωλον οὐδὲ παντὸς ὁμοίωμα, v. 4) y "no te prosternarás ante ellos ni los adorarás" (οὐ προσκυνήσεις αὐτοῖς οὐδὲ μὴ λατρεύσῃς αὐτοῖς, v. 5), para formar el segundo precepto, que prohíbe la elaboración y adoración de ídolos y anuncia castigos para quienes transgredan estas

---

61   Cf. Josefo, *Antigüedades judías*, 199-301; Termini (2004a, 7 y 19).

62   Cf. Daniel (1975, xv). Sobre las diversas divisiones del decálogo, cf. Lluch Baixauli (1997, 425); Meyers (2005, 163); Kadosh (2007, 526).

63   Daniel (1975, xv) propone que el tratamiento de la circuncisión en la apertura del tratado, en tanto símbolo de la Alianza, podría responder a este v. 2, que sanciona la relación privilegiada entre Dios e Israel.

normas y sus generaciones siguientes, así como recompensas y gracias para quienes las cumplan (vv. 5-6)[64]. Es a partir del resumen de estos dos mandamientos que compendia las leyes que el Pentateuco anota en distintos lugares de los libros que lo conforman y que son citadas prácticamente de manera literal por Filón. Mediante este procedimiento incluye los siguientes versículos que anotamos en el orden dado por el autor en su exposición: Dt 4.19 (*Spec.*, 1.15), que legisla sobre no adorar los astros; Ex 20.23 (*ibid.*, 22), que prohíbe la fabricación de dioses de plata y de oro; Lv 19.4 (*ibid.*, 25), que exige no venerar a los ídolos ni hacer dioses de metal fundido; Lv 19.33-34, que manda no oprimir a los forasteros; Dt 19.18-19 (*ibid.*, 51 ss.), que regula sobre los testigos falsos; Nm 25.1-18 (*ibid.*, 56), que relata la historia de Israel en Baal-Peor; Lv 19.26 y 31, que establece no comer nada con sangre ni recurrir a nigromantes o practicar la adivinación o la magia; entre otros pasajes bíblicos. El mismo método de selección y ordenación de la normativa mosaica y su vinculación con los mandamientos del decálogo se mantiene en los cuatro libros de *Spec.* hasta completar los diez preceptos expuestos en *Decal.* En cada uno de los casos, el autor no solo copia un versículo del Pentateuco o expone una referencia conectada con lugares bíblicos específicos, sino que también desarrolla una interpretación de esas referencias que en algunas ocasiones remite a leyes no mencionadas en la Biblia y en otras a significados alegóricos razonados por Filón[65].

El método de clasificación diseñado por Filón en *Decal.* es puesto en práctica en los cuatro tratados de *Spec.*; el autor ordena la normativa bíblica y señala el vínculo entre las distintas partes del conjunto legal del Pentateuco a partir de la doble modalidad de revelación presentada en *Decal.*, 18-19, que establece un nivel más

---

64   Ya en *Sobre el decálogo* Filón había presentado la misma división de las dos primeras leyes (*Decal.*, 51, 52-65 y 66-81).

65   Un ejemplo de esto se encuentra en *Spec.*, 1. 168-345. Aquí Filón desarrolla su interpretación de los sacrificios desde su lectura de los capítulos 28 y 29 de Nm, que reanudan el ciclo litúrgico de Lv 23. 13 y 17-18; alude literalmente a las regulaciones bíblicas sobre las ofrendas, pero centra su atención en la exégesis que extrae de esas disposiciones. De esta manera, cuando observa el sacrificio del séptimo día, interpreta alegóricamente Nm 28.3-4, que legisla sobre las oblaciones cotidianas del pueblo de Israel, y vincula la enseñanza bíblica con sus conocimientos acerca del cosmos y su funcionamiento. Cf. *Spec.*, 1. 169. Para una relación de *Spec.*, 1. 169 con la ley oral, cf. Belkin (1940, 54).

alto y otro más bajo de jerarquización y desarrolla un paradigma para la clasificación binaria de la ley escrita razonada en la serie legislativa de la *Exposición de la Ley*.

Conclusión

Los distintos aspectos derivados del examen del significado y clasificación de la ley escrita en *Decal.* de Filón nos permitió demostrar que ἀναγράφων νόμος no solo influye sobre el desarrollo expositivo de los tratados que integran la parte propiamente legislativa de la *Exposición*, sino que también es una de las expresiones que señalan un cambio de sustancial importancia en su pensamiento. La expresión ἀναγράφων νόμος utilizada por Filón contiene términos cuya conexión mantiene la connotación semántica de "ley escrita o inscripta" que se observa en los escritos de los autores de la oratoria y la historiografía ática y helenística, pero también de los papiros egipcios en lengua griega del período de los ptolomeos y de Egipto romano. Esto nos ha llevado a proponer que el autor aplica en su escritura un vocabulario propio del ámbito jurídico, usado especialmente para indicar la inscripción pública de leyes. Mediante la incorporación de esta innovación conceptual en el pensamiento legal judío, Filón razona la normativa del Pentateuco según concepciones legales de los pueblos normativos ordenados jurídicamente alrededor de la promulgación pública de leyes grabadas en piedras, y en torno a la presentación orgánica del material legal mosaico fundado posiblemente sobre los principios filosóficos de la *sciencia iuris* romana. Pero además, de acuerdo con los datos extraídos de *Digesto* y de las referencias en torno de los papiros que registran el *Código de Hermópolis* y el *Gnomon de Idios Logos*, Filón piensa en organizar las leyes del Pentateuco en un compendio legislativo claro y conciso en el contexto de la organización jurídica de Roma y Egipto. En este sentido, *Decal.* muestra que es una exposición de la ley escrita a partir del decálogo, cuyas leyes funcionan a modo de los títulos generales bajo los cuales se ordenan las leyes especiales del Pentateuco plasmadas en los cuatro escritos *Spec.*

Mediante la clasificación binaria de la ley escrita, Filón organiza y sitúa las leyes según una doble modalidad de revelación que señala el vínculo que se establece entre las distintas partes de la materia clasificada. Para esto aplica una ordenación jerárquica basada en una división binaria que le permite identificar las diferencias de las leyes en sus aspectos generales y específicos. Esta colocación de las leyes en sus niveles jerárquicos correspondientes fija la estructura completa de la parte legislativa de la *Exposición*, que comienza con los títulos y explicación de las disposiciones principales y sigue con las normas referidas a cada caso particular en un trayecto que el autor diseña y traza durante su escritura de *Decal*. En suma, Filón no solo aplica el significado de una concepción legal que tiene su origen en el ámbito jurídico griego y egipcio, sino que propone un modelo de ordenación de la ley escrita en un sistema orgánico que, si bien incluye un contenido exegético singular, se prefigura como la primera clasificación legal conocida de la normativa judía alejandrina.

Bibliografía

Ediciones y traducciones

Calvo Martínez, J. L. (introd., trad. y notas) (1995). *Lisias. Discursos II*. Madrid.

Cohn, L., Wendland, P. y Reiter, S. (eds.) ([¹1896-1915] 1962). *Philonis Alexandrini Opera quae supersunt*, Vols. I-VII, Berlin.

Daniel, S. (introd., trad. y notas) (1975). *Les Œuvres de Philon d'Alexandrie*. Vol. 24. *De Specialibus Legibus I et II*, Paris.

Donker van Heel, K. (1990). *The Legal Manual of Hermopolis* [P. Mattha], Leiden.

D'Ors, Á. (coord.) (1968-1975). *El Digesto de Justiniano*, 3 tomos, Pamplona.

Martín, J. P. (ed.) (2009-2012). *Filón de Alejandría. Obras Completas*, vol. I-V, Madrid.

Mattha, G. y Hughes, G. R. (1975). *The Demotic Legal Code from Hermopolis West*, Cairo.

Oroz Reta, J. y Marcos Casquero, M. A. (1982-1983). *San Isidoro de Sevilla. Etimologías*. (Ed. bilingüe), Madrid.

Riccobono, S. (1950). *Il Gnomon dell'Idios Logos*, Palermo.

Sierra, Á. (introd.) y Villar Vidal, J. A. (trad. y notas). *Tito Livio. Historia de Roma desde su fundación. Libros I-III*, Madrid.

Bibliografía citada

Adrados, F. R. (1995). *Diccionario Griego-Español*, vol. II, Madrid.

Allam, S. (1986). "Réflexions sur le 'Code légal' d'Hermopolis dans l'Égypte", *Chronique d'Egypte* 61, 50-75.

AMIR, Y. (1983a). "Mose als Verfasser der Tora bei Philon", *Die hellenistische Gestalt des Judentums bei Philon von Alexandrien, Forschungen zum judisch-christlichen Dialog 5*, 77-105.

AMIR, Y. (1983b). "Die Zehn Gebote bei Philon von Alexandrien" en Y. Amir (ed.), *Die hellenistische Gestalt des Judentums bei Philon von Alexandrien*, Neukirchen, 131-163.

BELKIN, S. (1940). *Philo and the Oral Law: The Philonic Interpretation of Bibblical Law Related to the Palestinian Halakah*, Cambridge.

BORGEN, P. (1997). *Philo of Alexandria, An Exegete for His Time*, Leiden-New York-Cologne.

CASTRO SÁENS, A. (2006). *Compendio histórico de Derecho Romano. Historia de la cultura jurídica europea. 1º Parte*, Madrid.

CHANTRAINE, P. (1999). *Dictionaire* étymologique *de la langue grecque. Histoire des mots*, Paris.

COHEN, N. G. (1987). "The Jewish Dimension of Philo's Judaism. An Elucidation of de *Spec. Leg.* IV 132-150", *Journal of Jewish Studies* 38, 165-186.

COHEN, N. G. (1995). *Philo Judaeus: His Universe of Discourse*, Frankfurt.

COHEN, N. G. (1997). "The Names of the separate Books of the *Pentateuch* in Philo's Writings", *The Studia Philonica Annual* 9, 54-78.

GARCÍA, F. (1998). Éxodo, en J. A. Ubieta López (dir.), *Nueva Biblia de Jerusalén*, Barcelona.

GRUNERT, S. (1982). *Der Kodex Hermopolis und ausgewählte private Rechtsurkunden aus dem ptolemäischen Ägypten*, Leipzig.

HEINIMANN, I. (1928). "Die Lehre vom ungeschriebenen Gesetz", *Hebrew Union College Annual*, 149-171.

HORSLEY, R. A. (1978). "The law of nature in Philo and Cicero", *Harvard Theological Review* 71, 35-59.

JONES, M. (2013). "Philo Judaeus and Hugo Grotius's Modern Natural Law", *Journal of the History of Ideas* 74, 339-359.

KADOSH, D. (2007). "Decalogue" en F. Skolnik y M. Berenbaum (eds.), *Encyclopaedia Judaica*, Farmington Hills, 520-526.

KRAUS REGGIANI, C. (1993). "L'uso della Scrittura in Filone di Alessandria" en H. Merklein, K. Muller y G. Stemberger (eds.), *Bibel in judischer und christlicher Tradition: Festschrift fur Johann Maier zum 60*, Bonn, 177-191.

KULLMANN, W. (2010). *Naturgesetz in der Vorstellung der Antike, besonders der Stoa: eine Begriffsuntersuchung*, Stuttgart.

LIPPERT, S. L. (2004). *Ein demotisches juristisches Lehrbuch: Untersuchungen zu Papyrus Berlin P 23757 rto*, Wiesbaden.

LLUCH BAIXAULI, M. (1997). "El tratado de Filón sobre el Decálogo", *Scripta Theologica* 29/2, 415-441.

MAEHLER, H. (2005). "Greek, egyptian and roman law", *The Journal of Juristic Papyrology* XXXV, 121-140.

MARTENS, J. M. (2003). *One Law, One God: Philo of Alexandria on the Mosaic and Greco-Roman Law*, Leiden-Boston.

MARTENS, J. W. (1992). "Unwritten Law in Philo: A Response to Naomi G. Cohen", *Journal of Jewish Studies*, 38-45.

MARTIN, A. (2004). "Der Rechtskodex von Hermupolis (P. Kairo JE 89.127-30+89.137-43)", en B. Janowski y G. Wilhelm (eds.), *Dokumente zur Rechts- und Wirtschaftsgeschichte. Texte aus der Umwelt des Alten Testaments*, Gütersloh, 196-218.

MAZZINGHI, L. (2010). "Law of Nature and Light of the Law in the Book of Wisdom (Wis 18:4c)" en G. G. Xeravits y J. Zsengellér (eds.), *Studies in the Book of Wisdom*, Leiden, 185-218.

MEYERS, C. (2005). *Exodus*, Reino Unido.

MYRE, A. (1972). "La loi dans l'ordre cosmique et politique selon Philon d'Alexandrie", *Science et Esprit* 24, 217-247.

MYRE, A. (1973). "La loi et le Pentateuque selon Philon d'Alexandrie", *Science et Esprit* 25, 209-225.

MYRE, A. (1976). "La loi de la nature et la loi mosaïque selon Philon d'Alexandrie", *Science et Esprit* 28, 163-181.

NAJMAN, H. (1999). "The Law of Nature and the Authority of Mosaic Law", *The Studia Philonica Annual* 11, 55-73.

NAJMAN, H. (2003). "Written Copy of the Law of Nature: An Unthinkable Paradox?", *The Studia Philonica Annual* 15, 54-63.

NIKIPROWETZKY, V. (1965). *De Decalogo. Introduction, traduction et notes*, Paris.

PLÁCIDO, D. (introd.) y JIMÉNEZ, E. y SÁNCHEZ, E. (trad. y notas) (1984). *Dionisio de Halicarnaso. Huistoria Antigua de Roma*, vol. I-III, Madrid.

REMUS, H. E. (1984). "Authority consent law: *nomos, physis*, and the striving for a given", *Studies in Religion* 13, 5-18, esp. 13-16.

ROYSE, J. R. (2009). "The Works of Philo" en A. Kamesar (ed.), *The Cambridge Companion to Philo*, Cambridge, 32-64.

SANDMEL, S. (1954). "Philo's Place in Judaism: a study of conceptions of Abraham in Jewish literature", *Hebrew Union College Annual* 25, 209-237.

SCHIAVONE, A. (ed.) (2016). *Storia giuridica di Roma*, Giappichelli.

SEIDL, E. (1969). "Eine demotische Juristenarbeit", *Zeitschrift der Savigny-Stiftung, romanististische Abteilung* 96, 17-30

SEIDL, E. (1973). *Rechtsgeschichte Ägyptens als römischer Provinz. (Die Behauptung des ägyptischen Rechts neben dem römischen)*, Verlag.

STERLING, G. E. (2003). "Universalizing the Particular: Natural Law in Second Temple Jewish Ethics" en D. T. Runia, G. E. Sterling y H. Najman (eds.), *Laws Stamped with the Seals of Nature. Law and Nature in Hellenistic Philosophy and Philo of Alexandria*, Brown University, 64-80.

TERMINI, C. (2004a). "Taxonomy of Biblical Laws and φιλοτεχνία in Philo of Alexandria: a Comparison with Josephus and Cicero", *The Studia Philonica Annual* 16, 1-29.

TERMINI, C. (2004b). "Dal Sinai alla creazione: il rapporto tra legge naturale e legge rivelata in Filone di Alessandria" en A. M. Mazzanti y F. Calabi (eds.), *La rivelazione in Filone di Alessandria: natura, legge, storia*, Roma, 159-191.

TERMINI, C. (2006). "The Historical Part of the Pentateuch according to Philo of Alexandria: Biography, Genealogy, and the Philosophical Meaning of the Patriarchal Lives" en N. Calduch-Benages y J. Liesen (eds.), *Deuterocanonical and Cognate Literature Yearbook*, Berlin, 265-297.

WOLFF, H.-J. (2002). *Das Recht der griechischen Papyri* Ägyptens *in der Zeit der Ptolemäer und des Prinzipats Bd. 1: Bedingungen und Triebkräfte der Rechtsentwicklung*, München.

LOS PROSÉLITOS EN LA *EXPOSICIÓN DE LA LEY* DE FILÓN:

LA CONVERSIÓN RELIGIOSA Y EL INGRESO A LA COMUNIDAD JUDÍA

Laura Pérez
CONICET/ IEC, FCH, UNLPam
lau_perez75@hotmail.com

En el primero de sus cuatro tratados sobre *Las leyes particulares* y en el marco de su explicación del primer mandamiento bíblico, Filón de Alejandría incluye los párrafos más enfáticos y positivos sobre la aprobación de que son merecedores los prosélitos y sobre las condiciones en que estos se integran a la religión y a la comunidad judía. Tales afirmaciones se reiteran en otros lugares de los textos filonianos y, en la mayoría de los casos, las hallamos en escritos pertenecientes a la serie de la *Exposición de la Ley*, hecho que resulta significativo por ser esta la serie menos alegórica del exegeta alejandrino y la más vinculada con la realidad social y política de su contexto contemporáneo. Los variados comentarios sobre los prosélitos que Filón plasma en diversos lugares de sus escritos legislativos –*Sobre el Decálogo* y *Leyes particulares*– y éticos –*Sobre las virtudes*– son de gran interés para analizar no solo cuál era su actitud hacia estos recién llegados al judaísmo, sino también en qué consistía la conversión, qué cambios debía realizar quien decidiera adoptar la religión judía –tanto a nivel estrictamente religioso como social y político– y qué posición ocupaba en la nueva comunidad a la que ingresaba. En efecto, si bien resulta evidente que el primer aspecto involucrado en la conversión es el cambio religioso que consiste en el abandono de las creencias y cultos de los dioses del politeísmo y su reemplazo por la fe en el único Dios del monoteísmo judío, intentaremos demostrar en el presente trabajo que la conversión tal como la entiende Filón implica otra dimensión tanto o más importante: el cambio social que supone la adhesión a una nueva comunidad cívico-política, una nueva πολιτεία. Filón destaca este aspecto de la conversión mediante la utilización de un extenso campo semántico relativo a la migración –el modelo arquetípico de traspaso de una comunidad político-social a otra– y, mediante su exposición de ciertas leyes especiales tendientes a regular la situación de los prosélitos, muestra que estos adquirían una condición cívica particular al ingresar a la comunidad y contaban con derechos y obligaciones específicos.

En el presente estudio nos proponemos analizar los pasajes que Filón dedica a los prosélitos en los tratados de la *Exposición de la Ley* a fin de indagar acerca de sus concepciones y actitudes hacia un fenómeno, el de la conversión, que lejos estaba de recibir una definición o, menos aún, una evaluación unitaria en la época y contexto en que escribe nuestro autor. Procederemos en diversas etapas: en primer lugar, indagaremos la terminología bíblica hebrea y el vocabulario griego utilizado en la traducción de los LXX a los efectos de determinar cuál es el sentido del término προσήλυτος y de otros vocablos relacionados con él en los textos de Filón y de autores contemporáneos. El segundo punto se centrará en el examen de la concepción que Filón expresa acerca de la conversión que debe realizar el prosélito, con especial hincapié en la indisoluble asociación que establece entre el aspecto religioso y las consecuencias sociales y políticas que conlleva este cambio. Por último, exploraremos las leyes particulares que Filón considera aplicables a los prosélitos, con objeto de evaluar cuál era su estatus y posicionamiento social en la comunidad judía.

Los prosélitos: antecedentes y terminología

El tema de los prosélitos en el judaísmo de época helenística y romana es de enorme interés para el estudio del desarrollo histórico de esta religión y de sus contactos con otros grupos culturales y religiosos, en cuanto que se trata de una época en que la fluidez y la diversidad de tales contactos había aumentado en forma exponencial, al tiempo que el judaísmo de la diáspora se expandía a través de territorios cada vez más lejanos y que, simultáneamente, se adaptaba a una situación de subordinación al dominio político de otras potencias. La convivencia en este contexto se fue complicando con el paso del tiempo hasta dar lugar a la guerra entre Roma y Judea, a la destrucción del Templo de Jerusalén en el año 70 d.C. y a la desaparición pocos años después de las importantes comunidades judías de otras ciudades romanas, como la de Alejandría (cf. Martín 2009). Sin embargo, con anterioridad a este desenlace, los judíos, tanto en la diáspora como en Judea, estuvieron durante al menos tres siglos en relación permanente con los griegos, con diversos pueblos de Oriente –sirios, egipcios, persas, entre otros– y también con los romanos, cuyo dominio se expandió por el Mediterráneo a partir de la definitiva derrota del poder macedónico en el 31 a.C.

Si esta situación de contacto cultural dio lugar a intercambios, influencias y asimilaciones entre los distintos pueblos, los judíos se hallaban en una posición particular, pues no solo constituían una etnia más, con sus costumbres y tradiciones propias, sino que se distinguían por ser la única nación que profesaba una religión monoteísta exclusivista, es decir, en la que el culto debía dirigirse al Dios único y, por lo tanto, estaba estrictamente prohibida la participación en cualquier otro culto religioso e incluso el contacto con objetos o personas que hubieran formado parte de ellos. Esta exclusividad religiosa se complementaba con unas costumbres y normas legales –la Ley judía asentada en la Torá– que reglamentaban restricciones dietarias, ceremonias rituales, ritmos de trabajo y de vida que divergían notablemente de los de otros grupos culturales. En lo que respecta al ámbito religioso, ello significaba que mientras los demás pueblos podían sin ningún obstáculo integrar los dioses griegos y romanos –impuestos por los dominadores– en sus propios sistemas politeístas y asimilarlos en mayor o menor medida a sus propias divinidades y cultos, hasta dar lugar incluso a diversos grados de sincretismo, los judíos se destacaban por su intransigencia a la adoración de otros dioses y su rechazo a la modificación de sus tradiciones rituales[1]. Esta nítida separación de los pueblos circundantes se mantuvo gracias a la autorización que consiguieron tanto de los gobiernos helenistas como de los primeros emperadores romanos para conservar y vivir según sus propias leyes ancestrales y para ser eximidos de la participación

---

1   Es necesario señalar, no obstante, la enorme diversidad de situaciones a que dio lugar este contacto, que propició influencias mutuas en uno y otro sentido y pudo resultar en diversos grados de asimilación de los judíos al ambiente cultural circundante, con extremos incluso cercanos al sincretismo (cf. Bird 2010, 22, n. 13).

en los cultos cívicos politeístas[2]. En la ciudad de Alejandría, ello supuso la existencia de una comunidad judía organizada políticamente y regulada por la Ley mosaica inscrita en los libros bíblicos[3]. Esta comunidad contaba además con instituciones educativas y religiosas propias, como las sinagogas y las escuelas de estudio y exégesis de la Torá.

Así como los judíos mantenían y defendían con ímpetu su diferencia respecto de las demás naciones, no es de extrañar que tampoco fuera tan simple ni directo el ingreso e inserción de personas provenientes de otros grupos culturales a la comunidad judía. En efecto, a la cuestión étnica y racial que separaba a los externos de la nación judía, descendiente de Abraham y heredera de la promesa divina de la Alianza, la religión monoteísta sumaba la exigencia de exclusividad en el culto al Dios de Israel. Es únicamente en este contexto monoteísta, como ha postulado Nock (1933) en su ya clásico estudio, que cobra pleno sentido el concepto de "conversión", entendido como el cambio consciente de una forma de piedad a otra, una considerada peor y otra mejor, y que involucra la renuncia completa a las creencias y prácticas rituales anteriores y la asunción de una nueva fe y un nuevo estilo de vida[4]. Pero, como señala Bird (2010), esta definición pierde de vista la dimensión sociológica de la conversión al judaísmo, que no se limitaba a la asunción de una nueva forma de piedad, sino que implicaba también el ingreso a un nuevo ἔθνος[5]. Ambos aspectos, como intentaremos demostrar a lo largo del presente estudio, se encuentran indisociablemente unidos en el pensamiento de Filón sobre la conversión.

---

2   Cf. *Legat.*, 157; *Flacc.*, 50; Flavio Josefo, *Antigüedades judías*, 16.163; Claudio, *Carta de Claudio a los alejandrinos*, 88.

3   Cf. Smallwood (1976, 226 ss.); Barraclough (1984, 424-425); Mélèze Modrzejewski (2001, 107-110); Schwartz (2009, 16-17).

4   En el caso de las religiones mistéricas, como comentamos antes, siempre era posible combinar su práctica con los cultos tradicionales e incluso con otros ritos mistéricos; el único contexto en que el término cobra un sentido similar en el paganismo, según Nock (1933), es en el de la filosofía, que oponía dos estilos de vida, alto y bajo, y exhortaba a tornarse de uno a otro.

5   Para una definición de "conversión" en el judaísmo del Segundo Templo, cf. Bird (2010). También Borgen (1998) destaca la convergencia de tres movimientos en la idea de conversión al judaísmo: religioso, ético y social. Cf. igualmente Feldman (1993).

Lidia Raquel Miranda y Viviana Suñol (eds.)

Que existían prosélitos en época de Filón está fuera de toda duda y, de hecho, no se trataba de un fenómeno nuevo. Sin embargo, el reconocimiento generalizado de esta categoría no suponía la existencia de una misma actitud y valoración, compartida por las diversas comunidades y grupos judíos, ni tampoco un consenso acerca de los requisitos, condiciones y modalidades de la conversión necesaria para la incorporación a esta clase[6]. De allí el interés de la información que nos proveen los textos filonianos acerca de este tema, así como de los puntos de contacto o divergencias que puedan reconocerse entre estos datos y los hallados en otras fuentes próximas o contemporáneas. En lo que sigue, nos ocuparemos del análisis de tales textos, pero previamente resulta necesario realizar algunas precisiones acerca de la terminología griega que utiliza Filón y sus antecedentes en los textos bíblicos.

La Biblia hebrea se refiere a dos tipos de extranjeros en el país de los israelitas. Por un lado, los denominados *zarim* o *nokhrim*, que consideraban su estadía en el país más o menos transitoria; por otro, los extranjeros residentes, que vivían en forma permanente en la comunidad adoptiva, denominados *gerim* (singular, *ger*). Los primeros conservaban sus vínculos originales con su hogar y pretendían mantener su anterior estatus social y político; por lo tanto, no se aplicaban a ellos las leyes usuales, estaban excluidos del culto y de las leyes rituales[7]. El sentido del término *ger*, en cambio, fue variando a través de las diversas etapas de redacción de los textos bíblicos. En un principio designaba al inmigrante o forastero residente en un país extranjero y, en tal sentido, podía

---

6   Cf. Goodman (1996), Feldman (1993), McKnight (1991), Cohen (1989), entre otros. Todos estos autores coinciden en la existencia de los prosélitos en la época filoniana, aunque divergen en sus opiniones acerca del proselitismo: Goodman (1996) y McKnight (1991, esp. 74-77) niegan que en el siglo I los judíos tuvieran un interés activo en la conversión de los gentiles al judaísmo y desarrollaran una actividad misionera o proselitista, posición aceptada también por otros autores, como Bird (2010) y Cohen (1992). Feldman (1993) defiende la tesis contraria y sostiene que los judíos pusieron en práctica variadas estrategias para persuadir a los paganos y atraerlos hacia el judaísmo; esta postura fue la prevaleciente a lo largo del siglo XX –cf. Schürer (1986); Juster (1914); Jeremias (1969); Stern (1980)– y, luego de la publicación de las posiciones críticas de Goodman y McKnight, ha sido recuperada por autores como Borgen (1998), Rokéah (1996) y Paget (1996).

7   Véase Ex 12, 43; 21, 8; 29, 33; Dt 15, 3; 17, 15; etc. Cf. Lieber (2007).

aplicarse incluso a los judíos en Egipto[8], así como, luego del retorno del éxodo, designó a los extranjeros instalados en forma más o menos permanente en Israel, entre los que se contaban aquellos que los habían seguido a su regreso de Egipto (Ex 12, 38; 48) y los habitantes de Canaán que no habían sido muertos ni reducidos a total esclavitud luego de la conquista del territorio (Jos 9, 3 ss.; 2 Cr 2, 17) (de Vaux 1976 y Lieber 2007). A medida que el grado de integración y adaptación de estos extranjeros a su comunidad adoptiva fue aumentando, el término *ger* supuso, además de la residencia estable, la asunción de ciertos derechos y deberes, si bien su estatus cívico no llegó nunca a igualarse al de los israelitas.

En términos económicos y políticos, los *gerim* eran libres y podían trabajar como artesanos o como jornaleros, pero puesto que todas las propiedades inmobiliarias pertenecían a los israelitas, no tenían acceso a ellas. Esto los colocaba en una situación muy desfavorable, por ese motivo los textos bíblicos los ubican frecuentemente entre el grupo de los más pobres o socialmente desprotegidos, junto a las viudas y los huérfanos, y les permiten igual que a ellos beneficiarse de las disposiciones tendientes a la caridad: podían recoger los frutos caídos o no cosechados en los campos, los racimos en los viñedos y las olivas olvidadas en los árboles (Lv 19, 9-10; 23, 22; Dt 19, 22). Tenían también participación en el diezmo trienal (Dt 14, 28-29; 26, 12-13) y en los productos del año sabático (Lv 25, 6). Por otra parte, a pesar de tales restricciones económicas, no era imposible que se enriquecieran y existirían casos en que ello sucedía (Lv 25, 47). En lo que respecta a cuestiones legales, debían recibir igual tratamiento ante la Ley que el resto de los israelitas (Dt 1, 16). Además de contar con estos derechos económicos y cívicos, el *ger* estaba sujeto a determinados deberes y obligaciones, en especial en lo relativo a las normas religiosas. Regían para él las mismas prescripciones de pureza que para los israelitas (Lv 17, 8-15; 18, 26; Nm 19, 10), debía asimismo observar el Sábado (Ex 20, 10 y 23, 12; Dt 5, 14) y el ayuno del día de la Expiación (Lv 16, 29), podía ofrecer sacrificios (Lv 17, 8; 22, 18; Nm 15, 14-16; 15, 29), participar de las fiestas religiosas (Dt 16, 11; 16, 14) e incluso de la Pascua si estaba circuncidado (Ex 12, 48-49;

---

8   Véase Ex 22, 20; 23, 9; Dt 10, 19; 23, 8. También Abraham era un *ger* en Hebrón (Gn 23, 4) y Moisés lo era en Madián (Ex 2, 22; 18, 3). Cf. de Vaux (1976, 117).

Nm 9, 14) (de Vaux 1976 y Lieber 2007). Estaba así en gran medida integrado a la vida social y religiosa de Israel y se diferenciaba en tal sentido del extranjero residente denominado en hebreo mediante el término más tardío *ger toshab* (Gn 23, 4; Ex 12, 45; Lv 22, 10; 25, 6; 23; 35; 40), cuya condición era análoga, pero con un menor nivel de asimilación social y religiosa (de Vaux 1976).

Los términos con los que la *Septuaginta* tradujo estos vocablos hebreos permitieron mantener las distinciones que hemos señalado. Así, el término griego por el que se traduce *ger* es προσήλυτος, que mantiene la misma ambigüedad que su antecedente: puede referirse al extranjero residente permanente –como los judíos en Egitpo– o a aquel que se ha asimilado social y religiosamente. Pero este segundo significado es el que ya se va delimitando en los libros bíblicos como sentido técnico del término, que comienza a designar específicamente a los gentiles convertidos al judaísmo[9]. En cambio, los términos hebreos que designaban a los extranjeros menos asimilados son traducidos en la Biblia de los LXX también con otros vocablos: para *zarim* o *nokhrim* la versión griega emplea términos de sentido general como ἀλλογενής ("de otra raza") o ἀλλότριος ("extraño, forastero, extranjero"), mientras que el *ger toshab* es designado πάροικος, cuyo sentido remite a quien vive cerca o al lado, al vecino y también al extranjero, colono o a quien reside temporariamente en casa o ciudad ajena[10].

Filón recupera en sus textos este vocabulario griego de la *Septuaginta* pero añade además otros términos con un sentido muy específico. El vocablo πάροικος aparece casi siempre en tratados del *Comentario alegórico*, aplicado a Agar, la esclava egipcia de Sara, cuyo nombre se interpreta como "residencia temporaria" (*Sacr.*, 43-44; *Congr.*, 20-24), o en relación con interpretaciones alegóricas sobre la residencia en el cuerpo o en la tierra, que el sabio debe considerar siempre temporal y extranjera (*Cher.*, 108 y 118-119; *Agr.*, 64-65; *Conf.*, 77-81; *Her.*, 267). Las escasas veces que

---

9   Cf. Goodman (1996). Con este significado aparece también en el Nuevo Testamento (Mt 23, 15; Hch 2, 11; 6, 5; 13, 43).

10   Cf. *LSJ*, *s.v.* y Chantraine (1980), *s.v.* οἶκος: "habiter à côté". Daniel (1975) señala otro matiz de sentido en la diferenciación entre estos términos: προσήλυτος –y su equivalente hebreo *ger*– remitía a los extranjeros instalados en Israel, mientras πάροικος –como *toshab*– designaba a los israelitas residentes entre otros pueblos. No obstante, estos usos no son estables, pues como vimos *supra* en n. 8, el primero de estos vocablos es aplicado a los israelitas instalados en Egipto.

esta palabra se utiliza en la *Exposición de la Ley* es siempre en el sentido de vecindad o cercanía (*Spec.*, 1.120-122 y 216), a excepción de la cita bíblica de Dt 23, 7 incluida en *Virt.*, 106. Por lo tanto, este término no entrará dentro de nuestro corpus de análisis, sino que nos centraremos en los vocablos que Filón utiliza para referirse a los prosélitos, a los que designa a veces con el término bíblico προσήλυτος, pero más frecuentemente con otros vocablos, aunque todos relacionados por su etimología: ἔπηλυς, ἐπήλυτης y ἐπήλυτος. El término bíblico προσήλυτος recibe la atención de Filón en *Leyes particulares* 1.51, donde el exegeta explica el origen etimológico del vocablo: los que han cambiado sus creencias politeístas por la fe judía son llamados prosélitos porque "han ingresado (προσεληλυθέναι) a una ciudadanía nueva y amante de Dios"[11]. Deriva así el término del verbo προσέρχομαι en sus formas de aoristo (aor. -ήλυθον, -ῆλθον), cuyo significado es "venir", "acercarse", "entrar". De allí la interpretación de Filón: prosélitos son los que ingresan. En la misma dirección apunta el uso de los otros términos derivados del mismo lexema, que mediante la adición del prefijo ἐπ- designan al que viene de fuera, extranjero, forastero, advenedizo y, por extensión o en sentido figurado, inmigrante[12]. Por otra parte, en un tratado no perteneciente a la serie de la *Exposición*, Filón presenta una etimología que aúna el sentido de todos los vocablos construidos sobre el mismo radical y que reafirma la interpretación que acabamos de reseñar. En efecto, en *Cuestiones sobre el Éxodo* 2.2 –uno de los escasos fragmentos de este tratado conservados en griego– el alejandrino explica que a los "extranjeros" (ξένους) se los llama a veces ἐπήλυδες porque son "recién llegados"; pero estos pueden ser de dos tipos: por un lado, los que, como los judíos durante su residencia en Egipto, son "recién llegados a la tierra" (ἐπήλυδες χώρας), por otro, aquellos que se tornan hacia la verdad, que son en este caso recién llegados no a la tierra, sino "a las leyes y a las costumbres" (νομίμων καὶ ἐθῶν). Esta segunda clase de ἐπήλυδες es la que coincide con el

---

11   Las traducciones de textos griegos son mías y directas del griego; sigo la edición de Cohn, Wendland y Reiter (1962) y cito los tratados de Filón según las abreviaturas de los títulos latinos establecidas en *The Studia Philonica Annual*.

12   Véase *LSJ*, Bailly (1960), Pabón de Urbina (1967), Sebastián Yarza (1954), *s.v.* ἔπηλυς; Chantraine (1980), *s.v.* ἐλεύσομαι.

tipo de extranjero al que en el mismo pasaje Filón denomina dos veces προσήλυτος.

Como puede verse, entonces, este conjunto de vocablos semántica y morfológicamente relacionados tienen para Filón el sentido seguro que refiere a un extranjero convertido al judaísmo, es decir, que ha adoptado la religión judía y se ha incorporado así, al mismo tiempo, a la comunidad judía. De hecho, con respecto al vocablo προσήλυτος, Suzanne Daniel (1975) sostiene que, a pesar de las variantes que registra su uso en el Pentateuco griego, para Filón este es un término técnico que designa a un extranjero convertido al judaísmo. La variación terminológica que se percibe en los textos filonianos indica, sin embargo, que el sentido técnico de esta palabra y de los términos relacionados aún no había llegado a estabilizarse. Como señalamos antes, no podemos siquiera afirmar que en la LXX el término προσήλυτος hubiese ya adquirido de modo definitivo el significado de "converso" a la religión judía, pero sin duda es en esta dirección que su sentido evolucionó y que es utilizado por numerosos autores judíos de la época del Segundo Templo, mientras que otros, como Josefo, prefieren evitar el término bíblico y emplear en su lugar las variantes de ἔπηλυς. En este sentido, es relevante señalar que Filón únicamente utiliza el término προσήλυτος en aquellos lugares en que cita o alude a versículos bíblicos que ya contenían esta palabra en la *Septuaginta* (Goodman 1996 y Birnbaum 2007) e inclusive en estos casos, en ocasiones, reemplaza el término bíblico por otra de las variantes que hemos mencionado.

La conversión religiosa y el ingreso a una nueva comunidad política

No cabe ninguna duda de que el primer aspecto involucrado en la conversión es el cambio religioso que supone un doble movimiento simultáneo: el abandono de las creencias anteriores y de la adoración de los dioses del politeísmo y la asunción de la creencia en el único Dios del judaísmo y de su culto. Filón enfatiza esta doble dimensión de la conversión religiosa en casi todos los pasajes en que se refiere a los prosélitos a través de las menciones de Dios, la piedad, la verdad como elecciones positivas frente a los elementos nocivos abandonados, las falsas invenciones, la vanidad y la poliarquía. Nunca se refiere solamente a uno de estos términos, sino que el movimiento o trasvase de uno a otro se señala siempre mediante la explicitación del punto de partida y del de llegada, de lo que se abandona y de lo que se asume por vez primera a partir de esta elección.

En *Leyes Particulares* 1, luego de una extensa demostración sobre el anhelo del conocimiento de Dios que experimenta Moisés y sobre su esfuerzo por alcanzarlo hasta donde resulta posible al entendimiento humano (*Spec.*, 1.41-50), Filón afirma que Dios "aprueba" (ἀποδέχεται) a todos los de igual forma de vida, es decir, a todos aquellos que desean y buscan conocer a Dios. Esta aprobación se dirige entonces no solamente a quienes desde su nacimiento han sido introducidos en esta forma de vida, sino también a aquellos que la han adoptado "mediante la conversión" (ἐκ τοῦ μεταβάλλεσθαι). Ellos merecen tal valoración porque "creyeron justo trasladarse hacia la piedad" y porque "desprecian las invenciones míticas (μυθικῶν πλασμάτων) y abrazan la verdad sin mezcla (ἀκραιφνοῦς ἀληθείας)" (*Spec.*, 1.51).

El vocabulario que utiliza Filón manifiesta la absoluta diferencia de apreciación entre un campo y otro, i. e., la validación del término positivo –la verdad, la piedad, Dios– frente a la depreciación del campo opuesto, expresada a través de un léxico peyorativo y orientado a resaltar las nociones de falsedad e impostura. Esta misma disyunción se reitera en los demás pasajes sobre el tema. Así, en *Sobre las virtudes* 102, se describe casi en idénticos términos el cambio que realizan los prosélitos (ἐπηλύτας), desde "las invenciones míticas" (τῶν μυθικῶν πλασμάτων) hacia "la claridad de la verdad" (πρὸς τὴν ἀληθείας ἐνάργειαν) y "la veneración del único y realmente existente Dios". De igual modo, en *Leyes particulares* 1.309 las "invenciones" se califican directamente de "falsas" o "mentirosas" (ψεύδεα) y, por lo tanto, se consideran "humo" o "vanidad" (τῦφος), mientras que en *Leyes particulares* 4.178 se denomina "poliarquía" a la adoración de muchos dioses soberanos –πολυαρχία: el gobierno de muchos y, por extensión, el "politeísmo"–, frente a la monarquía del único Dios establecida por el primer mandamiento bíblico (cf. *Spec.*, 1.13-20).

Este uso léxico muestra la valoración positiva que recibe la modificación de las creencias religiosas y el abandono de los mitos y dioses del politeísmo, pero debe tenerse en cuenta que tales creencias no son elementos autónomos sino que se insertan en un sistema complejo conformado por prácticas rituales y por innumerables hábitos, costumbres y formas de comportamiento. Este cambio requería, por lo tanto, el reemplazo de las costumbres propias del politeísmo por las normas rituales y cultuales establecidas en la Torá. Filón no menciona normas religiosas que se refieran a los prosélitos especialmente, pero da por supuestas las prescripciones bíblicas ya citadas arriba, que los incluían en la asignación de deberes y obligaciones religiosas. La participación de los prosélitos en el culto puede verse reflejada en la pormenorizada exposición que Filón desarrolla en *Leyes particulares* 2.39-223 sobre las fiestas, donde muestra su interés por hacer extensiva –generalmente a través de una interpretación simbólica– la significación y relevancia de las festividades judías a todos los seres humanos, sin restringirlas únicamente a la propia nación (Hadas-Lebel 2012 y Pérez 2013). Los prosélitos, junto con quienes eran interesados y simpatizantes del judaísmo y posibles futuros conversos, ocuparían aquí, sin duda, un lugar importante en su pensamiento. En cuanto a la existencia de rituales o procedimientos específicos de conversión, Filón no ofrece información al respecto. Ni siquiera el problema de la necesidad o no de la circuncisión es tratado explícitamente por el alejandrino en relación con los prosélitos. No obstante, su enfática defensa de esta práctica (*Spec.*, 1.1-12) y del cumplimiento literal que exige para las normas bíblicas, incluida la de la circuncisión (*Migr.*, 92), permiten suponer que también los conversos estarían sujetos a ella. De hecho, en *Cuestiones sobre el Éxodo* 2.2 comenta que los prosélitos no son los que se circuncidan su prepucio (περιτμηθεὶς τὴν ἀκροβυστίαν), sino los deseos, placeres y demás pasiones del alma. Si bien tal afirmación podría llevar a pensar que la práctica no era fundamental en opinión del exegeta; por el contrario, dado que este es justamente uno de los principales sentidos simbólicos que el filósofo atribuye a la circuncisión física (*Spec.*, 1.9), podemos asumir que da aquí por supuesta la circuncisión de los prosélitos[13].

---

13 Otros autores de la misma época exigían la circuncisión a los prosélitos, entre ellos el más representativo es Josefo (*Antigüedades judías*, 13.257-258; 319; 20.139; 145; *Vida*, 113), pero esta práctica ritual no era universalmente considerada un requisito indispensable. Cf. McKnight (1991), Bird (2010, esp. p. 29 sobre Filón). La Mishná da por supuestos tres requisitos rituales para la conversión: circuncisión, bautismo y

Por otra parte, si la conversión supone un cambio a la vez interno y externo –en cuanto implica una modificación de las creencias pero también de las prácticas y formas de comportamiento– Filón es consciente también de la vinculación indisociable entre la vida religiosa y la pertenencia comunitaria y entiende que la trascendencia del cambio religioso producido en la vida personal de quien adopta la creencia en el único Dios afecta de manera insoslayable su vida social, sus relaciones familiares, amistosas y su inserción en la comunidad cívica y política. En tal sentido, el filósofo asume que quien realiza la conversión religiosa debe necesariamente afrontar al mismo tiempo la separación de su grupo social de origen para ingresar a un nuevo grupo social y político. Puesto que el judaísmo constituye la religión de un pueblo con un origen étnico común y una organización política unificada a través de la legislación y las costumbres, la conversión religiosa no puede producirse sin un cambio concomitante en la pertenencia social y política. Este elemento es señalado en muchas ocasiones por Filón, aunque la mayor parte de las veces, sin explicarlo ni desarrollarlo, el autor únicamente alude al tema mediante el uso de un vocabulario relativo a otra forma típica de traspaso social y político de una comunidad a otra nueva: la migración.

Esta imaginería puede percibirse en el pasaje ya comentado de *Leyes particulares* 1.51-53, donde, como mencionamos, Filón atribuye la aprobación divina a todos aquellos hombres que adopten igual forma de vida que Moisés e incluye en este grupo a quienes "se han vuelto mejores al convertirse (ἐκ τοῦ μεταβάλλεσθαι) hacia un orden mejor". El término que traducimos aquí como "convertirse" es el infinitivo pasivo del verbo μεταβάλλω, que expresa varios sentidos conectados con el movimiento que consiste en darse vuelta o cambiar de opinión y que por lo tanto podría también ser traducido por verbos similares: "cambiarse", "transformarse" o "volverse" en otra dirección. Lo importante es que este cambio ya señala un movimiento o desplazamiento espacial que será enfatizado en las siguientes líneas del texto filoniano. En efecto, se lo homologa con otros verbos similares: el "trasladarse" (μεθορμίσασθαι) hacia la piedad y el "ingresar"

---

sacrificio, pero su ejecución no está documentada en los textos de Filón, ni en otros autores contemporáneos (cf. Schürer 1986 y McKnight 1991).

Lidia Raquel Miranda y Viviana Suñol (eds.)

(προσεληλυθέναι) a una nueva comunidad, verbo sobre el que, como vimos, Filón asienta la etimología del nombre "prosélito".

Por otra parte, si todos estos vocablos apuntan hacia una noción de movimiento físico o espacial de un lugar a otro, más importante aún resulta que tal movimiento de conversión implica el ingreso a una comunidad que se denomina πολιτεία. El significado de esta palabra no siempre es fácil de definir, pero puede aludir a las nociones de "ciudadanía", "comunidad política", "constitución" o "gobierno". En cualquiera de estos casos, resulta patente que Filón considera el cambio que realiza el prosélito como un movimiento de orden político a la vez que religioso: los prosélitos han ingresado "a una ciudadanía nueva y amante de Dios" (καινῇ καὶ φιλοθέῳ πολιτείᾳ, Spec., 1.51). El sentido social y político de esta aserción se confirma cuando leemos en el párrafo siguiente acerca de la exhortación que Moisés dirige a los "autóctonos" (αὐτόχθοσι) para que traten con amistad y benevolencia a estos "extranjeros" (ἐπηλύταις) que "han abandonado (ἀπολελοιπότες) su patria, sus amigos y parientes" (Spec., 1.52), desde el momento en que "desertan" (αὐτομολοῦσι) hacia la piedad. Para que "no se vean privados de otras ciudades, familiares y amigos", Moisés anima a brindarles "lugares de refugio" y "les concede igualdad de derechos y obligaciones" (ἰσονομίαν καὶ ἰσοτέλειαν, Spec., 1.53), a la vez que incentiva los vínculos afectivos con estos nuevos integrantes que, aunque privados de cualquier parentesco sanguíneo con su nuevo grupo social, participan sin embargo del lazo "más eficaz e indisoluble", el "amor unificador" (εὐνοίας ἑνωτικῆς) que produce "la honra del único Dios" (Spec., 1.52).

Estas afirmaciones corroboran el sentido a la vez social y político de la πολιτεία a que alude Filón: los extranjeros pasan a homologarse con los judíos nativos mediante la inclusión en un mismo conjunto social, unificado por lazos cívicos, pero también de amistad, afecto e incluso de parentesco, y regulado por unas normas y leyes de las que igualmente participarán, al adquirir los derechos junto con las obligaciones. Las nociones de comunidad política y de familia se fusionan en el pensamiento filoniano, pues si el pueblo judío constituye una nación, su unidad se basa en las leyes pero también en el origen compartido, que se remonta a las primeras doce tribus israelitas y a su antepasado común,

Abraham. En este sentido deben entenderse las ideas filonianas acerca del "verdadero parentesco" (συγγένεια), definido, no por las relaciones de sangre, sino por la semejanza de conducta, la persecución de los mismos fines –i. e., honrar a Dios– y el afecto surgido del común amor a Dios (*Spec.*, 1.52; *Virt.*, 195)[14]. Tal concepción posibilita ampliar la capacidad de inclusión y pertenencia al grupo de los judíos, que de otro modo estarían muy restringidas. El mismo objetivo persigue la flexibilización del concepto de "nobleza" (εὐγένεια) en los textos de Filón. En su sentido original la nobleza se obtiene a través del linaje y deriva de la nobleza de los antepasados, de modo que en el ámbito judío estaría conectada con la pertenencia al grupo de los autóctonos "por nacimiento" y, de hecho, Filón señala que esta ascendencia noble, que a través de la crianza otorga un punto de partida privilegiado para el desarrollo de una correcta forma de vida, agrava inconmensurablemente cualquier tipo de apartamiento de las normas de la piedad (*Spec.*, 1.51, 54, 314; *Virt.*, 197; *Praem.* 152). Sin embargo, la nobleza de nacimiento no constituye una condición indispensable para participar de la comunidad que sigue las leyes mosaicas puesto que la "verdadera nobleza" no deriva de los progenitores; por el contrario, ella reside en la posesión de la virtud (*Virt.*, 198) de modo que es asequible a toda persona que se esfuerce en esta dirección y puede alcanzarse en cualquier momento de la vida[15].

Como muestra el análisis precedente, en el primer libro de *Leyes particulares* el ingreso a la comunidad judía se señala mediante términos que destacan la transformación, movimiento o desplazamiento que este cambio implicaba, tanto a nivel religioso como social y político. En otros lugares de la obra filoniana, la referencia al concepto de "migración" se realiza de manera aún más explícita, sin perder su vinculación con las ideas del parentesco y la nobleza. Así ocurre en el último de los cuatro tratados sobre las *Leyes particulares*, donde Filón desarrolla, en el contexto de su exposición sobre la justicia, una explicación de Dt 10, 18 en el sentido de que para Dios los juicios más importantes son los que afectan a los

---

14 Véase *Virt.*, 187-227; *Mos.*, 2.171; *Spec.*, 1.317-318, 2.73; cf. Birnbaum (2007).

15 Los ejemplos de Abraham y Tamar muestran que aun quien proviene de un innoble origen (ambos de familias politeístas) puede adquirir la virtud perfecta y tornarse hacia Dios, demostrando su propia nobleza de alma (*Virt.*, 212-222). Sobre el concepto de nobleza, cf. Birnbaum (2007) y Alexandre (1998).

más humildes: la viuda, el huérfano y el "extranjero" (ἐπήλυτος). En el caso de este último, la justificación que atribuye Filón a su protección especial por parte del Padre amalgama nuevamente las relaciones políticas y de parentesco: este hizo de sus parientes sus "enemigos irreconciliables" (ἐχθροὺς ἀσυμβάτους) desde el momento en que "emigró" (μετανάστας) hacia la piedad judía y se alejó de la "poliarquía" que adoraban sus padres, abuelos, ancestros y todos sus parientes de sangre, desde donde emprendió una "hermosa migración" (τὴν καλὴν ἀποικίαν) (*Spec.*, 4. 178).

Idéntica frase hallamos en otro de los tratados que más espacio dedica al tema de los prosélitos: *Sobre las virtudes.* Una primera referencia se halla en la sección de este escrito abocada a la virtud de la "filantropía" o "humanidad" (φιλανθρωπία). Luego de analizar las normas relativas a esta virtud en su aplicación a los "connacionales" (ὁμοεθνῶν), Filón considera que también los "extranjeros" (ἐπηλύτας) deben recibir el privilegio de las leyes de humanidad, por las mismas razones antes aludidas: han abandonado su familia de sangre, su patria, tradiciones, templos e imágenes de dioses, privilegios y honores, para emprender "una hermosa migración" (καλὴν δ' ἀποικίαν) (*Virt.*, 102). A ello se suma el que este tratado presente una sección entera dedicada al tema de la μετάνοια, término que puede aludir tanto al arrepentimiento como a la conversión[16]. En el primer párrafo de esta sección, Filón afirma que Moisés exhorta a todos, sean de donde sean, a cultivar la piedad y la justicia y ofrece como premio a los que se arrepienten –o se convierten– (μετανοοῦσι) "la participación en la más excelente ciudadanía" (πολιτείας κοινωνίαν τῆς ἀρίστης) (*Virt.*, 175).

El paradigma del inmigrante que ha realizado la conversión es el patriarca Abraham, que ha abandonado su lengua caldea, sus creencias y los familiares y amigos de su patria para dedicarse a la adoración de Dios. Es por eso que, mientras Isaac es caracterizado como "autóctono" (αὐτόχθων) y "nativo" o "nacido en el país" (αὐθιγενής), Abraham recibe los calificativos de "emigrante" (μετανάστης) y "extranjero" o, según hemos interpretado este término griego, "prosélito" (ἐπηλύτης) (*Somn.*, 1.161). En efecto,

---

16   El primer ejemplo de μετάνοια que presenta el tratado, de hecho, es el de aquellos que han realizado el traspaso del "politeísmo" a la "monarquía" de Dios (*Virt.*, 179).

el fundador de la nación, llamado por un oráculo divino a "dejar atrás y emigrar" (καταλιπεῖν καὶ μεταναστῆναι, *Abr.*, 62) de la tierra de Caldea en la que había nacido y crecido, se apresuró a obedecer sin preocuparse ni de sus familiares de sangre, ni de sus amigos, colegas o compañeros de su misma tribu, ni tampoco de su patria, sus antiguas costumbres, su educación y estilo de vida (*Abr.*, 67). Y a pesar de que había sido criado en las creencias de la astronomía y atribuía por lo tanto un carácter divino a los astros y al mundo, percibió de repente como una luz brillante la verdad y, como si saliera de un profundo sueño, se volvió a la honra del único gobernante y conductor del universo, el Dios que lo creó y lo dirige como un piloto (*Abr.*, 70). Es así que, para Filón, este inmigrante que aspiraba más que a cualquier otra cosa a alcanzar el "parentesco con Dios" (τῆς πρὸς θεὸν συγγενείας) no solo es él mismo "el más noble" (εὐγενέστατον) (*Virt.*, 218), sino que también "es patrón de nobleza para todos los prosélitos" (ἅπασιν ἐπηλύταις εὐγενείας ἐστὶ κανών) que, como él, se han apartado de "inauditas leyes" (ἀλλοκότων νόμων) e "ilícitas costumbres" (ἐκθέσμων ἐθῶν) para realizar una "excelente migración" (καλὴν ἀποικίαν) hacia una comunidad política (πολιτείαν) que se califica como "animada" (ἔμψυχον), "viviente" (ζῶσαν) y conectada indisolublemente con la verdad (ἀλήθεια) (*Virt.*, 219)[17].

El uso tan recurrente y sistemático del campo léxico específico de la migración en relación con los prosélitos en general y con el prototipo particular de Abraham no puede ser meramente retórico en los textos de Filón. De hecho, el método filoniano se asienta sobre la interpretación no literal de los términos y los textos, en la búsqueda del significado profundo y muchas veces oculto de las *Escrituras* bíblicas, hecho por el que su lectura se expresa frecuentemente a través de un lenguaje metafórico pero siempre cargado de una orientación interpretativa fuertemente ideológica. En este sentido, el vocabulario de la migración muestra sin duda la importancia que cobra a los ojos de Filón el aspecto social y político implicado en la conversión religiosa. Si bien las expresiones literales se centran en casi todos los casos en el paso de una forma

---

17   En los tratados alegóricos, *Gig.*, 62-64 y *Migr.*, 184-195, la migración de Abraham es interpretada de manera similar y mediante la utilización del mismo vocabulario. En *Somn.* 2.273 los prosélitos (προσήλυτοι) son llamados "emigrantes y prófugos" (μετανάσται καὶ πρόσφυγες).

de piedad a otra y de la adoración de unos dioses a la de Otro, su selección del léxico que designa a los prosélitos como inmigrantes y a su acción como una migración –o incluso deserción– hacia una nueva ciudadanía indica que el cambio religioso es absolutamente indisociable del cambio político. La virtud que debe conectarse con el culto del único Dios solo puede ser promovida por el respeto de unas leyes, las de Moisés, que definen además las formas de ese mismo culto y las costumbres rituales y éticas asociadas con él. Pero la Ley de Moisés no es únicamente un código religioso, sino una legislación completa que regula todos los ámbitos de la vida humana en sociedad y que organiza en términos cívico-políticos el funcionamiento de la comunidad judía, tanto en la propia tierra de Judea como en las diversas regiones de la diáspora. Los prosélitos también obtienen un espacio en tal organización, delimitado por unas normas específicas que los protegen en su calidad de recién llegados pero, al mismo tiempo, los categorizan como una clase 'especial' de judíos. En la próxima sección, nos ocuparemos de indagar cuáles son las leyes particulares que Filón reconoce como aplicables a la situación de los prosélitos.

Los prosélitos y la Ley: derechos y obligaciones

Como ya hemos señalado en nuestro análisis del pasaje sobre los prosélitos en *Leyes particulares* 1, Filón afirma que estos adquieren, al ingresar a la comunidad regida por la Ley de Moisés, iguales derechos y obligaciones que los demás judíos: ἰσονομίαν καὶ ἰσοτέλειαν (*Spec.*, 1.53). No obstante, este reconocimiento general de la situación cívica de los prosélitos se inserta en un segmento discursivo orientado a mostrar la aceptación y apertura de la comunidad judía hacia todas aquellas personas que quieran acercarse para formar parte de su grupo, una vez admitida la superioridad religiosa, moral y, concomitantemente, política de tal nación. Por lo tanto, debemos indagar en otros contextos las expresiones de Filón acerca de la situación cívica y social de los prosélitos a fin de determinar si su estatus puede considerarse realmente de "igualdad" con respecto a los judíos nativos. Para ello resulta muy fructífero revisar más extensamente los tratados sobre las *Leyes particulares*, puesto que allí Filón examina algunas disposiciones que se aplican en forma específica a los prosélitos y que delimitan para ellos ciertos espacios y condiciones distintivas.

En efecto, Filón recupera en sus tratados legislativos la mayoría de las normas dirigidas a la protección de los prosélitos, a los que la Ley bíblica incluye entre los grupos más marginales y desposeídos: los huérfanos y las viudas. Estas tres clases aparecen agrupadas en numerosos pasajes bíblicos –Dt 10, 18; 16, 11; 16, 14; 24, 17; 24, 19; 24, 21– en los que la versión griega denomina προσήλυτος al extranjero o forastero. Si bien en la Biblia este término no necesariamente refiere a los conversos al judaísmo –pues en Dt 10, 19 se los asimila a la situación de los judíos en Egipto, i. e., extranjeros residentes pero no asimilados– Filón entiende estos versículos bíblicos en base a su concepción del prosélito como un nuevo ingresante a la comunidad judía, adaptado religiosa y socialmente. En tal sentido, asume que a ellos afectan también los dos elementos con que se asocian las categorías sociales de los huérfanos y las viudas: la pobreza que requiere manutención en base a la caridad y la necesidad de protección en la aplicación de las leyes, a fin de que no se favorezca a los poderosos en desmedro de los derechos de quienes no cuentan con los medios para defenderse. Amparados así por la providencia divina, que no tiene preferencia por los ricos sino por los más desfavorecidos, la Ley establece una serie de normas tendientes a su cuidado y seguridad. En asuntos judiciales, Filón afirma que para Dios los juicios más importantes y de los que se ocupa con mayor atención no son los de reyes, sátrapas o tiranos, sino los de los más humildes y débiles (*Spec.*, 1.308-309; 4.176-178). Por eso es que los jueces humanos no deben aceptar sobornos ni ningún tipo de extorsión a cambio de inclinar el juicio hacia un lado u otro, sino que deben emitir sus dictámenes de manera honesta y sin distinciones (Dt 14, 19; Lv 19, 15; Ex 23, 8a; Dt 16, 19; *Spec.*, 4.62-69). Tampoco pueden tener preferencias de ningún tipo entre las personas juzgadas, sean amigas o enemigas, familiares o extrañas, nacionales o extranjeras[18], pues su imparcialidad debe imitar la de Dios (Dt 1, 17; *Spec.*, 4.70-71). Ni siquiera está permitido a los jueces, aclara Filón, tener mise-

18 Filón en el pasaje de *Spec.*, 4.70, en que opone estas categorías sociales, utiliza los términos generales para extranjeros: ἀλλότριος, ἐχθρός, ξένος. No obstante, cabe señalar que el versículo bíblico de Dt 1, 16 alude a ellos mediante el término προσήλυτος.

Lidia Raquel Miranda y Viviana Suñol (eds.)

ricordia por los pobres e indigentes hasta el punto de permitir la delincuencia: las leyes deben aplicarse en igual medida a ricos y pobres, sea cual sea su condición (*Spec.*, 4.72-77).

Además de su tratamiento imparcial en los asuntos de justicia, la providencia divina cuida también de que los prosélitos, junto a los demás grupos desfavorecidos socialmente, reciban la beneficencia del prójimo y sean asistidos por la caridad. A este objetivo tienden todas las leyes que prevén dejar sin recoger algunos de los frutos, sembrados, viñedos y olivares, para que puedan ser aprovechados por los indigentes como si fueran sus posesiones (Dt 24, 19-22). Filón no detalla estas disposiciones acerca la alimentación de los prosélitos, viudas y huérfanos, pero cuando trata la prescripción de Ex 23, 11 que ordena dejar el producto del año sabático para los pobres, elogia el humanitarismo de esta legislación, que permite a los indigentes tomar como si fuesen propios los alimentos, sin avergonzarse ni mendigar (*Spec.*, 2.104-108). Los prosélitos no son mencionados aquí específicamente, pero la referencia a "viudas, niños huérfanos y todos los otros que pasan descuidados e inadvertidos por no tener lo suficiente" (*Spec.*, 2.108) permite asociar esta ley con el mismo grupo desprotegido en el que ha incluido –siguiendo la letra bíblica– a los prosélitos. Por otra parte, estos son nombrados en forma explícita cuando sintetiza los cuidados que deben recibir según la disposición general de la Ley que ordena amar a los extranjeros y darles alimento y vestido (Dt 10, 18). Si bien este versículo bíblico concernía a los προσήλυτοι en su sentido más laxo –extranjeros residentes, como los judíos en Egipto, v. 19–, para Filón, que interpreta el término en su sentido técnico, implica que los nativos deben dar muestra de su "buena voluntad" (εὔνοια) hacia los prosélitos mediante el suministro de "los alimentos, las bebidas, los vestidos y cuantas otras cosas atañen al régimen de vida y a las necesidades básicas" (*Virt.*, 104).

Estas normas de protección de los prosélitos junto a otros grupos carenciados, como señala Feldman (1993, 336), podían resultar propicias para los gentiles pobres que se convirtieran al judaísmo, pues se verían así beneficiados "from the extraordinarily effective charities of the Jews" (cf. también Bird 2010). De todos modos, más allá de las formas que pudieran asumir estas ayudas caritativas, lo relevante acerca de estas disposiciones es que se homologa a los gentiles convertidos al judaísmo y recién ingresados a la comunidad con los sectores más marginales e indigentes y se da por sentado que pasarán a integrar este mismo nivel social. Filón en este aspecto sigue sin cuestionamiento alguno al texto bíblico, en el que tal concepción acerca de la posición social de los prosélitos no era inmotivada, sino que estaba vinculada con las condiciones específicas en que estos se incorporaban a la comunidad judía, las que, en términos económicos, los posicionaban en desventaja respecto de los judíos nativos. La restricción más importante en este sentido era su incapacidad para tener posesión de tierras, lo que los obligaba sin duda a trabajar como simples jornaleros, como siervos o, en el mejor de los casos, como artesanos. Este impedimento se justificaba por el hecho de que los loteos de tierra habían sido repartidos entre los israelitas de las diferentes tribus al momento de su instalación en Palestina y, por ser considerados heredad de las familias hebreas, la Ley establecía previsiones para que ninguna de ellas fuera privada de dicha heredad. Este era el objetivo de las leyes sobre el rescate de propiedades establecidas para el año del jubileo[19], según las cuales, si alguno cayera en la necesidad, por circunstancias imprevistas, de vender sus posesiones, el comprador no debía pagar el monto de una adquisición completa, sino solo del producto de los frutos calculado según los años que restaran para la pentecontecia, pues al cumplimiento de este período, las tierras deberían ser devueltas a sus antiguos propietarios sin cargo alguno. Inclusive, si el propietario original –o alguno de sus familiares– lograra reunir el monto pagado por el comprador, tenía derecho a recuperarlas mediante tal pago antes del plazo previsto en el año del jubileo (*Spec.*, 2.110-115). La posesión permanente de las tierras por los hebreos, asegurada por estas normativas, excluía a los nuevos integrantes de la comunidad.

Si bien estas leyes no serían aplicables en el contexto de la diáspora alejandrina en que escribe Filón, el exegeta judío no solo las incluye en su exposición de las normativas bíblicas, sino que además se preocupa por señalar en este punto de su argumentación la previsión que la Ley toma para que los prosélitos no se vean por completo "ajenos a todo" en la comunidad judía (*Spec.*, 2.119): mientras con las casas rurales sucede de igual manera que

---

19 Este se celebra al año cincuenta después de siete períodos de siete años, cf. Lv 25, 8-55 y la explicación de Filón en *Spec.*, 2.110-123.

Lidia Raquel Miranda y Viviana Suñol (eds.)

con los campos (*Spec.*, 2.116; Lv 25, 31), las casas de las ciudades, dentro de las murallas, podrán ser rescatadas únicamente durante el primer año desde la venta; transcurrido ese período, su posesión quedará firme para los compradores y sus descendientes (*Spec.*, 2.117-119; Lv 25, 29-30). El interés de Filón por la situación social de los prosélitos se evidencia aquí en forma patente, pues no tratan acerca de ellos los versículos sobre los que se sustenta la lectura del alejandrino. De hecho, en el capítulo de Lv 25 se menciona el término προσήλυτοι pero aplicado a los mismos israelitas, que no pueden vender las tierras a perpetuidad porque no son sus verdaderos propietarios; por el contrario, estas pertenecen a Dios y los hebreos están allí como "forasteros y extranjeros" (προσήλυτοι καὶ πάροικοι, Lv 25, 23)[20]. Probablemente influido por esta mención, Filón sin embargo se refiere a los prosélitos en su sentido técnico –los conversos integrados a la comunidad– y, a este respecto, asegura que las razones para esta ley son la necesidad de "que los prosélitos (ἐπηλύταις) tuvieran una base para su sólido asentamiento" y que "no se conviertan en desterrados los suplicantes y asilados bajo nuestras leyes (τοῦ μὴ μετανάστας γενέσθαι τοὺς τῶν νόμων ἱκέτας καὶ πρόσφυγας)" [21] (*Spec.*, 2.118).

Por otra parte, aunque la imposibilidad de adquirir tierras que establecía la legislación bíblica constituía un condicionamiento ciertamente desfavorable para los prosélitos, no debemos concluir por ello que su situación socio-económica fuese siempre indigente. Es probable incluso que algunos prosélitos llegaran a acumular fortuna y se posicionaran en una situación de privilegio frente a otros judíos (cf. Lv 25, 47). De hecho, no todas las leyes eran desventajosas; por ejemplo, podemos preguntarnos si las leyes sobre la condonación de las deudas en los séptimos años y la prohibición de cobrar intereses sobre los préstamos se aplicaban a los prosélitos además de a los connacionales. Con respecto al cobro de intereses, si bien la legislación mosaica lo permitía para

---

20   Véase *Cher.*, 108 y 117-121 para una interpretación alegórica del mismo pasaje.

21   Aquí Filón recurre al mismo término que caracterizaba a Abraham y otros prosélitos, μετανάστας, "emigrante", pero lo hemos traducido en su sentido negativo de "desterrado", pues la preocupación que señala es que los recién llegados e instalados en la comunidad judía no deban volverse nuevamente emigrantes por carecer de un lugar de residencia para su asentamiento.

los extranjeros (ἀλλοτρίῳ) mientras que lo prohibía cuando se trataba de los hermanos (ἀδελφῷ) (Dt 19, 20-21), Filón no atiende a esta distinción y establece como norma general que "es vergonzoso el prestar con intereses" (*Spec.*, 2. 74), sin preocuparse de quién sea el deudor o cuál sea su origen (cf. *Spec.*, 2. 74-78)[22]. Por otra parte, en cuanto a la exigencia de devolución del monto prestado, la ley bíblica en Dt 15, 3 especifica que al "extranjero" (ἀλλότριον) se le podrá exigir el pago de la deuda incluso en el séptimo año, mientras que al "hermano" (ἀδελφοῦ) se le deberá perdonar el saldo impago. El término aquí utilizado en referencia a los extranjeros no alude a los prosélitos, por eso Filón, al transmitir esta ley, explica que llama "hermanos" a los connacionales puesto que los parientes son por naturaleza coherederos, mientras que "la extranjería" o "extrañeza" (ἀλλοτριότης) excluye de la participación en los bienes, "excepto si alguien, por la perfección de sus virtudes, la transforma en el más íntimo parentesco (συγγενικὴν οἰκειότητα)" (*Spec.*, 2.73). La referencia al cambio desde la condición de extraños a la de los parientes más cercanos no puede dejar de conectarse con las afirmaciones acerca de los nuevos parentescos que establecen los prosélitos a través de su conversión, cambio con el que además se asocia fácilmente el vocablo μεθαρμόσαιτο con que Filón refiere esta transformación. La misma conexión se acentúa en la frase con que cierra el párrafo, en la que se recupera la noción de que la "ciudadanía" reside "en las virtudes y en las leyes" (ἐν ἀρεταῖς ἡ πολιτεία καὶ νόμοις, *ibid*.). Es posible, según esta lectura, que Filón considerara adecuado otorgar a los prosélitos algunas de las ventajas económicas con que contaban los connacionales en la comunidad judía.

Conclusión

El análisis de las leyes sobre los prosélitos incluidas en la *Exposición de la Ley* no solo demuestra el importante nivel de aceptación

---

22 Algunos de los autores que han indagado los motivos por los que el judaísmo resultaría atractivo para los gentiles al punto de favorecer la conversión señalan que los beneficios económicos podrían haber sido uno de los factores determinantes en la atracción ejercida por el judaísmo entre los grupos culturales aledaños, cf. Bird (2010) y Feldman (1993), quien menciona específicamente como uno de los incentivos el acceso a préstamos sin intereses.

que Filón otorgaba a quienes quisieran convertirse al judaísmo y asumir sus creencias religiosas, sino también el fuerte interés del alejandrino por la regulación de la situación civil, económica y política de estos nuevos integrantes de la comunidad judía, con especial atención a la necesidad de protegerlos ante condiciones socio-económicas desfavorables y de asegurarles la posibilidad de desarrollarse personalmente y de establecer relaciones sociales e íntimas dentro del nuevo grupo social. Esta clara actitud protectora y defensiva, que se condice con la aprobación que manifiesta hacia ellos, muestra, sin embargo, que los prosélitos, aunque eran aceptados y podían incorporarse a la comunidad y contar con muchos derechos importantes, no lograban convertirse plenamente en judíos al mismo nivel que los nativos. En efecto, la existencia de leyes particulares que se aplicaban exclusivamente a ellos está justamente motivada en esta diferencia, que los delimitaba como una clase o categoría particular de judíos (cf. McKnight 1991 y Goodman 1996). Lo que queda fuera de toda duda, no obstante, es que el cambio religioso y social debía ser necesariamente completo y simultáneo: la conversión religiosa requería la incorporación al grupo político y la vida bajo la regulación de las leyes mosaicas. Todo lazo con la familia o con el grupo social o político de origen debía ser eliminado. Así la conversión al judaísmo, en un mundo en que la delimitación étnica era determinante para el posicionamiento cívico-político en el complejo tejido social del Imperio, era una decisión no exclusivamente religiosa, sino también, y sobre todo, social y política, que produciría un cambio profundo en todas las relaciones y vínculos personales, más o menos próximos, del prosélito.

Ediciones y traducciones

Cohn, L., P. Wendland y S. Reiter (eds.) (1962, [1]1896-1915). *Philonis Alexandrini Opera quae supersunt*, vols. I-VII, Berlin.

Colson, F. H. y G. H. Whitaker (eds.) (1929-1939). *Philo*, vols. I-X, London-New York.

Daniel, S. (ed. y trad.) (1975). *De Specialibus Legibus I et II, OPhA*, vol. 24, Paris.

Marcus, Ralph (trad.) (1987). *Philo. Questions and answers on Exodus*. Cambridge-London: Harvard University Press ([1]1953).

Martín, J. P. (ed.) (2009-2012). *Filón de Alejandría. Obras Completas*, vols. I- V, Madrid.

Rahlfs, A. (ed.) (1971, ¹1935). *Septuaginta*, 2 vols., Stuttgart.

Thackeray, H. St. J., R. Marcus, A. Wikgren, L. H. Feldman (eds. y trads.) (1927-1965). *Josephus*, vols. I-IX, London-Cambridge.

Bibliografía

Alexandre, M. (1998). "Le lexique des vertus: vertus philosophiques et religieuses chez Philon: μετάνοια et εὐγένεια" en C. Lévy (ed.), *Philon d'Alexandrie et le langage de la philosophie*, Turnhout, 17-46.

Bailly, A. (1960). *Dictionnaire Grec-Français*, Paris.

Barraclough, R. (1984). "Philo's Politics. Roman Rule and Hellenistic Judaism", *Aufstieg und Niedergang der römischen Welt* II.21.1, 417-553.

Bird, M. F. (2010). *Crossing over See and Land: Jewish Missionary Activity in the Second Temple Period*, Peabody, Massachusetts.

Birnbaum, E. (2007, ¹1996). *The place of Judaism in Philo's thought. Israel, Jews, and Proselytes*, Atlanta.

Borgen, P. (1998). "Proselytes, Conquest, and Mission" en P. Borgen, V. K. Robbins y D. B. Gowler (eds.), *Recruitment, Conquest, and Conflict. Strategies in Judaism, Early Christianity, and the Greco-Roman World*, Atlanta, 57-77.

Cohen, S. J. D. (1989). "Crossing the Boundary and Becoming a Jew", *Harvard Theological Review* 82/1, 13-33.

Cohen, S. J. D. (1992). "Was Judaism in Antiquity a Missionary Religion?" en M. Mor. (ed.), *Jewish Assimilation, Acculturation and Accommodation*, Lanham, 14-23.

Chantraine, P. (1980, ¹1968). *Dictionnaire étymologique de la langue grecque*, Paris.

Feldman, L. H. (1993). *Jew and Gentile in the Ancient World. Attitudes and Interactions from Alexander to Justinian*, Princeton.

Goodman, M. (1996). *Mission and Conversion. Proselytizing in the Religious History of the Roman Empire*, Oxford.

Hadas-Lebel, M. (2012, ¹2003). *Philo of Alexandria: a thinker in the Jewish diaspora*, Leiden-Boston.

Jeremias, J. (1969). *Jerusalem in the Time of Jesus. An Investigation into Economic and Social Conditions during the New Testament Period*, Philadelphia.

Juster, J. (1914). *Les Juifs dans l'Empire Romain. Leur condition juridique, économique et sociale*, vol. I, Paris.

Liddell, H., R. Scott, H. S. Jones y R. McKenzie (1996). *Greek English Lexicon*, Oxford (¹1940). = *LSJ*

Lieber, D. L. (2007). "Strangers and gentiles" en F. Skolnik, y M. Berenbaum (eds.), *Encyclopaedia Judaica*, vol. 19, New York, 241-242.

Lidia Raquel Miranda y Viviana Suñol (eds.)

McKnight, S. (1991). *A Light among the Gentiles. Jewish Missionary Activity in the Second Temple Period*, Minneapolis.

Mélèze Modrzejewski, J. (2001). *The Jews of Egypt. From Ramses II to Emperor Hadrian*, Skokie, Illinois.

Pabón de Urbina, J. M. (1967). *Diccionario manual Griego clásico-Español*, Barcelona.

Paget, J. C. (1996). "Jewish Proselytism at the Time of Christian Origins: Chimera or Reality?", *Journal for the Study of the New Testament* 62, 65-103.

Pérez, L. (2013). "La dimensión política en la Exposición de las leyes bíblicas de Filón de Alejandría", *Epimeleia* 3/4, 114-127.

Rokéah, D. (1996). "Ancient Jewish Proselytism in Theory and in Practice", *Theologische Zeitschrift* 52, 206-224.

Sebastián Yarza, F. I. (1954). *Diccionario Griego-Español*, Barcelona.

Schürer, E. (1986, ¹1885-1924). *The History of the Jewish People in the Age of Jesus Christ (175 BC – AD 135)*, vol. 3, I, Edinburgh.

Schwartz, D. R. (2009). "Philo, his family, and his times" en A. Kamesar (ed.), *The Cambridge Companion to Philo*, Cambridge, 9-31

Smallwood, E. M. (1976). *The Jews under Roman rule. From Pompey to Diocletian*, Leiden.

Stern, M. (1980). *Greek and Latin Authors on Jews and Judaism*, vol. 2, Jerusalem.

de Vaux, R. (1976). *Instituciones del Antiguo Testamento*, Barcelona.

La bebida excelente que embriaga a los justos: bases retóricas de la representación del hombre sabio en *Noé* de Ambrosio de Milán

Lidia Raquel Miranda
CONICET / IDEAE, FCH, UNLPam
mirandaferrari@cpenet.com.ar

Punto de partida

Conocido es el pasaje 6.3 de las *Confesiones* en que Agustín de Hipona describe a Ambrosio, su maestro en Milán, a través de su modo silencioso de leer[1], su escaso apego al cuerpo, evidenciado en que era célibe[2] y en que tomaba solo el alimento necesario para la vida, y su gran dedicación al cultivo del espíritu con la lectura y el estudio[3].

Sin embargo, aquí tomamos como punto de partida otra descripción del obispo milanés, la que ofrece el fragmento 5.13, en el que Agustín afirma:

> […] *veni Mediolanium ad Ambrosium episcopum, in optimis notum orbi terrae, pium cultorem tuum, cuius tunc eloquia strenue ministrabant adipem frumenti tui, et laetitiam olei, et sobriam vini ebrietatem, populo tuo* ("llegué así a Milán, a la presencia del obispo Ambrosio, célebre entre los mejores del todo el orbe, piadoso servidor tuyo, cuyas palabras suministraban eficaz-

---

1 "[…] *sed cum legebat, oculi ducebantur per paginas et cor intellectum rimabatur, vox autem et lingua quiescebant*": "cuando leía, sus ojos recorrían las páginas y su corazón penetraba el contenido, pero su voz y su lengua permanecían mudas". Las citas en latín de las *Confesiones* están extraídas de la edición de O'Donnell que aparece en http://faculty.georgetown.edu/jod/latinconf/latinconf.html. Las traducciones corresponden a Piemonte (2006).

2 "[…] *caelibatus tantum eius mihi laboriosus videbat*": "solamente su celibato me parecía cosa trabajosa".

3 "[…] *aut corpus reficiebat necessariis sustentaculis aut lectione animum*": "[poco tiempo] para restaurar su cuerpo con el sustento necesario, o el espíritu con la lectura".

mente a tu pueblo tu sustancioso trigo, el delicioso aceite y la sobria ebriedad del vino").

El texto anterior se relaciona claramente con algunos de los temas y motivos que Ambrosio utiliza para caracterizar al patriarca antediluviano Noé, en su tratado homónimo, presentado como el prototipo del hombre justo y sabio, como veremos en el análisis que desarrolla nuestro capítulo. En tal sentido, consideramos que la representación de Noé cumple en el texto ambrosiano la función no solo de reflejar los valores morales deseables en todo cristiano sino también la de remitir a la figura del mismo autor y, por lo tanto, la de destacar sus cualidades morales sobresalientes como hombre justo y sabio que era, en consonancia con la opinión que plasmaría de él el máximo pensador tardoantiguo de la Iglesia, Agustín de Hipona, en uno de sus textos más destacados.

Estructura retórica de *Noé* y las otras homilías de Ambrosio

El tratado *Noé* reflexiona sobre la condición humana y las consecuencias de las acciones del hombre en el orden natural. Fue compuesto en la misma época que los dos tratados precedentes, *El paraíso* y *Caín y Abel*[4], hacia el año 378. Se supone que *El paraíso*, *Caín y Abel* y *Noé* son el producto, elaborado en el taller de retórica ambrosiana, de la predicación del obispo de Milán a lo largo de los años 374-378.

En el tercer opúsculo Ambrosio abandona la secuencia de la narración genésica porque pasa de concentrarse en los primeros hombres a enfocarse en el diluvio y en la figura del patriarca, cuya ubicación cronológica en la historia bíblica resulta bastante dificultosa. Aun así, su contenido se organiza de manera paralela y consecuente con la narración de la historia de Noé que ofrece el Génesis: por ello y por el hecho de que los tres tratados se dedican al hombre como criatura ontológica y éticamente ambigua,

---

4   *El paraíso* es el primer tratado exegético de Ambrosio, en el que se ocupa, mediante la alegoría del paraíso que simboliza el alma, del estado en el que el hombre se encontraba después de la creación del mundo y antes y después de la caída en pecado. *Caín y Abel*, continuación del texto anterior, se concentra en la representación del bien y el mal a través de las figuras de los hermanos bíblicos, las actitudes del hombre frente a Dios y los efectos devastadores que tiene la elección del mal.

se los puede aprehender claramente con un todo secuenciado y coherente.

La representación del hombre como sujeto atravesado por las tensiones entre bien y mal tiene su correlato dual en el plano de la forma, ya que la composición de estas homilías conjuga dos géneros literarios, el método zetemático y el comentario alegórico: el primero se elabora sobre la base de preguntas y respuestas; y el segundo, a partir de una lectura de las sagradas Escrituras, institucionalizada e interpretada por el comentarista que actualiza el mensaje bíblico. Pese a que dichos géneros representan dos momentos hermenéuticos diferentes, ambos pretenden hallar en la lectura de la Biblia las claves de la historia de la salvación y de la relación mística del hombre con Dios para fundar en ellas una antropología moral cristiana. Asimismo, el discurso se despliega de acuerdo con un plan que le da unidad y facilita la comprensión del auditorio, a lo cual contribuyen la *historia*, el estilo dialógico y el recurso a las imágenes.

La *historia* es el relato de la Escritura elegido para comentar y analizar: en términos de Nauroy (2003), no se trata solamente de la exégesis literal o histórica de un pasaje, por oposición al sentido místico, sino de la historia escrituraria misma en su contenido objetivo, tal como ha sido expuesta en el marco de las lecturas litúrgicas que preceden al sermón[5].

El dialogismo se refiere a la presencia en los textos de un estilo en apariencia coloquial propio de la cultura a la que pertenecen los receptores. Ya se trate de la celebración litúrgica, contexto amplio donde tiene lugar el sermón, o del tratado, producto escrito de dicha alocución, el objetivo del dialogismo es producir un hecho comunicativo equiparable a la conversación oral a través de actos elocutivos de naturaleza diversa, como preguntas, pedidos y demás formas de apelación al receptor, exclamaciones y reformulaciones. También la estructura secuencial de los textos posee rasgos comparables a los de una conversación ya que incluye una apertura, un cuerpo principal (en el que aparecen secuencias integradas, muchas veces verdaderas digresiones respecto del

---

5   Cf. *Ioseph* 1, 1 (*SCEL* 32, 2, p. 73, 6)*: "'Hodie sancti Ioseph* historia *occurrit'* (donde el verbo *occurrit* marca bien que la historia es un elemento exterior y anterior a la exégesis, la materia sobre la cual se va a ejercer el esfuerzo de la *interpretatio*)" (Nauroy, 2003: p. 264, nota 45, mi traducción).

tema principal por su extensión y detalle) y un cierre. No obstante todo ello, la homilía se diferencia de la conversación porque carece del carácter dinámico y cooperativo del diálogo, ya que los receptores no tienen oportunidad de intervenir de manera inmediata en un turno de habla, ni en el caso del tratado escrito ni en el del sermón: en el primero, por la propia naturaleza de todo discurso escrito, en el que la recepción se halla diferida de la producción debido a que emisor y destinatario no se encuentran co-presentes; y en el segundo, porque las restricciones de la celebración litúrgica no permiten la participación lingüística espontánea de los receptores.

Finalmente, al hablar de imágenes necesariamente pensamos en el carácter pedagógico que posee el discurso pastoral de Ambrosio, que requiere de estrategias que ayuden a vehiculizar ideas cuya índole conceptual no sería fácilmente comprendida por los receptores y, por lo tanto, no calaría de manera persuasiva en ellos sin un intérprete. En tal sentido, el discurso de la homilía constituye un espacio enriquecido con el empleo de metáforas que intervienen decisivamente en la construcción de la capacidad perceptiva, a través de la cual se ofrecen al destinatario imágenes conocidas para la elucidación del mundo y de la vida[6].

Este conjunto de rasgos característicos afilia los textos exegéticos de Ambrosio con la tradición retórica clásica y, a la vez, los proyecta como el género privilegiado de la predicación pastoral que actúa como dispositivo normativo institucional. Empero, no son esas las únicas particularidades que determinan el cruce entre lo sagrado y lo político en las obras homiléticas del obispo, pues la interpretación de la Palabra busca los modos de discurrir a partir de la analogía entre las situaciones cercanas y conocidas de los receptores y las historias bíblicas comentadas, con la finalidad de exhortarlos a la imitación o rechazo de las conductas expuestas. Entre ellos se destaca el empleo de la narración que, con la presentación de los personajes bíblicos, las secuencias de sus acciones y sus ritmos temporales, tiene una orientación argumentativa que robustece la impronta normativa de las obras. Así, el recorrido desde el universo referencial de las historias narradas y el presente

---

6   Sobre los aspectos referidos a la metaforización en la obra alegórica de Ambrosio, a los que no nos dedicaremos aquí, sugerimos consultar Miranda (2011a, 2011b y 2016a).

de alocutor y alocutario resulta el camino retórico indispensable para sostener las pruebas que avalan los gestos identificatorios promovidos por los textos en el ámbito institucional de la Iglesia[7].

Cómo es el hombre sabio y justo

Como sabemos, en *Noé* Ambrosio de Milán se dedica a exponer la vida, las costumbres y los hechos del patriarca antidiluviano, a partir de la interpretación alegórica de la sagrada Escritura y considerándolo como el prototipo del hombre justo y sabio que, aunque atravesado por las tensiones entre bien y mal, consigue elegir el camino correcto. A continuación, nos dedicaremos, entonces, a relevar y analizar los temas y motivos que Ambrosio utiliza en distintos pasajes del opúsculo para elaborar dicha representación de Noé, con el objetivo de reflejar los valores morales deseables en todo cristiano[8].

10, 35. Y por eso, dado que todas las cosas terrenas mueren con el diluvio y sólo el justo (*iustus*) permanece para siempre (*in aeternum manet*), a él se le dice: *Contigo estableceré mi promesa*, porque él es el heredero de la gracia divina, él el dueño de la herencia celestial, el participante en los bienes más excelsos.

El tratado plantea que el arca es una imagen simbólica del mundo, idea básica para comprender el sistema de analogías en el que se fundamenta el texto, puesto que también es una figura representativa del cuerpo y de la persona. El arca es presentada como la condición de los pecadores: inestable, corruptible y a merced de los vaivenes del alma.

La acción salvífica del agua expuesta en el fragmento anterior, que justificaría la necesidad del diluvio, se evidencia en la destrucción de las cosas terrenas, excepto del justo, Noé.

---

7   Este tema ha sido tratado con profundidad por Miranda (2016a), texto al que remitimos.

8   El estudio que proponemos se sustenta en un estudio filológico y retórico, para lo cual se transcriben las secciones del tratado pertinentes. Las citas se copian en español pero se incluyen las expresiones latinas entre paréntesis cuando ellas son determinantes para comprender el sentido de nuestra argumentación. Las versiones en latín y en español utilizadas son las que se indican en la Bibliografía: Siniscalco (1984) y López Kindler (2013), respectivamente.

[...] Además, concedió mucho al justo cuando le dijo *Contigo establecer mi testamento*, porque todo hombre racional y fiel (*rationabilis et fidelis vir*) es testamento de Dios. Él mismo es, en efecto, la herencia de Dios, él la propiedad: en él está la virtud del testamento divino; en él, el fruto del juicio (*fructus iudicii*); en él se contiene la herencia de la promesa; de él dijo David: *He aquí los hijos, herencia del Señor, su recompensa, el fruto de sus entrañas.*

El texto ofrece una acabada descripción del hombre justo, heredero de Dios, en torno a una característica fundamental: la capacidad racional como herencia de Dios, ya que es de inspiración celeste. La *ratio* (o sea el *logos*) se revela como la facultad con la que el alma es capaz de percibir los principios que, desarrollados en raciocinios, la llevarán a la interpretación de la palabra divina, que se encuentra plasmada en la Escritura[9]. Es así como Ambrosio ofrece un modelo de interpretación mística de la hermenéutica, asentada primero en la exégesis moral.

11, 36. *Entra en el arca* –dice– *tú y toda tu casa, porque te he hallado justo en esta generación.* También a este pasaje se le atribuye sin discusión la autoridad de una palabra profética (*propheticae sententiae*), porque el necio (*stultus*) es necio sólo para sí mismo, mientras que el sabio (*sapiens*) posee la sabiduría para sí y para otros muchos (*sibi et plurimis sapit*).

La descripción del justo se completa en dos sentidos: por un lado, con la característica de sabio y, por otro, en oposición al necio. La sabiduría del hombre justo es concebida en relación con otros y por cooperación con ellos, a diferencia del necio, que es presentado como recluido en sí mismo (Jullien 2009). Ese sentido de proyección hacia el mundo se sustenta en el valor profético atribuido a su autoridad y a su palabra que son modelo del bien[10]

---

9   El tema de la *ratio* y la *auctoritas* de quien interpreta correctamente la Escritura aparece también en los tratados anteriores, *El paraíso* y *Caín y Abel*. Como hemos demostrado en otras oportunidades (Miranda 2015 y 2016b), dicho tema presenta al hermeneuta en general y a Ambrosio en particular como un lector autorizado de la palabra sagrada.

10 *Caín y Abel* también argumenta en torno a la oposición entre el necio y el justo, aplicada a las figuras de los hermanos bíblicos.

y justifican que la familia de Noé también haya logrado salvarse, como indica el texto enseguida.

> Por eso, con razón se salvó también la familia del justo Noé durante el diluvio. De ese mismo modo, los navegantes en el mar (*in mari navigantes*) y los ejércitos en la guerra (*in bello exercitus*), si no les falta a unos la pericia del piloto (*gubernatoris peritia*) y a otros la prudencia del general (*imperatoris prudentia*), gracias a la intervención de una persona ajena están al abrigo de cualquier peligro.

En este parágrafo, destaca la comparación con los navegantes en el mar[11] y los ejércitos en la guerra, en cuya constitución sobresalen las cualidades de sus líderes: la pericia del piloto y la prudencia del general.

> Pero, puesto que el ejército de un buen general es un buen ejército, por eso también pensamos que la gloria de un hombre justo no se menoscaba: su familia ha encontrado la salvación a justo título, porque él ha sabido organizar su propia casa de modo que resplandezca por la participación de todos en la virtud.

La idea de que la persona que conduce –el justo como piloto y general– asegura la salvación del grupo que representa tiene dos desarrollos: por un lado, la importancia de una buena cabeza para defender el alma; y por otro, la capacidad del justo para derramar su virtud a su comunidad. La relevancia de la cabeza es tratada por Ambrosio en los capítulos de *Noé* que comparan el arca con el cuerpo humano, por lo que existe en el tratado una constelación de metáforas que se relacionan con la que aquí vemos (cf. Miranda 2017), pero se suma una nueva idea: la equivalencia entre la casa y la familia, ámbitos físico y social primordiales para lograr la participación del hombre en el bien. La representación del justo como un *pater familias* resulta crucial en el texto para marcar la centralidad de la figura de Noé.

---

11 Este símil pertenece al mismo campo semántico que el tema del diluvio. El tema bélico, con el que continúa la cita transcripta, ya ha sido tratado por Ambrosio en *Caín y Abel* y en el mismo tratado *Noé* en lo que se refiere a la representación del cuerpo y la cabeza.

Y no es contradictorio el hecho de que, más tarde, el hijo o la mujer pecaron (*offendit*). Dormía el justo cuando el hijo se descarrió (*erraret filius*). También la mujer, en cuanto sexo débil, perturbada por la magnitud del peligro –ya que estaba convencida de que toda la tierra habría de perecer a causa del fuego divino–, ¿por qué te sorprendes de que no haya podido seguir a su esposo, puesto que éste mismo, siendo justo, apenas escapó, advertido por los ángeles?

Gracias a la capacidad del justo, su familia comparte con él su gracia y su destino. A simple vista, según se lee en el fragmento anterior, existiría una contradicción dado que su mujer y su hijo cayeron en pecado, dudaron y tuvieron miedo. Sin embargo, ese hecho no hace más que reforzar la preeminencia de Noé en el grupo que dirige al mostrar la diferente dimensión de su gracia y fidelidad a Dios.

¿Qué tiene de extraño que el error se insinúe en el hombre o se debilite su voluntad? Deplora, por tanto, que el justo se haya embriagado.

Asimismo, la embriaguez de Noé, presentada como un error, subraya su condición humana, es decir la debilidad propia del alma que, como ha desarrollado el autor en los tratados precedentes, caracteriza el hombre.

11, 37. Pero pienso que estos acontecimientos deben reservarse para su lugar apropiado. Por el momento, consideremos lo que resta. Pues bien dijo: *Porque he visto que eres justo en esta generación.* Muchos parecen justos a los ojos de los hombres, pocos ante Dios: de un modo ante los hombres, de otro distinto ante Dios. Ante los hombres según las apariencias, ante Dios según la pureza del alma y la verdad de la virtud; los hombres aprueban el exterior, Dios valora lo que está dentro.

El tema sigue vigente en el parágrafo que continúa, sección en la que se agrega el problema de las apariencias y, en consecuencia, de la perspectiva alegórica aplicable a la comprensión de la vida y también de los textos. En efecto, el hombre es juzgado de una manera por sus pares y de otra diferente por Dios, quien posee la capacidad de ver en lo profundo, pese a la opacidad con que muchas veces la superficie confunde la realidad. De igual modo, esta explicación sostiene la postura que Ambrosio ha defendido en otros escritos acerca de cómo se debe leer la Escritura: es la lectura alegórica, de más valor que la literal, la que demuestra la *ratio* del hombre y guía su encuentro con la verdad divina: en tanto hermeneuta adecuado, que sabe captar el sentido profundo, el buen intérprete participa de la gracia de Dios (cf. Miranda 2015 y 2016b).

> Con ponderación, pues, añade *en esta generación* para no condenar a las precedentes ni excluir a las siguientes y para advertir que el diluvio había sido querido justamente para destruir aquella generación, que no tenía ninguna relación con la justicia (*aequitatis consortium*). Todo esto, según el sentido literal.

> 11, 38 Pero una significación más profunda nos impulsa a pensar con el vigor de la mente en el alma (*vigorem mentis in anima*), y el alma en el cuerpo (*animam in corpore*), es lo que el padre de familia en su casa. Porque lo que la inteligencia (*mens*) es en el alma, eso mismo es el alma en el cuerpo. Si la inteligencia está segura, está segura la casa, está segura el alma; si el alma permanece incólume, incólume estará también la carne corporal. Porque una mente sobria mantiene a raya todas las pasiones (*passiones omnes cohibet*), domina los sentidos (*sensus gubernat*), gobierna las palabras (*sermonem regit*).

En el remate del parágrafo y en el siguiente, el autor reúne los temas que ha ido desarrollando. Primeramente, queda manifiesto que la historia del diluvio es un episodio en la larga historia de la salvación, que se ajusta a un momento determinado y a una generación. La benevolencia de Dios asegura la pervivencia del mundo frente a la destrucción momentánea; además, su decisión lo muestra justo dado que asigna a cada uno lo que le corresponde. Ya desde el punto de vista alegórico, el §11,38 expone la condición tripartita del hombre, compuesto por mente, alma y cuerpo: la mente, la *ratio*, mueve al alma y esta al cuerpo, en una función que es similar a la del padre de la familia en su casa. De la sobriedad de la mente depende el dominio de las pasiones, de los sentidos y de las palabras.

> Por eso, dice bien el Señor al justo: *Entra tú*, es decir, entra en ti mismo, en tu mente, en la parte dirigente de tu alma (*in tuae*

animae principale). Allí está la salvación (*salus est*), allí el timón (*ibi gubernaculum*); fuera, el diluvio; fuera el peligro. Y una vez que estés dentro, también fuera estarás seguro porque, allí donde la mente es el árbitro de sí misma, son buenos los pensamientos, buenas son las obras.

La reconversión del justo hacia su parte racional es la que garantiza la dirección del alma en el sentido correcto, lo cual vuelve a subrayar la importancia de la mente para que la seguridad interior se convierta también en seguridad exterior, o sea para que se dé el paso de los pensamientos correctos a las obras correctas. Como es fácil advertir, en la sección aparecen las relaciones semánticas ya enunciadas antes: casa/persona, inteligencia/timón y diluvio/peligro.

En efecto, si ningún vicio ofusca la mente, los pensamientos son sinceros. Si se cuida la castidad, si en el corazón habita la templanza, no arde ninguna llama de concupiscencia ni se propaga ninguna llaga de enfermedad, porque la sobriedad de la mente es medicina para el cuerpo (*sobrietas enim mentis medicina est corporis*).

La relación mente/cuerpo se expresa a través de expresiones relacionadas con una serie de metáforas: el cuidado de la castidad, el corazón como morada de la templanza, la incontinencia como fuego y la enfermedad. En el plano del alma, la sobriedad de la mente equivale a la medicina que salva al cuerpo.

15, 55. Por tanto, tras haber perecido todos los que quedaron fuera del arca, *sólo Noé fue dejado junto con todos aquellos que estaban con él en el arca*. Esta sencilla expresión no necesita interpretación –su comprensión coincide con la letra–, pero el sentido más profundo y secreto demuestra que el hombre justo y amante de la sabiduría (*iustum virum amatoremque sapientiae*) –semejante a un árbol frutal al que se le ha quitado todo lo que solía roerle el alimento, ensombrecer su copa, obstaculizar el crecimiento de sus ramas– queda solo con los suyos, firme y libre de pasiones irracionales.

El §15, 55 explica el sentido profundo de lo que es literalmente sencillo. Noé es un hombre justo y sabio porque con firmeza y libertad logra desembarazarse de las pasiones irracionales. La comparación con el árbol frutal saneado registra esta caracterización en el momento en que el patriarca y los suyos se encuentran a salvo del diluvio.

21, 75. *Y dijo el Señor Dios a Noé: Sal del arca tú y tu mujer y tus hijos.* Por tanto, una vez que se retiró el agua y la tierra se secó, Noé pudo salir del arca. Pero el justo no se atribuye nada a sí mismo (*iustus nihil sibi adrogat*), sino que se encomienda por completo a la orden divina. Y especialmente él, que había entrado por voluntad divina, debió esperar para salir a una respuesta del cielo. En efecto, la justicia es recatada (*verecunda enim iustitia*), porque la iniquidad no tiene vergüenza (*inverecunda iniquitas*), ya que usurpa lo que no le pertenece y no respeta al Creador.

Vuelve a aparecer aquí la característica del justo de no atribuirse nada a sí mismo, sino todo a Dios, igual que hizo Abel a diferencia de su hermano Caín[12].

21, 77 Todo esto tiene, sin embargo, un sentido más profundo: que allí donde surge un peligro, se apoderan de la mente razonamientos viriles y en cierto modo más fuertes (*viriles quaedam et fortiores disceptationes*) y por eso la mente se protege, por decirlo así, con una estirpe de hijos de modo que una línea de combate viril sea capaz de oponerse a tempestades y pasiones de mayor envergadura.

El motivo de la guerra, ya utilizado como vía imaginística por el autor en otros tramos del texto y en *Caín y Abel* (Miranda 2016c), es reforzado en esta sección con la idea de lo varonil, condición que corresponde a los raciocinios que hacen fuerte a la mente. El alma es como una familia en la que el padre (la mente) ejerce el control y conduce a sus hijos (los razonamientos viriles) en la lucha contra el peligro (las pasiones irracionales). El peligro de la guerra es también analogado con las tempestades del diluvio.

---

12   La reiteración de motivos o rasgos, aplicados a diferentes personajes de la historia de la salvación, constata lo que afirmamos al principio del capítulo acerca de la necesidad de leer la producción exegética de Ambrosio como un *continuum*, no solo para respetar la secuencia narrativa del Génesis, sino para comprender acertadamente el carácter pedagógico de su argumentación, que se vale de la redundancia, aunque con sutiles diferencias, en lo que se refiere a los aspectos fundamentales de su antropología moral.

El combate viril al que hace referencia el parágrafo se sustenta en la oposición masculino/femenino como sinónimo de mente/sensibilidad expuesto y desarrollado profundamente en *El paraíso*[13], primer tratado compuesto por Ambrosio.

Pero cuando el peligro ha pasado, nada se opone a que pensamientos más débiles se unan a los más fuertes, no para que estos últimos se afeminen con los más débiles (*non ut effeminentur a mollioribus fortiores*), sino para que estos sentimientos sean robustecidos por los más fuertes, ya que todas nuestras intenciones tienden a la virtud, a la justicia, a la integridad, a la fortaleza y, con cierta práctica y educación (*usu seminarioque*), es posible que surja la virtud y se refuercen los propósitos más vigorosos.

Cuando el peligro ha pasado, la mente tiende a debilitarse (se afemina) aunque, apoyado por los pensamientos fuertes, el hombre puede lograr la virtud. La práctica y la educación son condiciones fundamentales para alcanzar la gracia, destrezas que también se requieren en la actividad hermenéutica.

Por tanto, no es útil que, mientras reina una confusión de vicios que se ha apoderado de ella, la mente siembre algunos pensamientos, los engendre y los dé a luz (*generare et parturire mentem*). Pero cuando las pasiones hayan sido dominadas y la mente esté tranquila, entonces, por medio de un ejercicio correcto de la razón, pueden germinar las virtudes y las buenas obras (*tunc seminario quodam disceptationis accepto virtutes possunt et bona opera germinare*).

La mente que aspira a la virtud está en continuo cambio: siembra, engendra y da a luz, o sea que es a la vez masculina y femenina o, mejor dicho, reúne características masculinas y femeninas. La germinación de las virtudes y las buenas obras es presentada, nuevamente, como producto del ejercicio correcto de la razón en un momento de paz y no de confusión de vicios.

23, 84. En una estación las sementeras de la tierra dan a luz sus productos (*partus suos edunt*) y a su vez, en otra, recogemos

---

13 Vale la pena recordar que la condición humana descripta en *El paraíso* es binaria (mente/sensibilidad) mientras que en *Noé* es claramente tripartita (mente/alma/sensibilidad).

los frutos de los árboles. Estos, por su parte, se dividen en necesarios y placenteros (*necessarii et voluptarii*): son necesarios aquellos que surgen de las semillas de la tierra; placenteros en cambio los que provienen de los frutos de los árboles.

El § 23, 84 compara la producción de pensamientos de la mente con la naturaleza: la sementera, es decir la tierra sembrada, es la mente, origen o principio del que nacen y/o se propagan las cosas. Los frutos de la mente son de dos tipos: necesarios o placenteros. Estos últimos son los resultados de la sabiduría, que se oponen como medidas justas al temor y a la ira (como el cuerpo huye del frío y el calor), para evitar la confusión y el diluvio[14]. He aquí la función de la mente del sabio: intervenir para que la ira y el temor no afecten la sabiduría.

24, 86. Y el Señor bendijo a Noé y a sus hijos, [...].
Este privilegio del poder sobre los demás seres animados parece haber sido atribuido al hombre en pasajes anteriores, pero allí donde se narró que Dios creó al hombre a imagen de Dios, dice: *Los creó macho y hembra y los bendijo diciendo: Creced y multiplicaos y llenad la tierra y dominadla y tened poder sobre los peces del mar y las aves y las fieras de la tierra y los reptiles.*
Te he llamado la atención sobre esto, para que comprendas que se indica una doble generación del hombre: una, según la imagen de Dios; otra, según una figura extraída del fango de la tierra.
En definitiva, esta creación del hombre a partir del fango de la tierra parece haber sido consumada después de la del mundo, cuando Dios descansó de sus obras. De cualquier modo, la figura de la estatua terrena fue plasmada tarde. *No existía la lluvia sobre la tierra ni el hombre trabajaba la tierra.*

---

14   23, 84 "Por tanto, nuestro cuerpo se nutre con alimento natural, como en primavera, es decir *éari*. Esta es una palabra griega –*éar*–, que en latín se dice *uer*. Así pues, la Escritura tomó ejemplo de las regiones orientales y sobre todo de Egipto –por donde pasó el pueblo judío–, o de las regiones de Fenicia. / El alma, a su vez, se nutre de los frutos placenteros, es decir, los de la sabiduría, a la que a su vez parecen oponerse –como al cuerpo le resultan contrarios el frío y el calor– el temor y la ira. Pero, puesto que está en el cuerpo, necesariamente está sujeta a la ira y al temor y no puede existir sin esta exigencia de la naturaleza corpórea. Y por eso la mente del sabio proporciona medidas justas, a fin de que no se inmiscuyan la ira y el temor y se cree en el ánimo una especie de confusión y un diluvio."

Entonces Dios plasmó al hombre del fango de la tierra e insufló sobre su cara el espíritu de vida y el hombre se convirtió en un alma viviente. Por su parte, aquel que en el sexto día –un número casi perfecto, en el que se concluyeron todas las obras de Dios– fue creado con una capacidad de actuar casi perfecta, se convirtió en el hombre a imagen de Dios.

Así, el § 24, 86 retoma lo comentado en los anteriores tratados para concluir que el hombre fue creado del fango pero también a imagen de Dios, a la que es equiparado el justo porque está por encima de todas las cosas terrestres.

A éste es equiparado también quien en el diluvio fue hallado justo. Y por eso Dios lo constituyó por encima de todas las cosas terrestres, como a aquel que había sido creado a imagen de Dios, ya que ambos se abstenían de vicios terrenos: Adán, porque había sido engendrado de modo que en nada era deudor de una influencia terrena; Noé, porque había sido puesto a prueba en los peligros, examinado en las pasiones y, en medio de la confusión, no había sucumbido al orden (*in confusione non fuisset obnoxius confusioni*).

También, como podemos leer en el fragmento anterior, se establece una comparación entre Adán y Noé en cuanto a su participación en la gracia de Dios: el primero fue engendrado por fuera de la intervención terrena; el segundo, fue puesto a prueba en los peligros y no sucumbió a las pasiones. Evidentemente, Adán es, por naturaleza, creado a imagen de Dios, mientras que Noé participa de esa imagen gracias a sus propios méritos, ya que por el dominio de su mente sobre los placeres logra mandar sobre el mundo (entendido este en forma amplia: el cuerpo, las bestias, los reptiles)[15].

---

15   24, 87. "Pero esto tiene un sentido más profundo. A saber, que el justo crece en amplitud y número de virtudes y de doctrina, llenando la tierra como una especie de corazón en el que residen las cosas inteligibles. Y así no soporta nada que esté privado de sabiduría, nada en lo que pueda irrumpir la estupidez. / Domina, por tanto, toda pasión terrena e incluso los sentidos corporales; también somete con una especie de terror y temor a las bestias, en la que parece estar representada la imagen de la malicia y la ferocidad. En efecto, toda malicia es salvaje y agresiva, se hincha con una especie de inflamación vacía. / También es evidente que algunos reptiles presentan de algún modo la apariencia de las pasiones mortíferas, de las que parece que se infunde a la mente una especie de veneno. / Pues bien, el justo manda sobre

Como sostiene Siniscalco (1984), la sabiduría es la que protege la mente para que pueda aprovechar las pasiones corporales y el movimiento del alma pero sin sucumbir a ellas. Esta afirmación es sustentada por varios símiles, que se sintetizan en § 25,91:

> Por lo que respecta al sentido alegórico, el motivo principal por el que se ha dicho esto consiste en que las pasiones irracionales deben estar sujetas a la mente del sabio, del mismo modo que las hortalizas al labriego; y en que aquél debe servirse de esos pensamientos igual que de los reptiles, como hace el labrador con las hierbas que no pueden ser nocivas, pero que sin embargo no poseen la calidad de un alimento sustancioso.

Un aspecto de la reflexión que es importante también tener en cuenta es que la precaución que se debe tener en los pensamientos, para no claudicar a los engaños de las pasiones, también debe tenerse en el uso de las palabras (cf. § 26, 97). Efectivamente, Ambrosio explica que el hombre debe dar cuenta ante Dios por sus hechos y también por sus palabras: así como con la boca se confiesan los pecados para lograr la salvación, también con ella se puede cometer el pecado que conduce a la muerte.

> 29, 108. Ahora bien, la tierra es nuestra carne (*caro nostra est*), que trabaja el malvado (*quam improbus operatur*), mientras que el justo la cultiva (*bonus autem excolit*); el primero como si pidiera su favor a la tierra; el segundo, como para recoger el fruto y la recompensa por un buen comportamiento con el fin de hacer más fecundo su campo, de manera que sea capaz de corresponder a los cuidados del Señor y a la buena voluntad del que la cultiva.

La cita anterior es elocuente en su caracterización metafórica del hombre justo: a él corresponde la tarea de cultivar la carne para recoger los frutos fecundos de la salvación. Las imágenes son explicadas por el mismo comentarista de la siguiente manera:

---

todas estas cosas, con las que no se mezcla, sino que las domina, a condición de que su mente no sea conducida por el placer y la concupiscencia, no sea abatida por la tristeza y el temor; y a condición también de que no recorra el camino de esta vida –que es resbaladizo y caduco– en medio de los placeres de la lujuria, sino que –como hombre sabio– aparte de sí este tipo de pasiones con la continencia y la templanza".

De una parte, ¿qué otra cosa busca el trabajador sino solamente el alimento para su cuerpo, preocupado sobre todo por las necesidades del vientre y contento en exclusiva con cumplir lo que pueda contribuir a su sustento?

De la otra, el labrador se nutre de la calidad de los frutos. Conocéis los frutos que recoge el justo (*Quos fructus habeat iustus agnoscitis*). Pues los frutos del espíritu son la caridad, la alegría, la paz, la paciencia, la bondad (*Fructus autem spiritus caritas gaudium pax patientia bonitas*).

Así pues, el buen agricultor posee la continencia, la castidad, de manera que poda, por decirlo así, con la hoz de su propia templanza los árboles que fácilmente se curvan hacia la tierra y proliferan de un modo excesivo, con el fin de que expulsen lo que es débil y produzcan lo que resulta conveniente.

A continuación, en § 29, 109, Ambrosio vuelve sobre los frutos necesarios y los placenteros a los que se había referido antes. Entre los primeros ubica el trigo y la cebada y entre los segundos, la vid. El justo, precisamente porque lo es, guarda para sí el fruto de la vid (el vino) y ofrece a Dios los alimentos necesarios para vivir.

Esta sección busca explicar el hecho de que Noé se haya embriagado y lo hace a partir de las ideas desarrolladas precedentemente: el hombre justo sabe usar los frutos placenteros con moderación porque la rectitud de su mente impide que sucumba totalmente a los placeres y hace que aproveche los beneficios sanatorios que puede tener el vino, como se lee en § 29, 111:

29, 111. *Y bebió* –dice– *del vino y se embriagó*. No ha dicho "bebió el vino", porque este hombre justo no bebió todo el vino, sino "del vino", es decir, que degustó una parte de él. Es propio del hombre ebrio consumir todo el vino, y propio del descomedido evacuar todo lo que ha tomado. Es propio del continente, en cambio, servirse en una medida justa (*mensura legitima est*).

Por lo tanto, la embriaguez presenta un doble aspecto (*Ebrietatis itaque species gemina est*): uno, que aporta al cuerpo el tambaleo, hace los pasos inseguros y perturba los sentidos; otro, que calienta la mente con el don de la virtud y parece alejar cualquier tipo de enfermedad. De ahí que el Apóstol diga: *Usa el vino con moderación a causa de tus frecuentes enfermedades*.

Casi podríamos decir que el justo logra una sobria embriaguez que demuestra, por un lado, las flaquezas de su condición humana, pero, por otro, la sobresaliente capacidad de moderación y superación de las debilidades:

> ¿De qué embriaguez se trata? *No os embriaguéis de vino* –dice–, *en el que está la lujuria, sino llenaos del Espíritu,* como ha dicho el Apóstol. De una parte, por tanto, el sentido literal recomienda cuidado, de otra el sentido más profundo contiene una alabanza al sabio (*et secundum altiorem sapientis sensum laudation est*). Es cuidadoso aquel que, aunque se desnude, lo hace sin embargo en su casa, donde no faltan las capas y un cierto encubrimiento de la embriaguez, de modo que sabe esconder sus vicios.

Seguidamente, vuelven a aparecer en el texto las relaciones entre la persona y la casa:

> 29,112. Así pues, cosas materiales, como las paredes y los techos, protegen el cuerpo desnudo; mas ahora, veamos cuáles son las cosas que cubren el alma (*animae autem sint operimenta videamus*), pero encontraremos esas coberturas una vez que hayamos examinado su desnudez.

Ambrosio afirma que el acto de desnudarse del sabio es doble, porque la mente está cubierta por un doble manto: la vergüenza que lleva a la enmienda de los pecados y la negligencia e ignorancia de no rechazar los propios pecados. El sabio es aquel que tiene la capacidad de despojar de ambas envolturas a la mente para actuar bien[16].

---

16 "El desnudarse del sabio es doble. En efecto, nuestra mente se reviste de un doble manto, a saber: cuando ha cometido imprudentemente un pecado –éste es una especie de desnudamiento de la mente ebria, que por eso no sabe que comete un error, como aquel que resbala, arrastrado al vicio por una especie de embriaguez debida a la ignorancia– o cuando, de otra parte, no reconoce su error, sepultada aún en el sueño de la negligencia y la ignorancia. / Cuando hayamos caído en estos errores; más aún, cuando hayamos cometido muchos pecados, incluso conscientemente [...], es lógico que se busque un remedio para todos estos males, para que sea posible que uno cubra semejante enfermedad ante todo con una especie de pudor y vergüenza, de manera que, aunque se encuentre todavía en peligro de pecar, al menos dé una señal de arrepentimiento. / En verdad, hay una gran diferencia entre si uno desea rechazar los propios pecados o no. En este último caso se da una turbia falta de pudor; en el primero, una vergüenza soportable muestra señales de la futura enmienda".

Noé estaba revestido por el hábito de la sabiduría por eso no se daba cuenta de que estaba desnudo[17], pero su hijo Cam vio la desnudez de su padre y se rio de él:

30, 115. En efecto, toda persona malvada, dado que ella misma está fuera de la ley, no sólo considera las caídas de los demás como un alivio a su propio error por el hecho de que encuentra compañeros de culpa, sino que también se alegra con un malvado sentimiento, como si él mismo hubiera corregido sus delitos. Por tanto, la mente malvada (*mala mens*) se alegra de que al sabio le haya pasado algo fuera de su línea de conducta (*accidisse sapienti*), por más que ciertamente un error del cuerpo no debe ser atribuido al vicio (*cum utique corporis lapsus in vitio esse non debat*) –aunque se tenga por una caída (*etiamsi lapsus putetur*)–, a no ser que también el alma se incline a la culpa (*inclinet in culpam*).

Las figuras de padre e hijo le permiten a Ambrosio contraponer los comportamientos de cada cual, signado uno por la sabiduría –que produce frutos para la gloria– y el otro, por la maldad –que mide todo con criterios terrenos–:

30, 115. En definitiva, sean considerados veniales semejantes errores [como la embriaguez de Noé], no se los persiga con odio, no se tomen a broma, aunque la mente malvada, como ya he dicho, cuando supone que el sabio ha cometido un error, piense que se debe insultar a quien a su parecer tiene costumbres contrarias a las suyas, ya que el tácito testimonio del sabio es una especie de reproche a su propio pecado. Por eso, tiene que alegrarse de que al hombre justo no haya sido de ayuda a su erudición, ni haya intercedido por él la justicia, ni le hayan sido favorables los negocios materiales.

Por el contrario, los hijos buenos, Sem y Jafet, actuaron con respeto a su padre, como expresa § 31, 116:

---

17   En este punto, referido a la desnudez, Ambrosio vuelve a comparar a Noé con Adán en § 30, 115. "Por lo demás, tampoco Adán, cuando estaba en el Paraíso, pensaba que estaba desnudo hasta después de haber cometido el pecado de la prevaricación. Y, despojado del manto de la sabiduría, así como desnudo por culpa de la prevaricación contra la justicia y los mandamientos del cielo, se contempló a sí mismo desnudo y pensó que debía cubrirse con hojas".

Lidia Raquel Miranda y Viviana Suñol (eds.)

31, 116. ¿Por qué razón *Sem y Jafet se pusieron un manto sobre los hombros y, andando de espaldas, cubrieron a su padre desnudo y no vieron su desnudez?* Las palabras han expresado claramente la amorosa piedad filial, porque los hijos buenos se guardaron de mirar al padre desvestido (*quod nudatum amictu patrem boni filii videre cauerunt*), a fin de que el respeto (*reverentia*) por el padre no disminuyera por el mero hecho de mirarlo, ya que es verdad que con frecuencia se falta a la piedad filial incluso con la simple mirada.

Sem y Jafet pusieron un manto sobre los hombros de Noé y, andando de espaldas, lo cubrieron, lo cual demuestra su piedad filial porque se cuidaron de mirar al padre desvestido para no disminuirlo ni menoscabar su respeto y autoridad. El sentido alegórico de lo anterior es explicado en los parágrafos siguientes, en los que la descripción del hombre estúpido sirve, fundamentalmente, para destacar las características del sabio y justo que hemos analizado antes. Asimismo, se incorpora al repertorio de rasgos sobresalientes de Noé la capacidad de memoria.

En efecto, la dialéctica relación entre pasado y futuro aparece en *Noé* 31, 116-119, secciones en las que la preponderancia de la memoria es representada a través de metáforas corporales como "caminar de espaldas", "ver las cosas pasadas" y la "mente sobria" o "mente sabia". Esta clase de metáforas revela que la vida biológica es necesaria y ostensible para el desarrollo de cualquier espacio antropológico, por lo cual el autor cristiano la prefiere como un instrumento privilegiado de su argumentación.

31, 117. Pero esto encierra un sentido más profundo: que el hombre estúpido ve solamente las cosas presentes que están ante sus ojos, pero no contempla las futuras, no reflexiona sobre las pasadas, mientras que el sabio recuerda las pasadas y considera las futuras.

Por tanto, toda mente sabia (*mens sapiens*) camina de espaldas (*retrorsum ambulat*), es decir, contempla el pasado (*praeterita spectat*) y de algún modo no es obstáculo para él el modo natural de caminar: no soporta que haya algo vacío, algo desnudo en los actos que ha realizado. Cubre los actos que ha realizado de otra manera con una especie de manto y con la bondad de

su actuar presente o futuro, para no pasar por alto nada inde-
coroso, para no dejar tras de sí algo desordenado.

[…]

31,118. *Y Noé* –dice– *despertó de su embriaguez*. Es evidente que
los hombres, gracias al sueño, pasan de la embriaguez a estar
sobrios, pero la mente está sobria (*mens autem sobria est*) cuando
reconoce las cosas pasadas y las futuras (*quando et praeterita et
futura cognoscit*).

Por tanto, la mente del justo (*mens iusti*) estaba sobria incluso
cuando era tenida por ebria: hay, en efecto, una bebida excelente que embriaga a los justos. Por el contrario, estaba verdaderamente ebrio aquel que se reía de su padre. Estaba, en efecto,
verdaderamente ebrio y en realidad no veía lo que creía ver,
porque no consideraba, ni el pasado don de la generación, ni
la presente reverencia debida al padre, ni la futura pena por
la injuria hecha a su padre.

La ebriedad del impío Cam es mostrada como una ceguera que
impide ver al padre, así como comprender el pasado y reconocer
las cosas futuras. Implica, en definitiva, una irracionalidad total
que no reverencia la sabiduría, excelsa virtud que atrae a las demás
y acerca al hombre a Dios.

Nuevamente aparece la metáfora de "caminar de espaldas",
aplicada aquí a la mente sabia. Mientras tanto, la mente del estúpido demuestra que solo ve las cosas presentes que están ante
sus ojos y es incapaz de contemplar las futuras. La capacidad de
estimar el pasado permite cubrir los actos pretéritos con un manto
de bondad y orden para actuar sobre el presente y el futuro. En
tal sentido, el caminar de espaldas se asocia con la inteligencia.

La inteligencia, discernible en los productos de la cultura, aunque esquiva a la hora de ser caracterizada y de establecer exactamente en qué consiste, resulta permeable a toda clase de matices
ideológicos (Palma 2015). En el caso del texto bajo análisis, se
identifica a la inteligencia con la respuesta adecuada, la correcta
reacción a los estímulos, la memoria y el control. Un individuo
inteligente sería el que se adecua perfectamente a lo dado y que
encaja perfectamente en la estructura y función social que le ha
tocado en suerte: los hijos de Noé, salvo Cam, reconocen su lugar
de hijos y actúan valorando el rol e importancia de su padre.

En § 31, 119 se describe a Cam como "el más joven" (*filius iunoir*) no a raíz de su edad –porque en realidad no lo era– sino por la rudeza de su sensibilidad y la inmadurez de su inteligencia. Por el contrario, Noé es caracterizado como anciano en cuanto a su manera de pensar, a su sabiduría, por la cual el "más joven" debería predisponerse a escuchar y no a hablar, como hizo Cam.

Por último, el parágrafo explica que el nombre Cam significa "calor" y Canáan, el nombre del otro hijo, "conmoción" e "inquietud", por lo cual los vincula por el ardor, la inquietud y la agitación, mientras que rescata al hijo Sem como bendecido por Noé y el Dios de los justos.

Recapitulación

El análisis precedente de algunas secciones de *Noé* nos permite anotar, como nos habíamos propuesto, los temas o tópicos que el autor toma para representar al patriarca como hombre justo y sabio. Dicha representación se establece, como lo ha hecho el mismo Ambrosio en los tratados anteriores a *Noé*, a partir de la oposición bien/mal. En torno a ella, entonces, cobran sentido la mayoría de las imágenes de las que se vale pedagógicamente el autor en su comentario para proponer una interpretación moral de la sagrada Escritura.

De esta suerte, la figura de Noé es mostrada a través de los siguientes atributos: la masculinidad, la posición central y/o directiva, la posición superior y la vejez, como vimos en los ejemplos considerados. Todas estas características lo oponen al necio y al inicuo, simbolizado en el texto en la persona de su hijo Cam.

La masculinidad es la característica esencial de la razón o la mente, que pone de manifiesto los aspectos "a imagen de Dios" que tiene la condición humana. Fundamentalmente en la capacidad de *logos* se aprecia la sabiduría de Noé, porque gracias a ella puede dominar las pasiones, los sentidos y las palabras: el texto muestra a un hombre proclive a la debilidad como todos los seres humanos pero cuya mente sobria le permite desembarazarse de las pasiones irracionales, a pesar de que las experimente.

La posición central y/o directiva aparece en varias de las metáforas del texto: el general, el navegante y el padre de familia son todas imágenes en las que se destaca, por un lado, la idea de grupo o comunidad y, por otro, la necesidad de alguien capacitado para conducir a todos hacia la mejor situación. La cooperación de Noé con los otros para vencer el mal es otra cualidad de su sabiduría, la cual lo distancia del necio que, por egoísmo, se aísla en su propio destino.

Asimismo, la posición superior o jerárquica se deduce de las figuras del sabio como general, como navegante y como *pater familias*; sin embargo, esta caracterización de Noé surge principalmente de las ideas de la cabeza y su preeminencia en el cuerpo humano. Como es posible aprehender, las metáforas del texto se intersectan unas con otras porque la cabeza remite también a la capacidad racional y esa capacidad hace que el justo y sabio pueda conducir a su grupo (ya sean sus soldados, sus marineros o sus hijos).

La longevidad también se conecta con los simbolismos anteriores en la medida en que la característica del hombre maduro es la mesura, prudencia que se aprecia en el uso adecuado de la palabra y también en la capacidad de mirar y aprender del pasado y proyectar hacia el futuro: en tal sentido, la vejez de Noé no es símbolo de lo caduco sino de lo persistente, de lo que participa de lo eterno (Chevalier, 1986) y, por lo tanto, lo muestra cercano a Dios. La boca, como espacio corporal que permite la expresión del *logos*, y la visión, metáfora del intelecto que lee correctamente la realidad, retoman el sentido central de la cabeza que ya mencionamos antes y hemos visto también en otros tratados del obispo milanés (Miranda 2017).

La experiencia que el ser humano tiene del mundo no es independiente de la naturaleza de su cuerpo. Los sentidos de la vista, el tacto, el olfato, el gusto y el oído; la capacidad de moverse y de cambiar; la posición horizontal y la vertical; las partes del cuerpo: todas estas características, entre otras, están en la base de la percepción del mundo y también en la de conceptualización. Este proceso, que en la actualidad las ciencias cognitivas denominan *embodiment*, parece liderar la forma de argumentar de Ambrosio, justamente a través de la metaforización que hemos podido relevar, en la cual la mayor parte corresponde a metáforas corporales.

En efecto, el cuerpo es un instrumento imaginístico fundamental en *Noé* dado que es el lugar físico y concreto que permite reflejar todas las relaciones o representaciones humanas que tienen valor antropológico y proyección moral para el obispo de Milán: la identidad individual y colectiva, la relación yo/otros, la comunicación, entre otros. Además, en el marco de la tradición retórica clásica, como es sabido, el cuerpo se encuentra en el centro de un sistema educativo y formativo al cual presta su entidad para la expresión (la *actio*) pero también una serie de lugares (*loci*) para la memoria (*memoria*) a los que Ambrosio acude para vehiculizar contenidos temáticos de manera pedagógica. Justamente es la enunciación metafórica, sustentada en las analogías con el cuerpo, la que asegura la transmisión de la exégesis del texto bíblico en clave pastoral, es decir permite explicar el significado de la palabra sagrada de manera sencilla y asegurar así la aprehensión de su mensaje por parte de los receptores. Resulta por ello fundamental el uso de la analogía en el sentido que la concibe Beuchot (2013), es decir como la estrategia hermenéutica capaz de marcar la semejanza y la diferencia entre las cosas y evitar tanto las interpretaciones unívocas como las equívocas. Así entendida, la analogía entre las cosas sirve para comprender al hombre como un microcosmos y al mundo como un texto. En esta perspectiva, el cuerpo es el elemento analógico por antonomasia para Ambrosio ya que reivindica al ser humano como mediador dialéctico entre las cosas del mundo y entre estas y Dios.

Asimismo, las características reconocidas en la figura del sabio y justo Noé pueden atribuirse al hermeneuta que, como Ambrosio, conduce la lectura de las Escrituras para desentrañar el sentido moral que tienen sus historias y, por lo tanto, salvar a los hombres de las consecuencias del error que sería no entenderlas o hacerlo defectuosamente. El exégeta es también un conductor, a cuyo cargo está la seguridad de los fieles, como la de los soldados, marineros e hijos está bajo la del general, el piloto y el padre. Volvemos así a nuestro punto de partida, para darle un sentido pleno a la imagen de Ambrosio, proporcionada por la descripción de Agustín de Hipona: un hombre elocuente, desapegado de los placeres corporales y embriagado de las sustancias que promueven la sapiencia, que no es otra cosa que el estar cerca de Dios y poder trasmitir ese lazo a los demás para que también reciban la gracia.

La historia de la salvación, tal como la expone la Biblia a partir del momento de la caída del hombre en pecado, constituye sin lugar a dudas un relato (Miranda 2016a). Sin embargo, pese a que se organiza en torno a las secuencias de la narración bíblica, el texto de Ambrosio no es narrativo sino explicativo, diferencia en la que radica la sabiduría que caracteriza al comentarista. "O, por decirlo según el marco griego, el pensar de la salvación procede de un *mythos* y la sabiduría de un *logos*" (Jullien 2009: 24). Justamente, Ambrosio explica el relato de la salvación, expone su sintaxis con el objetivo de justificar la disposición y las reglas del mundo, no para disolver el mal ni su tensión con el bien, sino para hacer evidente la armonía pensada por Dios, comprenderla y ayudar a actuar en el mundo según se espera del hombre. Al narrar la historia de Noé –y del hombre desde su creación, si pensamos en el conjunto de las obras exegéticas del obispo– el Génesis exhibe un drama y un héroe; mientras que Ambrosio, al explicar las secuencias y los hitos de esa narración, propone un orden, una lógica en cuya comprensión debe intervenir necesariamente el intelecto (*logos*). En síntesis, así como Noé pudo, gracias a su sabiduría y fidelidad, comprender las intenciones de Dios y actuar para que se cumplieran sus designios, del mismo modo Ambrosio supo comprender los sentidos de esa *historia* bíblica y explicarlos para promover la norma moral cristiana. En la base de la relación entre narración y explicación, es decir entre la sagrada Escritura y el comentario exegético de Ambrosio, se asienta la convicción de que la forma anecdotizada garantiza el acceso al conocimiento, aunque se necesite de la instancia racional y explicativa, a cargo del comentarista, para asegurar la correcta hermenéutica del relato sagrado.

Ediciones y traducciones

López Kindler, A. (2013). *Ambrosio de Milán. El paraíso. Caín y Abel. Noé*, Madrid.

O' Donnell, J. (2006). *Augustine's Confessions*, disponible en <http:/ facultu-georgetown-edu/jod/latin-conf/latinconf/html>.

Siniscalco, P. (ed. y trad.) (1984). *Sant'Ambrogio. Opere esegetiche II/I. Il paradiso terrestre, Caino e Abele*, Milano-Roma.

Bibliografía

Beuchot, M. (2013). *Hermenéutica y analogía en la filosofía medieval*, México.

Jullien, F. (2009). *La sombra en el cuadro. Del mal o lo negativo*, Madrid.

Miranda, L. R. (2011a). "El bien común y la metáfora corporal en *De paradiso* de Ambrosio de Milán", *Stylos* 20 (20), 169-180.

Miranda, L. R. (2011b). "Metáforas y algo más en la retícula simbólica de *De paradiso* y *De Cain et Abel* de Ambrosio de Milán", *Circe, de clásicos y modernos*. 15, 99-112.

Miranda, L. R (2015). "Traducciones, comentarios y debates: en búsqueda de la palabra inspirada de Dios". *Circe, de clásicos y modernos*. 19, 13-24.

Miranda, L. R. (2016a). "Retórica y sentido normativo en los tratados exegéticos de Ambrosio de Milán". *Cuadernos Medievales*. 20 (junio). Mar del Plata, 1-12.

Miranda, L. R. (2016b). "La guerra de las glosas: Ambrosio de Milán ante los intérpretes judíos del Pentateuco", I Jornadas Nacionales de Historia de la Antigüedad Tardía, La Rioja, inédito.

Miranda, L. R. (2016c). "La metáfora bélica en *Caín y Abel* de Ambrosio de Milán", XXIV Simposio Nacional de Estudios Clásicos, Facultad de Filosofía y Letras de la Universidad Nacional de Cuyo, Mendoza, inédito.

Miranda, L. R. (2017). "La metáfora del cuerpo humano en la representación del arca en *Noé* de Ambrosio de Milán" en Cerda Costabal, J. M. y C. A. Lértola Mendoza (eds.). *Actas del XVI Congreso Latinoamericano de Filosofía Medieval:"Corporalidad, política y espiritualidad: Pervivencia y actualidad del Medioevo"*, Santiago de Chile, 173-182.

Nauroy, G. (2003). *Ambroise de Milan. Écriture et esthétique d'une exégèse pastorale*. Bern. Lang.

Palma, H. (2015). *Ciencia y metáforas. Crítica de una razón incestuosa*, Buenos Aires.

La función pedagógica de la hermenéutica alegórica en Agustín de Hipona:

El caso de las dos ciudades

Ricardo M. García
Departamento de Humanindades, UNS
rgarcia@criba.edu.ar

En este trabajo se plantea la utilización de la interpretación alegórica por parte de Agustín aplicada al caso de la distinción de las dos ciudades desarrollada en la *Ciudad de Dios*, obra que constituye el resultado de su esfuerzo retórico-apologético a favor de la religión cristiana. El capítulo se organiza en tres partes. En la primera se analiza la descripción de las dos ciudades, que parece caer en una contradicción ya que, por un lado en un grupo de textos alude a la separación neta entre ambas, lo que sugiere que el autor se refiere a realidades de tipo espiritual o ideales y, por otro, en otros textos, alude a entidades históricas nombrándolas claramente. Seguidamente, se considera en qué consiste para Agustín este tipo de lectura, en contraposición crítica a la concepción helenística, específicamente de Varrón y de Porfirio. Por último, se plantea aquella aparente contradicción y se sugiere alguna pista de solución analizando uno de los criterios que utiliza Agustín, que es la hermenéutica de tipo alegórico o espiritual nombrada, para referirse al primer modo de aludir a las dos pueblos.

— 1 —

Agustín ejercita su formación de retórico para defender y justificar el cristianismo ante la acusación realizada por los romanos "tradicionalistas" que consistía en responsabilizar a los cristianos de la "caída de Roma"; esta frase alude al saqueo que realizó Alarico durante tres días en el año 410[1]. Este acontecimiento conmovió profundamente al Imperio porque puso en duda de manera aguda su inmunidad y perennidad prometidas desde su fundación mítica[2]. Ante esta situación los tradicionalistas atribuyen la desprotección en que quedó Roma, presa de los vándalos, al abandono del culto a los dioses romanos y su remplazo por el dios de los cristianos. Conviene recordar que desde hacía varios decenios la religión cristiana era "oficial", pues era protegida y promovida por los emperadores. Agustín reacciona escribiendo esa *magnum et arduum opus* (*CD*: 1 preámbulo) con una clara intención apologética. La metodología que aplica es la interpretación alegórica de diversos tipos de textos, los mítico-históricos de Roma, los propios de la tradición apologética cristiana y, sobretodo, los de la Biblia.

En este trabajo se plantea la utilización de esta exégesis al caso puntual de la célebre distinción de las dos ciudades o pueblos (*civitates, populi, gentes, genera*) realizada en la *Ciudad de Dios* y en textos anteriores[3]: "Dos amores hicieron dos ciudades: el amor de sí hasta el desprecio de Dios, la terrena; el amor de Dios hasta el desprecio de sí mismo la celestial" (*CD*: XIV, 28). La ubicación de los hombres en cada ámbito depende de una elección libre expresada en el concepto de amor. Así, pues, describe:

> dos géneros: uno, de los que viven según el hombre y otro, de los que viven según Dios. A estas dos sociedades humanas, les damos místicamente (*mystice*) el nombre de dos ciudades: una está predestinada a reinar eternamente con Dios; la otra a padecer un sufrimiento eterno con el diablo. (*CD*: XV, 1)

---

1 Agustín afirma que ante esas calumnias y "ardiendo de celo" escribió los libros de la *Ciudad de Dios* (a. 412-426/7), *Retractationes*, II, 43. Hay varios sermones de esa época que aluden el tema, por ejemplo el 105 y el titulado *De excidio urbis romae*. Las citas de Agustín en donde no se señala la edición y el año son tomadas de la página www.augustinus.it, edición bilingüe, latín-español. Los títulos de las obras están abreviados.

2 Cf. las reflexiones de Jean Doignon (1990, 120-146) sobre el clima psicológico "cultural" con respecto al fin del tiempo y de Roma, previo y posterior a su saqueo, según distintos autores tanto cristianos como "paganos". Para ampliar, cf. el capítulo "*Senectus mundi*" de Peter Brown (1984, 287-298).

3 *Enarrationes in Psalmos*: 148, 4. Cf. *De catechizandis rudibus*: 19,31. *En. in Ps*: 61,6; 145, 20; *De Genesi ad Litteram*: XI, 15, 20.

Explica que Caín, el primer hijo de Adán y Eva, fue habitante de la ciudad de los hombres y Abel, habitante de la ciudad de Dios. Ambos pertenecen a la "misma progenie condenada" por el pecado de los primeros padres, pero Abel fue predestinado por la gracia a ser peregrino de esta tierra y ciudadano del cielo. Y siguiendo la metáfora de Pablo en Romanos 9,21 acerca del tipo de material con que el que está hecha la humanidad a la que compara con la vajilla de una casa, Agustín nota que del mismo material Dios hizo vasos, i.e., clases de hombres, para usos honorables y vasos para usos indignos (*in honorem, in contumeliam*), respectivamente. Notemos que nuestro autor alude a las dos pueblos de modo místico (*mystice*) y aclara que a esta forma de denominación la toma de la Biblia, afirmando que "dos tipos de sociedades humanas que pueden ser nombradas como dos ciudades, según nuestras escrituras" (*CD*: XIX,11)[4]. Para tratar de clarificar el planteo de cómo hay que entender estas expresiones metafóricas, veremos dos tipos de textos en los que parece que Agustín se contradice.

1.1 Algunos pasajes identifican tanto a la Iglesia visible e institucional con la ciudad de Dios, como a los imperios anteriores y al Imperio romano con la ciudad del diablo. Por una parte, equipara netamente a la Iglesia con la *Civitas Dei*: "la ciudad de Dios, mientras peregrina en el mundo contiene en la comunión de los sacramentos a algunos que no compartirán la suerte eterna de los santos" (*CD*: I, 35)[5]. Aquí la ciudad de Dios es la Iglesia institucional encargada de administrar los sacramentos mientras dura su desarrollo histórico. Por otra parte, se encuentran varias referencias que equiparan a Roma y los grandes imperios con Babilonia: "Roma está fundada como otra Babilonia, y como la hija primera de Babilonia"[6]. En realidad, para nuestro autor todos

---

4   *CD*: V,19. "*Civitatem Dei dicimus, cuius ea scriptura testis est...*", *id*: XI, 1; cf. *CD*: XVIII, 41 y *En. in Ps*: 61,6.

5   CD: XVII, 4, 2; 16, 2. "Se edifica [...] la ciudad de Dios, que es la santa Iglesia en toda la tierra", *CD*: VIII, 24, 2; "[...] defendemos a la ciudad de Dios, que es su Iglesia", *Id*: XIII, 16; "[...] a Cristo y a su Iglesia, que es la ciudad de Dios", *id*: XVI, 2, 3.

6   *Id*: XVIII, 22; "casi una segunda Babilonia", *id*: XVIII, 2, 1; Rómulo "fundador de la ciudad terrestre", i. e., Roma, asesino de su hermano en parangón con Caín también fraticida, *id*: XV, 5; cf. *id*: 5-8, "historia" de Rómulo y Remo.

los imperios forman parte de la "ciudad de este mundo", i. e., la terrena, la del diablo (*id*: XVIII, 2, 1).

1.2 Diferenciándose de la posición anterior, en otros pasajes sostiene, por un lado, que la Iglesia visible está integrada tanto por hombres virtuosos como por pecadores y, por otro, que los Estados no son de por sí malvados. De esta manera, tanto la Iglesia como los gobiernos están integrados por justos y pecadores hasta que llegue al fin de la historia la definitiva separación escatológica; este concepto tiene gran importancia en la caracterización de los dos pueblos. En otras ocasiones considera a la Iglesia como la parte de la ciudad de Dios que peregrina en la historia, y no como entidades idénticas entre sí. Además hay textos que tampoco asimilan a Roma ni a otros imperios con Babilonia. Así, al explicar las expresiones equivalentes "reino de los cielos" o "reino de Cristo", propone dos modos de entenderlas: el primero alude tanto a un espacio integrado por dos clases de personas, las que viven de acuerdo a las enseñanzas del reino, como las que no comparten esos valores; el segundo modo identifica el reino de los cielos con el que será habitado solamente por los que se han mantenido fieles, i. e., el reino escatológico y definitivo. Así la iglesia tal cual está conformada en la historia se identifica con el reino de los cielos según el primer sentido, lo que significa que está integrada por aquellas dos categorías de personas (los elegidos y los réprobos). El segundo modo, se refiere a la Iglesia conformada después de la segunda venida de Cristo cuando ya no la existan malvados en ella (*malus* [...] *non erit*) (*CD*: XX, 9). En el mismo párrafo Agustín recurre a la parábola del trigo y la cizaña (Mt 13, 24-30) para indicar que en la Iglesia actual conviven juntos los elegidos y los condenados.

Es importante remarcar que estos dos posturas distintas y antagónicas entre sí requieren ser consideradas de manera simultánea, para entenderlas correctamente.

— **2** —

Sostuvimos que Agustín utiliza la hermenéutica alegórica para comprender la distinción de las dos ciudades, sobre todo en la Biblia, pero también en la "historia" de Roma y de los otros imperios. En esa práctica muestra su inserción en una larga tradición tanto pagana como cristiana, que la practicaba en los textos mítico-religiosos[7] (2.3). Para aclarar el uso propio de este tipo de lectura emprende la crítica de algunos representantes emblemáticos de esa tradición, Varrón (2.1) y Porfirio[8]. El cuestionamiento de Agustín a Porfirio se enfoca más en el aspecto teológico-filosófico que en el aspecto metodológico de la técnica alegórica (2.2). Nos limitamos a estos dos pensadores por la importancia que les otorga Agustín, si bien la lista de autores aludidos es mayor.

2.1 Mediante la utilización de la interpretación alegórica, Varrón[9] pretende salvar y revitalizar para su tiempo la religión romana tradicional, que todavía estaba vigente en el tiempo de Agustín (fin del siglo IV y principios del V), entre la clase aristocrática y en muchas fiestas de carácter popular. Los tradicionalistas "paganos", para Agustín, piensan que las masivas conversiones al cristianismo llevan a Roma a la ruina y por lo tanto trataban, en vano ciertamente, de devolverle a la religión romana su antiguo esplendor.

Consigna Agustín que Varrón plantea en su obra *Antigüedades divinas y humanas* una triple división de la filosofía: mítica, de los poetas, física o natural[10] o de los filósofos, y civil, la practicada por los pueblos (*CD*: VI, 5). Las tres son solidarias entre sí, porque la teología civil toma su poder de seducción de la teología de los poetas (autores de *mythos* o "fábulas") y su valor moralizante de la teología natural o de los filósofos (cf. *CD*: VI, 6). Es por esto que Varrón, aún prefiriendo la teología natural, no rechaza totalmente la teología mítica o "fabulosa" aunque la critique duramente (cf. *CD*: VI,5) y menos todavía a la teología civil, a la que recomienda observar (cf. *CD*: IV, 31). Esta actitud se debe al lugar que le otorga a la interpretación alegórica, porque le permite rescatar las historias míticas de los poetas sobre los dioses y la de la ciudad, con-

---

7   La obra de Jean Pépin (1958a) constituye una enciclopedia sobre este tema: ver especialmente 79-81 y 243-286. Cf. las excelentes notas por Isabelle Bochet y Goulvan Madec (1977, 429-590).

8   Aclaramos que aquí solo me interesa la opinión de Agustín sobre estos pensadores, sin considerar la certeza de esa crítica, es decir, sin confrontarla con sus obras.

9   Marcus Terentius Varro, 116-27 a. C. , historiador, literato, filósofo.

10   Conviene recordar que la *physis* de los griegos se tradujo en latín por *natura*, de ahí que "física" o "fisiológico" se entiendan como equivalentes a "natural".

virtiéndolas en la expresión narrativa y ritual de la teología de los filósofos, que es la realmente importante (cf. *CD*: VI,8; VII, 5-24).

A estas interpretaciones alegóricas alude Agustín en una carta a Nectarius de Calama, quien le solicitaba un juicio equilibrado para los participantes de una fiesta "pagana" (años 408 o 409), que habían atacado el templo del obispo y a algunos cristianos. Esas conductas, junto con los cultos tradicionales, estaban penadas por ley[11]:

> Pero, nos dicen que los documentos que la Antigüedad nos ha transmitido sobre la vida y la conducta de los dioses, son para que los sabios los comprendan e interpreten de una manera muy distinta... nos dicen que saludables interpretaciones (i. e., las alegóricas) de este tipo se leen al pueblo reunido en los templos. Pero, por favor, ¿tan ciego es el género humano y tan enemigo de la verdad, que no vea cosas tan claras y notorias? Fíjate [...] que Júpiter, en actitud de cometer sus numerosos adulterios, es pintado, fundido [...] remedado en la escena, en el canto y en la danza (*Epistula*: 91, 5).

Agustín cuestiona que la interpretación alegórica de las historias de los dioses realizada por los sabios no logra superar una contradicción evidente, que consiste en exigir el cumplimiento de la moral tradicional al pueblo y, al mismo tiempo, celebrar en los templos y otros sitios las acciones vergonzosas de los dioses.

Nuestro autor se detiene largamente en refutar a Varrón en la *CD*, pues allí expone lo que se le presenta como una actitud de duplicidad personal (cf. *CD*: IV, 31;VI,5). Esta consiste, por un lado, en exhortar al pueblo a honrar a los dioses romanos, aunque los desprecie personalmente, y, por otro, admitir que participa sin convicción personal en las ceremonias religiosas en favor de Roma. En este sentido Varrón confiesa que él consagraría la ciudad a los dioses según una regla tomada de la naturaleza, pero no lo hace por formar parte de un pueblo antiguo que debe

---

11 La religión cristiana obtiene de los emperadores los siguientes beneficios: de Constantino (a. 306-337) la legalidad; de Teodosio (a. 379-395), el carácter de religión oficial; de Honorio (a. 405), por el "Decreto de unidad", la supresión del culto de la religión romana y que, en consecuencia, se convierte en objeto de persecución y represión, como castigos, pena de muerte, trabajos forzados, confiscaciones, etc. Cf. Brown (1984, 226-243).

conservar sus tradiciones. Agrega Agustín, como polemista filoso, que para Varrón es conveniente que el pueblo crea en falsedades en sus prácticas religiosas y que también ignore un buen número de verdades. Además, Varrón, al otorgar la actividad política a pretendidos sabios que gobiernan a los pueblos, en realidad lo que hace es agradar a los malos demonios, que de ese modo, manejan a los engañadores, los gobernantes, y a los engañados, el pueblo.

Estos sabios, según Varrón, habían descubierto que la naturaleza de Dios es el alma del mundo que dirige el universo por el movimiento y la razón (CD: IV, 31, 2). Si así fuera, responde Agustín, Dios sería parte de la naturaleza y no su creador. La objeción de fondo es que si Varrón hubiera dejado de lado sus prejuicios tradicionales habría llegado a adorar al verdadero Dios, que es quien, en realidad, gobierna al mundo por el movimiento y la razón. Le achaca a Varrón que no realiza una correcta interpretación alegórica dado que no le permite alcanzar al verdadero Dios (cf. CD: VII, 5-6): es decir, no lo reconoce como el creador del alma y de todas las cosas. Para la teología de Agustín, aquella alma del mundo es mutable y creada, como lo es todo el cosmos, mientras que Dios es totalmente inmutable y transcendente. En suma, lo que hacen los "paganos" no les permite llegar a la religión verdadera.

Agustín vuelve a Varrón en el libro XIX, utilizando su obra sobre la filosofía, que le permite comparar todas las respuestas que los filósofos han dado al tema del "fin último" de la existencia humana (cf, CD: XIX, 1-3) con la respuesta que da la religión cristiana al mismo tema (CD: XIX, 4-20). Conviene remarcar que el tema del *télos* es recurrente en toda la filosofía antigua y tardoantigua, y Agustín lo retoma para dar su propia opinión.

2.2 Porfirio[12] y los platónicos en general son otros referentes importantes para Agustín en la tarea apologética y catequética que emprende en la *Ciudad de Dios* y otras obras. Es importante notar que el cuestionamiento de Agustín a Porfirio se enfoca sobre todo en el contenido teológico-filosófico de su pensamiento, más que en el aspecto metodológico de la hermenéutica alegórica. Nuestro

---

12 Discípulo de Plotino (el más importante representante del neoplatonismo) y editor de sus obras; habría nacido en el año 232 en la parte oriental del Imperio. Sus obras contribuyeron a la difusión del neoplatonismo.

autor expresa una opinión matizada con respecto a los platónicos[13] ya que, por una parte, valoriza su filosofía, su semejanza con el cristianismo y su superioridad sobre las demás teologías conocidas; y, por otra, les cuestiona un importante defecto que consiste en señalar correctamente el fin de la salvación, pero equivocarse en los medios para llegar a ella. Les reconoce como positivo que "[...] conciben a Dios como la causa de la existencia, el principio de la inteligencia y la regla de la vida: tres aspectos de los que el primero se relaciona con la parte natural de la filosofía, el segundo con la parte racional y el tercero con la lógica [...]" (*CD*: VIII, 4). Esta presentación se fundamenta en la tripartición clásica de la filosofía en física, lógica y ética, que se complementa con la idea de Dios recién señalada. Es decir, Agustín les reconoce que vislumbran la trinidad cristiana[14], considerando que esta concepción es semejante al cristianismo. Es así porque los platónicos y otros pensadores antiguos han reconocido a Dios como "la causa eficiente del universo, la luz en la que se percibe la verdad, la fuente de la que mana la felicidad". En suma, agrega Agustín "todos estos piensan como nosotros" (*CD*: VIII,10).

La crítica de Agustín apunta al aspecto central de la divergencia entre el cristianismo y el platonismo que consiste en la mediación religiosa, i. e., en la práctica cultual por la que el creyente se vincula con la divinidad. Limitándonos solo a su polémica con Porfirio (*CD*: X), se observa que emplea el mismo método que en la refutación de Varrón: trata de poner a Porfirio en contradicción consigo mismo, marcando sus incoherencias. La clave de la crítica consiste en afirmar que el platonismo entiende a Dios como el bien supremo, pero practica el politeísmo. Este consiste en el extravío del culto hacia divinidades inferiores, ángeles o demonios, i. e., la práctica de la teurgia. En cambio, para Agustín el verdadero culto solo debe dedicarse a Dios (*CD*: X, 4; 7; 16; 18; 20-21; 25 y 30). Le cuestiona a Porfirio su incoherencia, ya que por un lado, afirma (en el *Retorno del alma*) que las purificaciones que logra la teurgia solo tienen eficacia en la parte imaginativa del alma, que

---

13   El neoplatonismo fue fundamental en la "conversión" de Agustin a la filosofía. Entre la amplísima bibliografía, cf. Mc Evoy (1992) y Madec (1994).

14   Explica Hadot (1979) que "[...] La física descubre al Padre como causa del ser, la lógica revela al Hijo, Verdad e Inteligencia, y la ética se vuelve hacia el Orden y el Amor del Espíritu Santo" (1979, 273). (Traducción propia).

es receptora de las imágenes de las realidades corporales, pero por otro, no actúa en la parte intelectual, que es la que percibe los inteligibles. En síntesis, para Agustín la teurgia queda devaluada por el mismo Porfirio, porque solo mejora el conocimiento de las cosas materiales, que son inferiores, pero no contribuye en nada al conocimiento de los inteligibles, que son la verdadera realidad (*CD*: X, 9-10; 27). La distinción de dos mundos en sensible e inteligible y la superioridad del segundo sobre el primero es un dogma esencial de esa corriente de pensamiento. Además agrega Agustín que Porfirio en la *Carta a Anebón* critica aquellos ritos como sacrílegos y acusa a los demonios de ser seres engañadores por naturaleza (*CD*: X, 11).

En suma, le reprocha a Porfirio que si bien vislumbra "la patria", i. e., la trinidad (cristiana) rechaza "el camino" o la mediación que lleva a ella, que es Cristo, ya que tampoco llega a aceptar la encarnación, la concepción virginal y la resurrección (*CD*: X, 24 y 29). Estas tres verdades básicas del cristianismo eran totalmente impensables e inaceptables para la mentalidad helénica tradicional.

Con el cuestionamiento moderado del platonismo Agustín tiene una clara finalidad, que es convencer a sus seguidores de que el cristianismo conserva elementos positivos de su pensamiento y, a la vez, corrige y supera sus errores otorgando la verdadera salvación.

2.3 Agustín mismo narra cómo fue avanzando en su comprensión de los textos bíblicos pasando de la lectura literal a la alegórica. En este tema conviene aclarar que Agustín había compartido dos ideas maniqueas[15]: la primera, que el Antiguo Testamento debía ser rechazado por contener una visión inmoral y reprochable de muchos de sus personajes, incluida la figura de Dios padre que era representado como cruel y vengativo; la segunda, sostenía que Dios era de naturaleza corporal (*Conf*: V, 10, 19). Así leemos en su relato autobiográfico que su primer encuentro con la Escritura fue decepcionante al comprobar que estaba escrita en un mal latín con un estilo muy inferior al de Cicerón (*Conf*: III 5, 9), uno de

---

15   El maniqueísmo era una secta dualista de tipo gnóstico de la que se liberó durante su estadía en Milán, por influencia de un grupo de intelectuales cristiano-neoplatónicos y por los sermones del obispo Ambrosio. Agustín fue maniqueo durante nueve años. Para profundizar en este proceso de "conversión", cf. García (2003, 5-16) y para una síntesis del maniqueísmo (*id*: 17-35).

los autores más leído en sus estudios de retórica y considerado un maestro en esa disciplina. A esto se suma otro desencanto que son los relatos confusos de la creación, las historias inmorales de los patriarcas, por ejemplo la poligamia que practicaban, entre otros temas (*Conf*: III, 7, 12). Sin embargo, agrega que tiempo después recuperó el gusto por la lectura de la Biblia al escuchar las explicaciones que hacía Ambrosio de Milán. El obispo en sus sermones al pueblo cultivaba una exégesis que le permitía descubrir y comunicar el "sentido espiritual" (*spiritaliter*) en sus comentarios del Antiguo Testamento y de textos de autores neoplatónicos, tanto cristianos como paganos. Prosigue Agustín que la manera en que Ambrosio interpretaba las enseñanzas de la Biblia le permitía superar los errores maniqueos, ya que resolvía los enigmas (*aenigmate soluto*) de algunos pasajes cuya "interpretación literal lo llevaba a la muerte" (*Conf*: V 14, 24. Cf. *DC*: III, 5, 9), i. e., a la incomprensión del mensaje revelado. En este mismo contexto afirma que el sentido literal lleva al error y que, al contrario, el sentido espiritual o alegórico (*De Genesi contra Manichaeos*: I , 22, 33) le permite acceder a la verdad (que es Cristo), "al quitarle el velo místico (*mystico velamento spiritaliter*)" (*Conf*: VI, 4, 6).

En *De Doctrina Christiana*[16], obra en la que más se explaya en el análisis de este tipo de interpretación, manifiesta que la opacidad de la alegoría es el mejor modo de expresar una verdad religiosa, de tal manera que ningún lector temerario de la Biblia debería ufanarse de pretender comprender sus misterios, puesto que se equivocaría al leerla superficialmente dado que tomaría "una cosa por otra" (*DC*: II, 6, 7). Una de las razones que propone Agustín para justificar su afirmación es que las "verdades de acceso muy fácil se convierten en viles rápidamente y al comprenderlas dejen de ser admirables"[17]. En este pasaje le responde a un oponente circunstancial que Dios puede ocultar las verdades surgidas de la revelación bíblica para que no sean degradadas por un exceso de comprensión por parte de los hombres.

En cuanto al mecanismo de funcionamiento de la expresión alegórica señala que consiste en el juego y alternancia entre el

---

16 Escrita en dos períodos, 396/7 a 426-7. Es una *tractatio Scripturarum*, lo que más tarde se llamará hermenéutica y exégesis de la Biblia, cf. "Introduction" en Bochet, Madec (1977, 9-62).

17 *Contra Iulianum*: VI,7,17, *P.L*: 44, 832; cf. *DC*: II, 6, 7, *En. in Ps*: 103, I, 18; *Epist*: 120, I, 5; *Contra Mendacium*: X, 24.

develamiento y la revelación; así pues, el ocultamiento dignifica y eleva a la verdad revelada, además de producir un despertar y una promoción del deseo de conocerla (*vela faciunt honorem secreti ut absconditis excitet desiderium*)[18]. Citando a Isaías sostiene que el profeta "mezcla el sentido figurado (*locutiones tropicae*) con los términos propios para que el espíritu atento llegue por medio de útiles y saludables esfuerzos al sentido espiritual"[19].

Un objetivo importante que se alcanza con la utilización de estas expresiones figuradas (*multa figurate*) consiste en ejercitar la inteligencia de los que se esfuerzan por comprenderla (*DC*: 17, 30; cf. *De Genesi ad Litteram*: XI, 1, 2). En un sentido semejante, analizando afirmaciones aparentemente mentirosas de la Escritura, postula que si bien en otros lugares "aprendemos enseñanzas de modo abierto y evidente: cuando las sacamos de su ocultamiento (*de abditis eruuntur*) de algún modo logramos un nuevo conocimiento y así renovados, nos resultan más dulces". Este ejercicio es propio de la inteligencia que busca pasar del sentido aparente al sentido real; aquel es una especie de vestido o de figura del verdadero significado[20].

Conviene remarcar que nuestro autor le otorga un valor pedagógico a la alegoría y a las otras formas de lenguaje metafórico o figurado (*DC*: III 37, 56), puesto que son los mismos escritores de la Biblia quienes concientemente han usado este tipo de lenguaje (cf. Pépin 1958b, 244) con el objetivo de expresar verdades reveladas.

Otra forma de este lenguaje que implica un pasaje de un significado a otro o de doble sentido, son las expresiones *mysticum* o *mystice* que ya mencionamos, para referirse a la distinción entre los dos pueblos a los que llama tanto Jerusalem como Babilonia[21].

Es importante recordar que nuestro autor entiende que la forma mística de llamar a estas sociedades proviene del sentido alegórico espiritual[22], como ya lo notamos.

Para sintetizar digamos que Agustín se refiere a este tipo de lenguaje no literal manteniendo un significado constante, pero utilizando términos diversos: en sentido espiritual (*spiritaliter*,

---

18   *Sermo*: 51, 4, 5, citando *Col*: 2,3 y *II cor*: 3, 16.

19   *Isaías*: 65, 17-19, *CD*: XX, 21; cf. *DC*: III 10, 14; 15, 23; 16, 24; 19,20; 22, 32; 24, 34.

20   *C. Mendac*: X, 36. Cf. *En. in Ps*: 140,1; *De Trin*: XV, 17, 27.

21   "*civitas mysticum vocabulum Babylonis*", *CD*: XVIII, *4.1;*cf. *En. in Ps*: 61,6.

22   *CD*: XIX,11; cf. *id*: V,19; XI, 1; a esta última frase la dice después de citar los *Salmos*: 86, 3; 47, 2-3.9 y 45, 5.

intellectum spiritalem), expresiones figuradas o figuras significativas (*locutiones tropicae, multa figurate, figurate dictum*), que revelan realidades ocultas (*de abditis, de obscuritatibus, velamento*), de modo místico (*mystice*). Estas formas lingüísticas están presentes en la Biblia y deben ser consideradas como tales por sus lectores para llegar a su correcta interpretación.

— 3 —

Ante la dificultad que plantean los textos que analizamos en el apartado 1, que aparecen como ambiguos y contradictorios conviene considerar que el hiponense en varias ocasiones dice que estas sociedades están entrelazadas o mezcladas (*permixtae, perplexae*) (*CD*: XX, 26 y I, 35) en su condición histórica y terrena; en ellas habitan simultáneamente justos y condenados[23]. Esta situación se terminará en la vida futura. De este modo se podría entender a la ciudad de Dios como la Iglesia integrada por todos los bautizados, entre los que se hallan los que se mantendrán fieles y los que no lo harán.

Nuestro autor es muy consciente de la fugacidad de las realidades históricas incluyendo los imperios terrenales y por eso acentúa la importancia de la condición futura y definitiva. Si se ignora este contenido escatológico propio de la lectura teológica que realiza de la historia como el lugar de la acción salvífica de Dios, se corre el riesgo de convertir a la *Ciudad de Dios* en fuente de teorías políticas de diversa índole como efectivamente ocurrió.

Dicho contenido escatológico se hace evidente si pensamos que los textos bíblicos son la fuente fundamental en la que se inspira Agustín en esta obra. Del Apocalipsis de Juan[24] toma la culminación escatológica de los dos pueblos; de las cartas de Pablo, la separación entre dos tipos de personas: los que viven según el espíritu y los que viven según la carne, los libres y los esclavos, los terrestres y los celestes (Rom 6, 4-6; 6, 15-19 y 8,5-13; I Cor 15, 20-28; v. 47-49); además, son fuente de inspiración textos evan-

---

23 *CD*: *XIX, 26;* cf. *De Cathechizandis Rudibus*: 19, 31 y 21, 37. *CD*: I, 35; XVIII, 49.
24 C. 20, 4: alude a la "bestia" como si fuera la "ciudad impía"; en v. 7-8 se refiere a la liberación del demonio quien encabezará una persecución a la Iglesia (v. 9) y agrega que "toda la ciudad de Cristo será perseguida por toda la ciudad del diablo".

gélicos con contenido apocalíptico[25]. También acude a la Carta a los Hebreos[26]. Estos pasajes nos hacen pensar que, si bien Agustín ha encontrado la expresión "ciudad de Dios" en los Salmos[27] y se puede haber inspirado en textos evangélicos afines, es en el Apocalipsis de Juan donde encuentra claramente expresada la oposición y el enfrentamiento de ambas sociedades humanas (y angélicas) en un contexto escatológico. También habría que considerar la oposición propia del Evangelio de Juan entre la luz y las tinieblas y entre Jesucristo y el "príncipe de este mundo".

En cuanto a los textos paulinos, es interesante observar que las dos clases de personas se hallan en ámbitos antagónicos en el mismo sentido en que los ubicará Agustín. Nuestro autor encontró en estos pasajes la caracterización de dos grupos de personas, los que siguen a Cristo y los que no lo hacen, y en el Apocalipsis de Juan leyó que estos dos tipos de gente se podrían ubicar en dos sociedades distintas, una Jerusalem, la que logrará la vida bienaventurada junto a Dios, y la otra, Babilonia, la que será condenada junto con su jefe el demonio.

Podríamos afirmar que la distinción de las dos ciudades tiende a desacralizar la política y la sociedad ya que no exige que el Estado cumpla una función religiosa, ni que esté al servicio de la Iglesia como poder político (cf. Bochet 1993, 44-57). Este planteo se diferencia de visiones mesiánicas que anuncian la realización del Reino de Dios en la tierra por medio de un imperio cristiano, como la Eusebio de Cesarea[28]o la de Orosio (cf. Solignac 1982, citado por Bochet 1993, 54).

— 4 —

Agustín practica el círculo hermenéutico en un sentido semejante al desarrollado por Paul Ricouer (1969). Aborda los textos tanto mítico-históricos de Roma como de la Biblia, intentando superar el sentido periférico-material para encontrar significados nuevos-originales, que contribuyan a la comprensión de la fe cristiana. La com-

---

25   Textos alusivos al reino del diablo: Mc 3, 24, Mt 12, 25 y Lc 11, 17.
26   Todas las citas aluden al concepto de ciudad: Heb 11,10.16; 11,22; 13, 14.
27   Salmos 86 (87), 3; 47, 2.3.9 (48:1,2.8); 45: 5, 6 (46: 4,5).
28   Eusebio une *evangelium* e *imperium* bajo Constantino: un líder, un imperio, un Dios (Van Oort 1991).

prensión de la fe (*intellectus fidei*)[29] es para Agustín el cometido del sabio cristiano y el *leitmotiv* de su esfuerzo intelectual y existencial. Vimos que asumiendo la tradición helenística de la interpretación alegórica evalúa críticamente a autores representativos de esa línea, como Varrón y Porfirio. Luego consignamos su propia posición con respecto a este tipo de exégesis y el uso que hace de ella para expresar su visión teológica de la historia, mediante la dialéctica de las dos ciudades o sociedades. De ese modo y en el marco de su defensa retórica del cristianismo ante el cuestionamiento de los tradicionalistas romanos, apuntamos que su finalidad es lograr que comprendan la veracidad del cristianismo y la acepten.

Bibliografía

AGUSTÍN DE HIPONA (2018), Opera Omnia di Sant'Agostino. Obras completas en <www.augustinus.it>.

COMBÈS, G. (trad.) (1993). *Saint Augustin. La cité de Dieu*, tomo I; (1994) t. II/1 y (1995) t. II/2, Paris.

BOCHET, I. y. G. MADEC (eds.) (1977). *Oeuvres de S. Augustin. La Doctrine Chrétienne*, Paris, 429-590.

TRÉHOREL, E y BOUISSOU (traductores). (1962). *Oeuvres de S. Augustin, Les Confessions*, Paris.

BROWN, P. (1984) *Augustine of Hippo. A Biography*, Berkeley-Los Angeles.

DOIGNON, J. (1990). "Oracles, prophéties, 'on-dit' sur la chute de Rome (395-410). Les réactions de Jérôme et d'Augustin", *Revue d'Etudes Augustiniennes*, 36: 120-146.

HADOT, P. (1979). "La présentacion du platonisme par Augustin". *Keryma und Logos. Festschrift für Carl Andresen*, Göttingen, 272-799.

GARCÍA, R. M. (2003). *El concepto de libre albedrío en San Agustín*, Bahía Blanca.

MADEC, G. (1994). *Petites Études Augustiniennes*, Paris.

McEVOY, J.J. (1992). "Neoplatonism and Christianity. Influence, Syncretism or Dicernment"? en Finan, Th. y V. Twoney (eds). *The relationship betweeen Neoplatonism and Christianity*, Dublin.

PÉPIN, J. (1958a). *Mythe et allégorie, Les origines grecques et les contestations Judéo-Chrétiennes*, Paris.

PÉPIN J. (1958b)."St. Augustin et la fonction protreptique de l'allégorie", *Recherches Augustiniennes* I: 243-286.

RICOEUR P. (1969). "El símbolo da que pensar" en *Finitud y culpabilidad*. Madrid: 699-713.

VAN OORT J. (1991). *Jerusalem and Babylon. A Study into Augustine's City of God and the Sources of his Doctrine of the Two Cities*, Leiden.

---

29 Esta fórmula que se repite largamente en los obras de Agustín significa que el comienzo de toda comprensión es la aceptación de las verdades de la fe: "*crede ut intelligas*", *Tractatus in Evangelium Ioannis* 29, 16. Cf. *Sermo* 118, 1; 137, 15, etc.

Lidia Raquel Miranda y Viviana Suñol (eds.)

El Paraíso en *Vidas de los Santos Padres de Mérida.*

Una aproximación a la Historia de los Sentidos[1]

María Luján Díaz Duckwen
Facultad de Humanidades, UNdMdP
dduckwen_lujan@yahoo.com.ar

Las coordenadas a las que queremos atender son, para empezar, dos: por un lado, las hagiografías, que a nivel general nos brindarán una serie de herramientas intelectuales a tener en cuenta en el análisis puntual de la hagiografía seleccionada en este análisis –las *Vidas de los Santos Padres de Mérida*– y, por el otro lado, la historia de los sentidos, que nos dará el marco teórico-metodológico para leerla.

Desde que surgieron las hagiografías a mediados del siglo IV comenzaron a tener una relevancia fundamental para la Iglesia y para el mundo tardoantiguo. Por su medio se conocía la vida de los santos y se constituían en modelos de santidad a seguir por todo buen cristiano. Su concepción, de parte de eclesiásticos que decidieron ponerlas por escrito, vino de la mano de la construcción del culto de los santos, instalados en un lugar geográfico particular al que patrocinó, lo cual derivó también en la conducción en buena medida de la mentalidad popular y, por supuesto, los beneficios materiales que con ello sobrellevaba. Este culto de los santos colaboró de muchas maneras en la construcción de una mentalidad popular cristiana, en donde estos personajes rompían con las barreras indestructibles entre el cielo y la tierra, y se transformó lentamente en un elemento que orientaba todos los aspectos de la vida cotidiana (Guiance 2005, 163-170; 1999; Castellanos 1996; 1998; 1998a; 1999).

Esto nos permite proponer la hipótesis de trabajo que sostiene que durante el período tardoantiguo la hagiografía pudo ser un canal que contribuyó a la formación de un paisaje sensorial que influiría en la vida de los creyentes. Con una escritura proveniente de las altas esferas religiosas cristianas, pensamos que su mensaje de proyección cultural, en este caso apuntado a las cuestiones sensitivas, colaboró en la formación de la cultura material y mental de la época. Así como las hagiografías permitieron la construcción de un modelo religioso a través de las ideas escatológicas vigentes en la época, los sentidos conformaron en ellas un modelo sensorial[1].

La historia cultural ha atendido diversas temáticas a lo largo de los últimos decenios, muchas de ellas con verdadero impacto en la historia medieval y sus inicios. En este caso, varios de los conceptos desarrollados por el historiador Roger Chartier (1995, 43-62) enlazan las cuestiones relacionadas con las prácticas y las representaciones, de las cuales remarcamos la posibilidad que brindan al historiador no de reconstruir el pasado sino de 'volverlo a hacer presente (re-presentarlo)'. Es decir, no volvemos al pasado estrictamente hablando sino a las imágenes que ha producido de sí mismo, las improntas del pasado (Aurell, 2006). Dicho término, "representaciones", se plantea como los esquemas intelectuales incorporados, construidos, sustentados por los intereses de un grupo en particular, se conecta con el universo de las relaciones y las tensiones que constituyen las sociedades y las prácticas derivadas que dan cuerpo al mundo que les es propio.

Las cuestiones sensoriales forman parte de ese universo que queremos reconstruir y representar nuevamente, a la vez que generan múltiples posibilidades de prácticas culturales. Por ello, nos valdremos de la historia de los sentidos y el entrecruzamiento de conceptos que aporta la antropología de los sentidos.

Le Breton (2007) ha realizado aportes sugerentes respecto a la validez de la antropología de los sentidos y le ha dado un marco teórico que la avala plenamente. A continuación, nos adentraremos brevemente en algunos aspectos útiles a nuestro estudio.

El individuo es un cuerpo que ha nacido, crecido y educado en un lugar y un tiempo determinado. Su cuerpo actúa como el

---

1 Eric Palazzo presentó en un artículo de 2012 un estado de la cuestión acerca de las investigaciones sobre los cinco sentidos en el seno de los estudios medievales. Asegura que son los historiadores medievalistas y los especialistas de la literatura y de la filosofía medievales quienes las han desarrollado mayormente, aunque los estudios son escasos. Sobre todo, ha primado la noción de sinestesia, tema que él aborda particularmente al final (Palazzo 2012, 339-366). También aportan a esta cuestión, desde la Antigüedad a la Edad Media, Coronado Schwindt y Gerardi (2014, 14-199).

Lidia Raquel Miranda y Viviana Suñol (eds.)

instrumento para relacionarse con el mundo, pues por su medio toma conciencia de sí mismo, experimenta su existencia mediante resonancias sensoriales y perceptivas que no dejan de atravesarlo. Sin embargo, la percepción es a la vez interpretación, y ésta se ha forjado a partir de una construcción que atraviesa la condición social y cultural de su historia personal, de la atención al medio que lo rodea, de ese filtro que entiende que la apropiación del mundo por ese cuerpo se realiza por intermedio de los sistemas simbólicos que comparte con los miembros de su comunidad[2].

La antropología de los sentidos de la mano de Constance Classen (1993) se interesa por "la manera en que varía la configuración de la experiencia sensorial entre las distintas culturas, según el significado relacionado con cada uno de los sentidos y la importancia que se le confiere" (Rodríguez 2012, 82). La importancia de los sentidos y su historicidad radica en que son constructores de realidades, pues a través de ellos se aprehende el mundo. De aquí surge la trascendencia de considerar cuáles han sido para una sociedad las selecciones realizadas entre ella y el mundo, los significados adjudicados, los valores prevalecientes, las creencias presentes, puesto que todo esto diagrama una "organización sensorial" propia presentado en las fuentes como un "paisaje sensorial" determinado. Así se decanta que, en todos los períodos históricos, ha aparecido un "modelo sensorial" de asociaciones conscientes e inconscientes que funcionan en la sociedad para crear significado en la compleja red de los individuos de las percepciones sensoriales continuas e interconectadas. La historia de los sentidos pone de relieve que los modelos sensoriales antropológicos evolucionan y se transforman con el tiempo, que no son estáticos, que se van moviendo a la misma vez que el hombre va cambiando sus formas de apreciar su realidad.

La Antigüedad tardía ha sido un momento complejo de transformación de la realidad antigua, de metamorfosis de diversos aspectos de su cultura. La desaparición progresiva pero definitiva

---

2   Si bien existen en nuestro ámbito trabajos recientes referidos al paisaje sensorial, como "El paisaje sensorial de la Embajada a Tamorlán (1403-1406) Reconstrucción histórica y cultural de los sentidos" (Múller, 2015) y "El paisaje sonoro de las ciudades castellanas a través de las ordenanzas municipales (siglos XIV-XVI)" (Coronado Schwindt 2013), ninguno se adentra en la relación entre cuestiones sensoriales y religiosidad que nos interesa en este capítulo.

del Imperio romano, la aparición de los nuevos protagonistas germanos y un mundo nuevo gracias al cristianismo, que ideológicamente conservó lo que estuvo a su alcance a la vez que invirtió en su sentido religioso otros aspectos, fueron los rasgos más destacables de este período. La hagiografía fue un novedoso producto cultural, ligado a las relaciones entre las nuevas estructuras políticas y la nueva elite social episcopal, y su mensaje y difusión se encontraba dentro de la dimensión pastoral que sus hombres promovieron[3].

En la tradición cristiana, San Agustín ha sido el autor cristiano que ha llegado a transformarse en un jalón de la historia del tema que nos ocupa (Palazzo 2014). Algunos de sus escritos se detienen en descripciones sensoriales que enfatizan el cuerpo como el lugar necesario para experimentar el mundo[4] y la memoria como el ámbito donde se almacenan y desde donde se los trae nuevamente al presente. Luego conservó la doctrina de los sentidos espirituales, esto quiere decir de los sentidos que están asociados al alma y de la necesidad de una fe fuerte y confiada que permita sentir a partir de órganos espirituales la presencia de Dios.

Cuál ha sido la importancia de los sentidos en este período es algo que aún está por trabajarse. Abordaremos el estudio del documento hagiográfico objeto de nuestro estudio con la finalidad de verificar qué cuestiones atinentes a ellos permiten visualizar su importancia y sus características.

---

3   Para ampliar estas cuestiones, véase la introducción de Castellanos (2004a, 13-44).

4   "Mas heme ante los campos y anchos senos de la memoria donde están los tesoros de innumerables imágenes de toda clase de cosas acarreadas por los sentidos. Allí se halla escondido cuanto pensamos, ya aumentando, ya disminuyendo, ya variando de cualquier modo las cosas adquiridas por los sentidos, y todo cuanto se le ha encomendado y se halla allí depositado y no ha sido aún absorbido y sepultado por el olvido... Allí se hallan también guardadas de modo distinto y por sus géneros todas las cosas que entraron por su propia puerta, como la luz, los colores y las formas de los cuerpos, por la vista; por el oído, toda clase de sonidos; y todos los olores por la puerta de las narices; y todos los sabores por la de la boca; y por el sentido que se extiende por todo el cuerpo (tacto), lo duro y lo blando, lo caliente y lo frío, lo suave y lo áspero, lo pesado y lo ligero, ya sea extrínseco, ya intrínseco al cuerpo. Todas estas cosas reciben, para recordarlas cuando fuere menester y volver sobre ellas, el gran receptáculo de la memoria, y no sé qué secretos e inefables senos suyos. Todas las cuales cosas entran en ella, cada una por su propia puerta, siendo almacenadas allí" (San Agustín. 1963, 385/86).

Las Vidas de los Santos Padres de Mérida[5] es una obra plenamente hagiográfica dado que se centra en describir personajes santos y su virtud, con tópicos literarios específicos pero que además tiene peculiaridades propias puesto que contiene las problemáticas tardoantiguas más sobresalientes en la geografía hispana, obra de un hagiógrafo "con vocación de historiador" (Velázquez 2008, 8). Se destaca, por tanto, quizá en mayor medida que en otras vidas, la descripción de los acontecimientos históricos que evidencian el conocimiento que quiso transmitir de la ciudad de Mérida y de la realidad del siglo VI, enmarcado en el contexto del reino visigodo. Se supone que su redacción se ubica a unos 50 años aproximadamente después de los hechos, momento en que la ciudad se encontraba en decadencia, en tanto que los obispos-santos Pablo, Fidel y Masona la había enlazado en el siglo anterior con la monarquía visigoda y el proyecto de unificación 'nacional' de los reyes Leovigildo y Recaredo.

Nos ha llamado la atención el capítulo en el cual nos centraremos puesto que descubre un mundo plenamente sensorial, que requiere de los cinco sentidos para recrearlo imaginativamente. La propuesta textual que se hace del paraíso celestial es particular precisamente porque, a nuestro entender, ya adelanta los resultados que se pretenden mostrar con dicha hagiografía: el traspaso de una Mérida terrenal y romana a una Mérida celestial y visigoda, elevada a este estatus gracias a los mencionados *uiri sancti*, que despliegan su actividad santa a lo largo de la obra y en la urbe de Mérida. El proyecto ideológico que se expone y defiende viene de la mano de la simetría que se ha logrado entre aristocracia política y líderes cristianos, siendo esta de carácter político visigodo y religioso católico, y obtenido posteriormente a la lucha con el arrianismo en la que la ciudad participó activamente.

Pasemos ahora a nuestro análisis. La vista es el primer y principal sentido convocado para alcanzar una imagen plena de lo que se está describiendo: el Paraíso. Augusto, un joven adolescente, "inocente, ingenuo y que no sabía leer", trabajaba al servicio de santa Eulalia. Repentinamente enfermó y cuando lo visitó el redactor de las *Vitae*, le contó que estaba lleno de esperanza debido

---

5   La fuente consultada corresponde a la traducción realizada por Velázquez, *Vidas de los Santos Padres de Mérida*, (2008). La versión latina utilizada es la de Maya Sanchez (1992).

a una visión que había tenido en la que había visto al mismo Señor Jesucristo. El relato comienza así:

> He estado en un lugar agradable donde había muchas flores olorosas, plantas muy verdes, rosas y lirios, y muchas coronas de gemas y oro, innumerables telas de seda pura y una brisa de suave aromático frescor que lo refrescaba todo con su soplo [...] colocado en el centro, sobresalía un trono mucho más elevado. Y allí había incontables niños, todos engalanados y hermosos, preparando mesas y un banquete extraordinario. Toda esta abundancia de platos no se preparaba con cualquier animal sino sólo con aves cebadas, y todo lo que se preparaba era tan blanco como la nieve. Y aguardaban la llegada de su señor y rey.

La vista es un sentido esencial, y este caso lo demuestra. Tengamos en cuenta que, desde los comienzos, Dios la entroniza en una relación privilegiada con el mundo. Abrir los ojos significa nacer al mundo, significa creer y conocer al mundo. Ver es sinónimo de comprender. En el mundo antiguo, Platón rescató a la vista como un sentido noble, que se acerca a las imágenes aunque estas no son más que versiones de lo real. Es un sentido que proyecta al hombre al mundo, pero es el sentido de la sola superficie: se ven solamente las cosas que se muestran. Es necesario ir más allá puesto que lo que vemos son sombras de lo real, del mundo cotidiano; se requiere ver el universo de las ideas y, para el cristiano, el universo divino. En este caso, la mirada se instala en el mundo prometido por Dios, en el más allá, y el relator muestra una imagen de lo que aquel posee combinando el sentido de la vista con el olfato y el tacto, sentidos destacados entre la gente del pueblo[6].

Predominan en el lugar descripto colores específicos y puros que acompañan objetos preciados de la naturaleza, como las flores, y del mundo regio, como las coronas de gemas y oro, y las sedas. Este juego de colores, objetos preciosos, olores y naturaleza se relacionan en tanto que la tradición medieval enlaza los perfumes a las piedras preciosas (con lo cual resulta lógico que el paraíso sea un espacio lleno de tales piedras). Esto responde al hecho de que

---

6   Toner (2012, 181-183) ubica estos sentidos como predominantes dentro de la cultura romana.

Lidia Raquel Miranda y Viviana Suñol (eds.)

la principal cualidad que se admiraba en ese tipo de piedras era su diafanidad. Esta característica "que [las gemas] comparten con los líquidos, explica que se las considere a menudo como líquidos solidificados". Así lo había explicitado san Isidoro al decir que "se llaman gemas porque son traslúcidas como la goma" (Guiance 2009, 159-160).

Estos elementos se acompañan con niños, que se proponen en los contextos hagiográficos como elementos de ingenuidad, de inocencia, y quienes conservan intactos los valores cristianos[7], pero también tienen la posibilidad de acceder al cielo en forma directa (Guiance 1988). La presentación del banquete, *convivium eximium"*, tiene características de un verdadero festín, puesto que los alimentos son deliciosos, están minuciosamente presentados y van a ser degustados por los invitados y por el personaje central que tiene preparado un trono y es el señor y rey del lugar. Podríamos decir que es el ámbito de una corte regia[8].

El olfato es un sentido difuso en el espacio, que se desprende de su fuente y flota, lo que provoca que el individuo no pueda defenderse de su expansión. Tal como el sonido, su condición amorfa impide huir de él e imprime en el ambiente una fuerte identidad, por lo que no se trata tanto del olor que se huele sino del significado que posee. Su percepción olfativa recibe la calificación de agradable o desagradable, con lo cual refleja su valor como experiencia y su aprendizaje en un contexto social y cultural particular, y sus significados se asocian con los significados del mundo. En contextos religiosos el olfato funciona como un limitador de ambiente; y en la Antigüedad y en el cristianismo el aroma característico ha sido el incienso en la liturgia.

El paraíso descripto está invadido por un olor agradable, *"aer tenuis flabrari frigore"*. El perfume del paraíso lo envuelve todo. Proviene de las flores pero la memoria olfativa rememora otros pasajes y que el mismo Cristo fue untado con perfumes preciosos, de nardo según el evangelio de Juan, y toda la casa en la que estaba se llenó con la fragancia del perfume (Juan 12, 4-8). Este paisaje

---

7   Por ejemplo, en el caso del monje enfermo por el pecado de la gula del capítulo 2 son los niños quienes lo concientizan de los peligros de su erróneo comportamiento.

8   Ver Velázquez (2008, 250 cita 183), que menciona una sugerencia hecha por García Moreno al respecto.

odorífico es completado por la última parte del relato de Augusto ante una pregunta del redactor:

> [...] el señor más hermoso que los demás se levantó de su trono y, tomando mi mano, me condujo a un jardín extremadamente agradable donde había un arroyo de agua cristalina y, junto a este arroyo, muchas flores y plantas de fragantes aromas que esparcían diferentes olores suaves [...]

En este paisaje donde aparece el agua, *"secus rivum ipsum"*, flores y plantas y la naturaleza en pleno de un jardín, *"flores multi, & sylvae aromatum fragrantes"*, el aroma suave y de diversos componentes le confieren una suavidad olorosa, *"redolentesque diversis suavitatis odoribus"*. Esto conduce a pensar en otro hecho profundamente medieval que también se registra en estas *Vitae*: el aroma de santidad. En el capítulo que sigue, la santidad de un monje muerto hacía ya 15 años se demuestra en el momento de abrirse su sepultura; dice "se desprendió de allí un olor a néctar" (*Vidas de los Santos Padres de Mérida*, 2, 22), confirmado además por contener el "cuerpo entero e incorrupto". Sin detenernos en este tema[9], el lugar por excelencia fuente de la más excelsa santidad no podía menos que ser contenedora de los más bellos y fragantes aromas que remitieran a dicha virtud. Se trataría de una verdadera "apertura del cielo"[10], en la que los sentidos y la experiencia sensorial juegan un papel trascendente para su percepción. De la misma manera que la dulzura aromática se percibe ante la santidad, contiene un valor agregado proveniente de la Antigüedad grecolatina puesto que se la asociaba a la dulzura de la ambrosía que alimentaba y perfumaba a los dioses. Este vínculo permitió conectar divinidad, vida eterna e incorruptibilidad[11].

La descripción continúa de esta forma:

> "Besaba los pies a todos y ellos decían: Bendito sea Dios que te ha guiado bien". Mientras decían esto y preparaban todo el servicio, se presentó de repente una ingente multitud vestida

---

9   Estas cuestiones son desarrolladas generosamente por Guiance (1990). En otro contexto, también por Albert (1990).

10   Ver Guiance (1990, 142), que alude a una frase de Albert.

11   Saucier (2010, 16). Su trabajo resulta interesante en cuanto encuentra explicación para la promoción de la santidad de Lambert, quien vivió en el siglo VII y sus *vitae* tuvieron sucesivas escrituras, con la combinación entre el sonido y el aroma.

de blanco, todos adornados con oro y piedras preciosas y ceñidos por coronas brillantes, y un grupo de esta multitud subía a la parte derecha, el otro a la izquierda, y, aproximándose así por ambos lados, rendían un homenaje inefable a su rey. En medio de ellos venía un varón resplandeciente y bellísimo en extremo, de apariencia hermosa y de aspecto glorioso, de estatura más elevada que los demás, más resplandeciente que el sol y más blanco que la nieve. Y cuando llegaron a los asientos preparados, ese hombre más hermoso se sentó en el lugar más sobresaliente, y los demás, inclinándose y adorándole permanecieron en sus asientos. Por fin él bendijo a todos. Ellos le adoraron una vez y otra y una tercera. Luego se colocaron ante ellos los platos preparados.

El tema de los colores continúa, acentuando aquí la claridad, el brillo, la blancura, la luz. La jerarquía del personaje divino que se inserta en el contexto festivo está medida con la luminosidad que se desprende de la escena. La relación luz/oscuridad en la época que no ocupa es importante puesto que los ambientes dependían durante el día del sol y durante la noche del fuego, así fueran antorchas, velas o fuego del hogar, generando ambientes poco luminosos. En cuanto a la luz, en la Antigüedad tardía, su combinación con el color, los brillos de los elementos y provenientes del sol y del día se sistematizará crecientemente[12].

También la identificación de la luz con la divinidad se aprecia en el texto. El juego con los colores elementales y los grandes contrastes evidencian lo extraordinario de la visión (Eco 2010, 99 y 100). Las joyas nuevamente dimensionan la figura central, que además se muestra a través de adjetivos excelsos que se van elevando desde la belleza física a la divina, para culminar con una presencia que resume la gloria de Dios, confirmada por la estatura corporal pero también la moral, y reafirmada por los colores claros que desde la Antigüedad clásica se atribuía a la divinidad: *"vir splendidissimus, nimiumque pulcherrimus, forma decorus, aspecto gloriosus, statura procerior cunctis, lucidior sole, candidior nive"*. La sucesión

---

12 Velázquez (2008, 56). La autora para este pasaje rescata la estética del mundo clásico y su utilización para producir una belleza armónica y su reflejo en la obra de Isidoro de Sevilla. Creemos que no solamente cuestiones estéticas son significativas en este pasaje sino también las de la experiencia de los sentidos en el lector/oyente.

de adjetivos enfatiza también en este contexto la simbología de la luz en el ámbito cristiano, puesto que toda la escena tiene como finalidad presentar al señor más hermoso, más resplandeciente, la belleza suprema, potenciado por los efectos agradables y de color resaltados desde el comienzo, y los brillos que acompañan a los objetos presentes (cf. *Vidas de los Santos Padres de Mérida*, 57). Finalmente, la ubicación central de Cristo y el comportamiento de fidelidad y adoración cierran el pasaje y lo colocan en el máximo escalón de la jerarquía divina.

Al preguntar Jesús si había alguien de la tierra y contestarle afirmativamente, el narrador sigue así:

> Yo estaba lejos y miraba y observaba. Cuando fui presentado ante sus ojos me estremecí intensamente. Pero él me dijo: "No temas, hijo. Ponte detrás de mí y quédate ahí". Y añadió: "No temas. Debes saber que seré tu protector. Nunca te faltará nada. Siempre te alimentaré, siempre te vestiré, te protegeré en todo momento y nunca te abandonaré".

La vista impactada del espectador se concentraba en la imagen observada, *"intuebar, conspiciebam"*, focalizando la atención, explorando los detalles, intentando ver mejor para comprender, involucrando la voluntad para ello. El estremecimiento ante la mirada de Jesús a su persona, *"coepi vehementer contremere"*, da cuenta de que una mirada es más que superficial en tanto y en cuanto palpa a los objetos sobre los cuales se posa, de alguna manera los atrapa y se transforma en un acto que no deja indemne a quien es traspasado por ella.

No obstante, el sonido aparece para confirmar lo que está ocurriendo, acude para demostrar la veracidad de la escena; la voz del mismo Jesús se oye con palabras dirigidas a todo el que quiera escuchar: las necesidades materiales y espirituales serán siempre aprovisionadas por él. Le Bretón (2007) explica que el oído es un sentido propio de la interioridad, que conduce el mundo al corazón, en tanto que la vista lo lleva hacia fuera de él. Así, mientras las imágenes han llevado al receptor a recorrer la exterioridad de la escena, a comprender el espacio divino, a sus santos y angelicales protagonistas, serviciales, bondadosos, dispuestos cada uno en su lugar, sus elementos esenciales y la festividad del ambiente, la presencia del mismo Dios y su propia voz salida de su boca lo llevan a capturar con sus oídos e introducir en su alma el mensaje celestial.

El mundo de los sonidos tiene diferentes características: los sonidos son efímeros puesto que, una vez escuchados, desaparecen; se asocian a un objeto o a una persona determinada; contienen afectividad en la relación con algo conocido y promueven que se dirija la atención; enlazan socialmente ya que se oye la voz humana y se recoge, se conoce, se comprende la palabra del otro. El pensamiento encuentra su cauce hacia el exterior a partir de la palabra. La audición marcó la historia medieval y cristiana de los sentidos ya que la Palabra de Dios funcionó como el sonido por excelencia. En palabras de Ambrosio de Milán, el oído, más que la vista, era garantía de verdadero (citado por Ong 1971, 35). Dios se había revelado auditivamente desde los comienzos bíblicos, accionando su palabra como medio de creación del mundo, bendiciendo lo creado y, especialmente, a su pueblo. Dios salió de sí para descubrirse al hombre con su voz, convocándolo a su conversión, esperando su respuesta e incentivándolo a cobrar una nueva conciencia de sí mismo. La Palabra de Dios signó la historia del pueblo de Israel, al establecerse como su parámetro de vida y fuente de sabiduría. En el Nuevo Testamento, por medio de Jesús, la Palabra se hace carne y se manifiesta concretamente transmitiendo el mensaje divino, tal como se evidencia en el pasaje antes transcripto[13]. Escritores cristianos griegos y principios antiguos manifestaban que el sentido del oído y la percepción de los sonidos dulces, tal como resultan las palabras dichas aquí por Jesús, cautivaban e influían la mente, facilitando la persuasión (Saucier 2010).

La última parte del texto incorpora el sentido más difícil de recrear y de describir: el gusto.

> Allí mismo ordenó que me dieran, de ese mismo banquete, comida y bebida, de tal naturaleza como no la había visto nunca, lo que degusté tomándolo con placer. Y en verdad te aseguro que el sabor de aquel alimento me reconfortó de tal manera que luego no deseaba ninguna otra cosa excepto ese alimento. Así pues, al terminar el banquete, me dijo: "Esta multitud se marchará y tú vendrás conmigo por otro camino

---

13   En relación con el tema de los sentidos auditivos, véase Díaz Duckwen (2014).

para mostrarte el pequeño jardín que tengo" […] cuando se marchaban, traían […] a no sé qué hombres que gritaban y se lamentaban con grandes alaridos. Al oír sus voces dijo: "Echad fuera a los malos siervos: no son dignos de ver mi rostro".

El sentido del gusto requiere de otros sentidos para una evaluación correcta, generalmente la vista y el olor, pero también el tacto; asimismo la boca conjuga esas modalidades sensoriales: el aroma de los alimentos, su tactilidad, su temperatura, su consistencia, su apariencia, su color. En un proceso indisociable, la boca saborea los alimentos mientras la nariz los huele. La preparación de la mesa y la selección y presentación de los platos no es un tema menor en este texto, en el que desde el primer momento se establece que la comida serían aves cebadas, con lo cual la predisposición sensorial se había puesto en marcha. En tanto, también consideraremos que comer es un acto sensorial total donde la boca ejerce el papel de instancia fronteriza entre el afuera y el adentro. Ahora bien, junto a estas conjunciones es ineludible el hecho de que la comida ofrecida por Jesús es deliciosa, *"cum jucunditate percepi"*, cuyo verbo apunta a la percepción del alimento como una experiencia sensorial completa que requiere de varios sentidos y su resultado es el deleite, el placer[14]. No obstante, en este caso está plenamente justificado en tanto se refiere a una comida especial, *"cibi illius gratia refectun"*. Esta frase podría interpretarse desde el aspecto concreto de satisfacción corporal por la ingesta de un alimento o bien, como lo entendemos nosotros, desde un aspecto espiritual, en donde el agasajo refiere también a la saciedad efectuada en el alma, cuya palabra *gratia* alude al don que Dios le ha conferido. En este contexto, este platillo placentero e inigualable rememora el discurso sobre el pan de vida ofrecido por el evangelio de Juan, en el que Cristo manifiesta que Él es el pan de vida y de vida

---

14 La conexión del cristiano con los sentidos es un aspecto temido; ya desde Antonio y el movimiento monástico, el alejamiento al desierto tenía el objetivo de vivir en aislamiento de las sensaciones que pudiera causar la ciudad y las relaciones sociales, un ámbito que durante la romanidad abundaba en costumbres sensoriales diversas. La ciudad tardoantigua ya no contaba con los espacios públicos y de espectáculos y diversiones como antes, sino con la peligrosidad del contacto con los demás, y con las mujeres si eran hombres de iglesia. Así lo manifiesta Nancto, un abad que, en el tiempo en el que estuvo al servicio de la basílica de Santa Eulalia, no quería que las mujeres lo vieran, "porque temía caer en pecado" (*Vidas de los Santos Padres de Mérida*, 3).

eterna (Juan 6, 22-47), su ingesta equivale a quitar para siempre la sensación de hambre y la saciedad producida reconforta el alma puesto que "El que come mi carne y bebe mi sangre tiene vida eterna, y yo lo resucitaré al tercer día" (Juan 6, 54).

La confirmación viene dada por el deseo posterior que tiene el relator, *"ut deinceps aliud nihil praeter ilium numquam desiderem cibum"*: no consumir ningún alimento más, excepto el que ya había recibido. El otro punto que se destaca a continuación es la invitación de Jesús, de manera personal, al jardín, lugar que luego de haber ingerido la comida eterna será su destino, el paraíso celestial.

Culmina el texto con un evento que evidencia el rechazo hacia ciertas manifestaciones sensoriales como los gritos y los alaridos, muy propios del mundo demoníaco y no del celeste, por ello llama la atención que se incorporen en este contexto. Pero es la misión edificante y moralizadora que comparte con las demás hagiografías la que lo justifica.

El oído es un sentido cautivo, según Le Bretón (2007), pues escucha sin poder evitarlo, escucha a pesar de estar inmerso en medio de ruidos, esto es, de una percepción auditiva que en su interpretación cultural es comprendida como algo negativo. Como contrapartida, el castigo impuesto por aquellos estruendos sonoros que afectaban la innegable serenidad del ambiente y a sus integrantes fue que no alcanzaran con la vista a Jesús. San Antonio, en cuya vida se hace presente el diablo tentador, desarrolla una cualidad especial: el don del discernimiento de los espíritus. En un discurso en el que prepara a los futuros monjes para su vida ascética[15], les enseña cómo reconocer la aparición de los espíritus buenos y la de los espíritus malos, subrayando justamente las características de serenidad y tranquilidad, gozo, alegría, confianza, no perturbación si son los primeros, y el estrépito, el ruido y los gritos, el temor del alma, la agitación, la desgana y la tristeza, el deseo del mal y el desorden en las costumbres ante los segundos.

En el último momento del texto, de manera breve, el autor hace una mención del sentido del tacto: Jesús mismo, de la mano, es quien conduce a Augusto al jardín del Eden, *"apprehendensque manum meam eduxit me"*. El sentido táctil hace uso de toda la su-

---

15 Cf Atanasio, *Vida de Antonio*, puntos 16 a 43,3, y la parte correspondiente a los demonios, la cual casi puede considerarse como un tratado de demonología, según Colombás (1998).

perficie dérmica del cuerpo; toda ella es una ventana al mundo; lo sensible es ante todo la tactilidad de las cosas, el contacto con los demás o con los objetos. El tacto reconoce y prueba la tangibilidad, lo concreto y la veracidad de las cosas del mundo. La Antigüedad relacionaba la cercanía de la deidad con los sentidos, ya que los dioses eran experimentables y podían transformar las vidas de los mortales solo con una caricia o con un beso a una estatua (Toner 2012). El Antiguo Testamento remite a este sentido con la historia del engaño de Jacob a su padre Isaac: ante la ceguera, el progenitor busca reconocer a su hijo mayor a través de los sentidos y, aunque escucha la voz de Jacob, reconoce a Esaú al tocarle su piel velluda, al oler su olor a campo y al comer la comida hecha con cabritos, dándole finalmente la bendición al hijo menor. El Nuevo Testamento remite directamente a Tomás, el discípulo incrédulo que, ante la novedad de la resurrección de Jesús, asevera que "Si no veo en sus manos la señal de los clavos y no meto mi dedo en el agujero de los clavos y no meto mi mano en su costado, no creeré". El encuentro con Jesús confirma su nueva vida, pero el señor lo invita: "Acerca aquí tu dedo y mira mis manos, trae tu mano y métela en mi costado, y no seas incrédulo, sino creyente" (Juan 20, 24-29). Sin embargo, importa el gesto que acompaña este movimiento en el texto y es el de conducir: Cristo mismo, con su cuerpo, aferrando su mano a la del discípulo, probándole la veracidad de la visión, le muestra el camino hacia las maravillas de su futura vida.

A modo de conclusión

En el mundo romano, los sentidos estaban directamente relacionados con la moral de las personas. Los sentidos eran agentes que influían sobre el individuo: a un aumento de los placeres sensuales podían surgir numerosos problemas morales que tenían un efecto negativo sobre las personas (Toner 2012). Sin embargo, podemos inferir lo contrario, tal como lo prefirieron las elites romanas, al considerar que llegar a un control sobre los sentidos, acompañado por la educación y por el buen gusto, significacaría una moral alta y una buena salud. Exponerse al tipo correcto de sensaciones pasó a ser una cuestión personal pero también moral de primera importancia.

No cabe duda de que el cristianismo, al obtener su oficialización religiosa, había ganado el reclamo de liderar a la población. Su papel como dirigente, pero paralelamente, su integración de signo cultural y mental a la sociedad romana a través de algunos siglos, colaboraron en la inversión de algunos aspectos sensoriales, de los cuales la *fuga mundi* promovida por los santos es la más visible.

En el caso emeritense, a partir de la hagiografía analizada, la voluntad de la elite católica buscó dejar en claro que el cristianismo elevó a la ciudad. La visión paradisíaca elabora un modelo sensorial plenamente religioso y cristiano que enfatiza el rango de santidad al que ha llegado. El ascenso de los sentidos propuesto, desde los aspectos materiales –que incluirían la vista, el olfato y el tacto, de mayor predominancia entre los sectores populares de la sociedad– a los más espirituales –representados por el gusto y los sonidos emitidos por la misma divinidad, involucrando de esta manera a toda la escala sensorial– confirma que nos encontramos ante un fenómeno de organización sensorial. Creemos que de manera consciente hubo una utilización plena y tangible de los sentidos humanos en la presentación del paraíso por parte del relator del texto analizado. La escena impone la visualización de la autoridad y la jerarquía del hecho, aclarando que nos encontramos en la cumbre de una pirámide que tiene como figura central al mismo Cristo, y quizá, al modo eusebiano, en Hispania, al mismo rey visigodo. Por cierto, cabe agregar que la estudiada aquí es la primera descripción del paraíso en Hispania y prácticamente única en el mundo tardoantiguo.

Pensamos que los diferentes elementos sensoriales convocados indican no solo el estatus y el estado moral del joven protagonista sino también el de la urbe en donde transcurre la acción. En este contexto, cobra importancia la utilización de los sentidos en un pasaje que involucra para la vida del personaje, y para el común de las personas, un conocimiento pleno y espiritual de la vida prometida en el más allá. Para la ciudad de Mérida entera, el pasaje resulta asimismo fundamental porque indica el paso del poder romano al poder visigodo, de la mortalidad a la inmortalidad (Saucier 2010), del mundo terrenal al mundo celestial, divino y santo, afirmado por un cristianismo indubitable practicado por la ciudad desde antes de la conversión de la corona visigoda. Todo esto determinó para ella una ubicación privilegiada.

El Paraíso es mostrado en todo su esplendor sensorial y su experiencia sensorial ocupa un lugar protagónico en tanto se reclama de cada uno de sus elementos su máximo potencial. Todos son convocados para entablar un contacto directo con el espacio divino y con quienes lo habitan. Al personaje, ya moribundo, le brinda seguridad y tranquilidad a su alma, *"spem vitae aeterna"*. A la ciudad de Mérida, espacio geográfico protagonista de este pasaje trascendente, le confiere la legitimidad divina de recorrer el camino hacia una trascendencia espiritual y santa.

Bibliografía

ALBERT, J.-P., (1990). *Odeurs de sainteté. La mythologie chrétienne des aromates*, París.

AURELL, J. (2006). "El nuevo medievalismo y la interpretación de los textos históricos" en <hispania.revistas.csic.es/index.php/hispania/article/viewFile/21/21>.

Biblia de Jerusalén, revisada y aumentada, (1998), Bilbao.

CASTELLANOS, S. (1996). "Las reliquias de los santos y su papel social: cohesión comunitaria y control episcopal en Hispania (ss. V-VIII)", *Polis* 8, 5-21.

CASTELLANOS, S. (1998). *Poder social, aristocracias y hombre santo en la Hispania visigoda. La Vita Aemiliani de Braulio de Zaragoza*, Logroño.

CASTELLANOS, S. (1998a). "Obispo, culto de los santos y hegemonía social en la Hispania visigoda", *Cassiodorus* 4, 257-266.

CASTELLANOS, S. (1999). *Hagiografía y sociedad en la Hispania visigoda. La Vita Aemiliani y el actual territorio riojano* (siglo VI), Logroño.

CASTELLANOS, S. (2004). "Obispos y santos. La construcción de la historia cósmica en la Hispania visigoda" en M. Aurell y A. Garcia de la Borbolla, A. (eds.). *La imagen del obispo en la Edad Media*, Pamplona, 15-36.

CASTELLANOS, S. (2004a). *La hagiografía visigoda. Dominio social y proyección cultural*, Logroño.

CHARTIER, R. (1995). *El mundo como representación. Historia cultural: entre práctica y representación*, Barcelona.

CLASSEN, C. (1993), *Worlds of Sense: Exploring the Senses in History and Across Cultures*, Londres y Nueva York, Routledge.

COLOMBÁS, GARCÍA (1998). *El monacato primitivo*, Madrid.

CORONADO SCHWINDT, G. y GERARDI, J. M. (2014). "Sentidos con historia: proyecciones y avances historiográficos", *Scriptorioum*, 6, 14-19.

CORONADO SCHWINDT, G., (2013), "El paisaje sonoro de las ciudades castellanas a través de las ordenanzas municipales (siglos XIV-XVI)", sin editar.

DÍAZ DUCKWEN, M. L. (2014). "El paisaje sonoro en las hagiografías. *La vida de San Antonio*", en G. Rodríguez (ed.), *Lecturas contemporáneas de fuen-*

tes medievales. Estudios en homenaje del Profesor Jorge Estrella, Mar del Plata, e-book.

Eco, U. (2010). *Historia de la belleza*, Barcelona.

Guiance, A. (1988). *Los discursos sobre la muerte en la Castilla Medieval* (siglos VII-XV), Valladolid.

Guiance, A. (1999). "Las apariciones de los santos en la hagiografía altomedieval castellana: estructura y función". *Temas Medievales 9*, 43-70.

Guiance, A. (2005). "Hagiografía y culto de las reliquias en la Hispania romana y visigoda: testimonios y mensajes" en A. Guiance y P. Ubierna (eds.), *Sociedad y memoria en la Edad Media. Estudios en homenaje de Nilda Guglielmi*, Buenos Aires, 163-170.

Guiance, A. (2009). "En olor de santidad: la caracterización y alcances de los aromas en la hagiografía hispana medieval", en *Edad Media. Revista Historia* 10, 159-160.

Howes, D. (2013). "El creciente campo de los Estudios Sensoriales", disponible en <http://www.sensorystudies.org/sensorial-investigations/the-expanding-field-of-sensory-studies/>.

Le Breton, D. (2007). *El sabor del mundo. Una antropología de los sentidos*, Buenos Aires.

Müller, A. (2015). "El paisaje sensorial de la Embajada a Tamorlán (1403-1406) Reconstrucción histórica y cultural de los sentidos", disponible en <http://repositoriodigital.uns.edu.ar/bitstream/123456789/3027/1/M%-C3%BCller%2c%20Anabela.%20Tesina.pdf>.

Ong, W. (1971). *Retrouver la parole*, Paris.

Palazzo, E. (2012). "Les cinq sens au Moyen Age: état de la question et perspectives de recherche", *Cahiers de civilisation médiévale* 55, 339-366.

Palazzo, E. (2014). *L'invention chrétienne des cinq sens dans la liturgie et l'art au Moyen Age*, Paris.

Rodríguez, G. (2012). "Paisajes sensoriales medievales" en G. Rodríguez (comp.), *¿Cómo se construye la historia? Revisitando la Edad Media desde la historiografía contemporánea*, Bahía Blanca, 81-89.

Saucier, C. (2010). "The Sweet Sound of Sanctity. Sensing St. Lambert", *Senses & Society*, Vol. 5 (1), 10-27.

Toner, J. (2012). *Sesenta millones de romanos. La cultura del pueblo en la antigua Roma*, Barcelona.

Vega, Á. C. (ed.) (1963). "*Las confesiones*", en *Obras de San Agustin*, tomo II, texto bilingüe, edición crítica y anotada, Madrid.

Velázquez, I. (trad.) (2008). *Vidas de los Santos Padres de Mérida*, Madrid.

La violencia contra los musulmanes y el ascenso social de la caballería villana:
Un análisis a partir de una fuente narrativa del siglo XIII

Juan Cruz López Rasch
Facultad de Ciencias Humanas, UNLPam
jclopezrasch@gmail.com

Planteo del problema

El origen de los caballeros villanos puede rastrearse entre los siglos X y XI, cuando un número indeterminado de campesinos libres e independientes repueblan las tierras ubicadas al sur del río Duero[1]. En ese entonces, las circunstancias de la frontera permiten que algunos propietarios de tierras y animales, devenidos en jinetes, obtengan botines y, además, sean reconocidos por los servicios militares que prestan[2]. Así, desde un primer momento, la capacidad para luchar que exhiben les permite destacarse dentro de una comunidad que, hasta mediados del siglo XII, no experimenta diferenciaciones de clase, sino más bien de roles y estatus (Astarita 1993). Para la época de Alfonso X, estos caballeros villanos gozan de importantes prerrogativas,

---

[1] La caracterización sociológica de los caballeros villanos, así como la manera de catalogar el funcionamiento del concejo castellano-leonés, constituyen los motivos más relevantes de numerosas polémicas, protagonizadas por historiadores de renombre, como Sánchez Albornoz (1956), Pastor (1973), Barrios García (1983-1984), Monsalvo Antón (1990; 1992) y Astarita (1993). Para tener una noción general sobre la situación económica y política de la región que nos concierne, aconsejamos la lectura de Monsalvo Antón (2012).

[2] La preparación para el combate y la disponibilidad de algún tipo de riqueza los hace responsables de tareas puntuales. De hecho, aún durante el siglo XIII, quienes cuentan con más de cien ovejas deben escoltar el pastoreo de los animales (Pastor 1973). Esto queda de manifiesto en algunos fueros concejiles, como los de Alba de Tormes (1140) y Ledesma (1252), por citar dos ejemplos (Astarita 1993). Según Luis López (1993, 18-19), incluso a mediados del siglo XIII encontramos a los jinetes concejiles vigilando los límites del alfoz, controlando las vías comerciales por donde transitan los animales, custodiando las rutas y garantizando suficientes pastos para la cría de ganado.

similares a las que disfrutan los niveles más bajos de la nobleza, la más característica de ellas, la exención tributaria. Esto queda de manifiesto en algunas fuentes, como el fuero concedido por el rey sabio a los vecinos de Ávila en 1256. En ese documento podemos observar que los integrantes del grupo disponen de parcelas y ganado, participan en actividades productivas, pero también cuentan con instrumentos de guerra y están preparados para el combate. Precisamente, uno de los requisitos establecidos por el monarca para conservar sus privilegios es que quienes los usufructúen mantengan un determinado equipamiento bélico[3].

En función de lo indicado, no sería incorrecto pensar que muchos de los atributos que definen a la cabañería villana se perfilan entre los siglos XI y XIII, es decir, cuando las tropas musulmanas constituyen una auténtica amenaza para los territorios que forman parte de la Extremadura histórica castellano-leonesa. Ese período, en el que también se reconfiguran las relaciones políticas entre los miembros de la elite medieval hispánica, es retratado, de una manera en particular, por la *Crónica de la población de Ávila*[4]. Constituye este un texto polémico que presenta, a su modo, un relato sobre los jinetes del concejo abulense. Entre los numerosos debates que se generan en torno a la fuente narrativa, uno de ellos destaca por encima del resto, y es el relativo a la autoría y los objetivos perseguidos por el redactor de la obra.

Para Monsalvo Antón (2010) la *CPA* constituye un discurso ideológico que busca legitimar a los miembros de una elite concejil antigua, la cual considera injustas las prerrogativas concedidas por Alfonso X en el siglo XIII a los advenedizos que pretenden integrar las tropas municipales. La tesis encuentra algún sustento en la descripción de los "serranos" y "castellanos" que está presente en el relato. Los primeros serían descendientes de personajes como Blasco Jimeno y Esteban Domingo, fundadores de reconocidas estirpes que llegaron a tener la titularidad de diferentes casas

---

3   Véase el Volumen 1 de la *Documentación medieval del Asocio de la Extinguida Universidad y Tierra de Ávila*, editada por del Ser Quijano y Luis López (1990: 47-52). En la fuente, quedan eximidos de pechar los caballeros que tengan las "mayores casas pobladas en la villa", y posean "cavallos e armas et el cavallo de treynta maravedís arriba, e escudo et lança e loriga e brofaneras e perpunt e capiello de fierro e espada" (del Ser Quijano y Luis López 1990: 48).

4   Empleamos la edición de Abeledo (2012), elogiada por Gaffard (2012), y nos referimos a ella, en lo sucesivo, como *CPA*.

señoriales. Durante los siglos XIV y XV, esas y otras familias nutrirían las filas del Regimiento e integrarían la oligarquía abulense[5].

Ras (1999; 2014) discrepa. Considera insostenible la propuesta de Monsalvo Antón (2010) por varios motivos. Primero, porque no existen evidencias en el siglo XIII de una elite poderosa, muy acaudalada y plenamente arraigada en el poder (Ras 2014). En segundo lugar, porque la crónica no presenta las características prototípicas de la literatura genealógica feudal. Todo esto lleva a Ras (1999) a pensar que el texto constituye una auto-representación de personas cuya mentalidad es esencialmente campesina, es decir, una expresión discursiva de guerreros con un origen plebeyo[6].

En el presente capítulo adherimos a las ideas desarrolladas por Ras (1999; 2014), quien identifica en la obra los intereses de un grupo de jinetes concejiles de extracción popular que pretenden legitimarse frente a los poderes feudales del reino. La perspectiva deja al descubierto similitudes con los planteos de Gómez-Moreno (1943), Gómez Redondo (1998) y Funes (2000). Los tres especialistas manifiestan que la CPA está dirigida al rey sabio, lo que convierte a la obra en un memorial de servicios de caballería presentado ante una autoridad que puede conferir distintas prerrogativas (Abeledo 2009). De hecho, no parece azaroso que el texto sea redactado entre 1255 y 1256, momento muy cercano a la cesión de privilegios de Alfonso X[7].

A partir de estas consideraciones, estudiaremos detalladamente varios episodios de violencia que se encuentran en el relato[8],

---

5   Con anterioridad, González Jiménez (1993-1994) publica un artículo en el cual, amparándose en otros autores, expone un razonamiento similar o, por lo menos, complementario al de Monsalvo Antón (2010). Desde su punto de vista, la crónica no es otra cosa que una defensa de los derechos de los caballeros serranos, a los cuales identifica con las labores agro-ganaderas, frente al avance social, político y económico de otros sectores.

6   Gómez-Moreno (1943, 16) es el primero que esboza esta tesis.

7   Para Gómez-Moreno (1943), la crónica es escrita durante 1255. Existen evidencias para respaldar ese punto de vista. López Valero (1995) analiza una de las escenas de la CPA, en la cual los jinetes abulenses conversan con Alfonso X. Para la autora, ese diálogo no es recogido de manera indirecta, sino que es un recuerdo del redactor de la obra. Tengamos en claro, además, que el fuero del monarca en el cual se confieren prerrogativas a los caballeros villanos es promulgado durante el mes de octubre de 1256.

8   Abeledo (2017) indica que la estructura narrativa de la CPA es episódica, porque en ella se yuxtaponen relatos breves, con comienzos definidos, pero poco articulados entre sí.

haciendo énfasis, particularmente, en aquellos protagonizados por los caballeros villanos y los musulmanes. La temática, salvo casos puntuales, no es trabajada de forma exclusiva y sistemática[9]. Pensamos que es relevante proceder con este abordaje, en tanto y en cuanto no es una simple causalidad que, a través de la *CPA*, los jinetes abulenses expliciten el valiente y honrado desempeño que tienen contra sus enemigos.

El lector podría interpretar que nuestro análisis peca de simplista, especialmente al momento de ignorar las enormes diferencias y variaciones que existen dentro del grupo de los cristianos y de los musulmanes. Efectivamente, en el interior de unos u otros nos encontramos con una importante diversidad. También debe reconocerse que, en distintas oportunidades, los reinos castellanos, aragoneses, leoneses, y de al-Ándalus, obtienen el apoyo de tropas que no están identificadas con su ideario religioso. La pregunta que surge entonces es por qué mantenemos esa diferenciación tajante al momento de abordar la *CPA*. La respuesta está en la propia lógica discursiva de la fuente narrativa. Los estereotipos negativos, generales y poco fundados que los cristianos expresan sobre los musulmanes van incrementándose a medida que avanza la guerra, especialmente a lo largo del siglo XIII (Mendizábal 2014), momento de redacción de la crónica referida[10].

Llegados a este punto debemos contemplar otro aspecto, elemental para comprender cualquier texto: los modos de representa-

---

9   Ras (1999), autora de una de las investigaciones más minuciosas de la *CPA*, prefiere dejar de lado ese asunto para concentrarse en otras cuestiones. Ella misma afirma, en la nota al pie número 89, que "no se incluirán en este análisis, por ejemplo, las expresiones realizativas que tengan como interlocutores o destinatarios a los moros" (Ras 1999, 205). Uno de los pocos casos en los cuales se desarrolla un abordaje de los conflictos mantenidos entre caballeros y musulmanes en la *CPA* es el de Astarita (1993). El artículo tiene más de veinticinco años y solo dedica un par de páginas a los problemas que nos interesan, motivo por el cual pensamos que es importante recuperar muchas de las ideas que se encuentran en él y complementarlas con otros abordajes. Barreiro y Bizín (2014) consideran el problema, pero no lo transforman en el eje de su estudio, puesto que su principal objetivo es efectivizar una comparación con el caso islandés y observar los mecanismos de reciprocidad que operan dentro del poder político medieval. Un comentario relativo a ese artículo aparece en López Rasch (2018). Abeledo (2015), por su parte, estudia uno de los episodios en particular que consignamos con posterioridad, pero lo hace con objetivos distintos a los perseguidos en este trabajo.

10 Algunos historiadores consideran que la naturaleza de las relaciones cristiano-musulmanes son fundamentalmente conflictivas. Lomax (1984) expone con claridad este punto de vista.

ción que operan dentro de él. Para Webb (2009), la cuestión puede trabajarse desde tres puntos de vista. En primer lugar, habría que considerar que el lenguaje, oral o escrito, actúa como mímesis aristotélica, reflejando el mundo que lo rodea. El postulado parece atractivo, pero Austin (1990) lo pone en duda y argumenta que no todos los actos de habla dan cuenta de lo que verdaderamente existe, puesto que algunos de ellos incluso crean realidades, como ocurre con el caso de los enunciados performativos. El segundo enfoque propone que en toda situación comunicativa existe un motivo. De acuerdo con ese criterio, lo que se expresa es una representación de las intenciones de su enunciador. El problema que se presenta aquí es que los emisores no siempre cuentan con la posibilidad de imponer o manipular los sentidos y significados que se construyen a partir de los mensajes que transmiten. Por eso, la tercera aproximación busca superar ese inconveniente teórico y establece que los significados son el resultado de un proceso de elaboración de representaciones que es configurado entre hablantes y oyentes (o entre autores y lectores).

Lo más correcto sería pensar a la *CPA* desde la última de las perspectivas contempladas. La obra, elaborada por un caballero villano, está dirigida a distintos públicos. Sus destinatarios son, por un lado, los propios jinetes abulenses. En este sentido, la fuente narrativa aparece como la expresión más palpable de la auto-percepción del grupo (Ras 1999). Asimismo, el redactor pretende legitimar la posición social y política de los caballeros villanos, confeccionando un relato que, con mayor o menor grado de veracidad, hace de ellos el sector más relevante dentro de la historia de Ávila. En la *CPA*, por último, se apela a la elite feudal de la época en general, y al rey en particular, con el objetivo de crear una impresión positiva de los combatientes concejiles. Los significados de la representación discursiva, entonces, deben generarse de manera conjunta, entre el autor y sus lectores. Por eso, aunque la *CPA* evoca acontecimientos que poseen mayor o menor grado de veracidad, la falsificación histórica de ellos queda relativamente condicionada por la verosimilitud que pretende imprimirle quien los plasma por escrito (Ras 1999)[11].

---

11 De acuerdo con Barthélemy (2000), los historiadores deben ser cautelosos y no sobredimensionar el contenido de obras con un elevado componente ficticio o, por lo menos, poco comprobable. Constituye esta una crítica que apunta, especialmente, a Miller (1990).

La intención del cronista, en el caso de la *CPA*, es que quienes accedan a la lectura de la obra, formen parte o no de la caballería villana, reconozcan las aptitudes positivas del grupo y lo ponderen como un justo merecedor de distintas prerrogativas. En el texto, además, la agresión desplegada contra los enemigos del reino castellano, funciona como un argumento válido para que la aristocracia del reino, o por lo menos una parte de ella, avale el ascenso de campesinos libres e independientes que adquieren características similares a las que posee la baja nobleza. Así, la crónica constituye la manifestación ideológica de un sector que mantiene un vínculo estrecho con los labradores, y cuyo ascenso social parece deber mucho al comportamiento desplegado contra los musulmanes. De esta manera, la presencia en el relato de un enemigo temible, impío y abominable figura como una oportunidad propicia para que los guerreros de Ávila ganen prestigio dentro de una comunidad en la cual, hasta la segunda mitad del siglo XII, observamos "diferenciaciones sociales meramente funcionales" (Astarita 1993, 106)[12], ancladas en mecanismos de construcción de liderazgo vinculados a la participación en el combate[13].

La guerra contra los musulmanes y los mecanismos de acumulación

Tratándose de un relato apologético, construido por un integrante de un grupo social cuya intencionalidad principal es hacerse merecedor de una serie de privilegios, o esperar una confirmación formal de ellos, no resulta extraño que el comportamiento violento ejecutado por los jinetes abulenses contra los musulmanes sea legitimado. Así, en la crónica, la actitud beligerante de los caballeros villanos es congratulada. Esto es comprensible si pensamos que el

---

12   La interpretación puede contrastarse con la ofrecida por Barrios García (1983-1984, I). Para él, ya entre fines del siglo XI y comienzos del XII los caballeros villanos controlan el poder concejil. Llega a esa conclusión amparándose en un análisis particular de la *CPA*. Pone en duda la tesis González Jiménez (1993-1994), quien considera ridículo pensar que la concesión de privilegios de Alfonso X constituya una confirmación excesivamente tardía de prerrogativas que se disfrutan en la práctica.

13   En algún punto nuestro estudio tiene paralelismos con el de Wickham (1996), en tanto y en cuanto la *CPA* refiere a una época de la historia concejil que nos recuerda a las sociedades de base campesina. Veremos esto con mayor grado de detalle en las páginas venideras.

redactor de la obra, o alguno de sus antepasados, es partícipe de campañas bélicas en las cuales se enfrenta a las amenazas del reino cristiano. Además, desde el punto de vista teórico, la agresividad no está mal vista cuando víctimas y victimarios "son extraños y enemigos entre sí"[14]. El análisis comparativo con otros espacios geográficos puede ayudarnos a entender esto. En la región islandesa, por ejemplo, el robo entre quienes forman parte de una misma comunidad aparece como un delito, llevado a cabo por un ladrón que se esconde de la justicia y de la mirada acusadora del resto de las personas. Por el contrario, el saqueo que se produce después de una conquista sobre otras poblaciones es realizado a la vista de un público que aprueba ese comportamiento. Es más, el botín garantiza la entrega de obsequios, articulando relaciones que generan y/o solidifican los vínculos políticos (cf. Miller 1986).

En el caso particular de la *CPA*, las incursiones sobre los musulmanes permiten obtener riquezas. En una de las escenas que componen esa obra, las campañas militares en las tierras de al-Ándalus aparecen como una respuesta frente a las necesidades económicas de la hueste. Por ese motivo, las tropas piden permiso al monarca para llevar adelante la cabalgada[15]. Nótese que los jinetes se presentan como obedientes y respetuosos ante las decisiones del rey, actor político con el cual procuran establecer un trato cordial. Sin embargo, cuando analizamos otras fuentes, como por ejemplo la *Chronica Adefonsi Imperatoris* (c. 1147-1149), advertimos que los caballeros de la Extremadura disponen de una autonomía bastante considerable y, en algunos casos, ignoran las disposiciones del mandatario[16]. Probablemente, la intención del

---

14 La frase es de Hobsbawm (2001, 33). Obviamente, el autor no está refiriéndose a los casos en particular que nosotros investigamos. Recurrimos a esa cita porque nos parece que ilustra correctamente nuestro punto de vista.

15 "Otra vez cercó el rey don Alfonso a Baeza, e seyendo ý ovo muy gran carestía e embió la hueste. E fue el concejo de Ávila al rey e pidiéronle por merced que los dexase ir en cabalgada si pudiessen aver alguna ganancia porque se pudiessen bastesser la hueste" (*CPA*, 55).

16 Utilizamos la edición de Maya Sánchez (1990) de la *Chronica Adefonsi Imperatoris*. Véase, a modo de ejemplo, la campaña de los caballeros de Salamanca sobre las tierras de Badajoz, en el Libro Segundo, Capítulo 27, p. 207. Gautier Dalché (1979) considera que, desde el siglo XII, las tropas de las localidades más importantes (como Ávila, Salamanca y Segovia) atacan el territorio enemigo por su propia cuenta. Según Lomax (1984), en esa frontera abierta, en la que se dificulta el control por parte de las autoridades civiles y militares, los campesinos adquieren tierras y libertades.

redactor de la *CPA* sea demostrar la lealtad absoluta de los jinetes hacia la monarquía. Si consideramos la historia política castellana medieval, de por sí bastante conflictiva, esa fidelidad resultaría verdaderamente significativa, especialmente para los gobernantes que están, durante buena parte de su tiempo, tratando de promover acuerdos o evitando conflictos con los aristócratas del reino[17].

En el mismo episodio al cual estamos haciendo referencia, los caballeros abulenses arrebatan una enorme cantidad de animales. El rey aparece celebrando la victoria[18]. Si consideramos las lógicas de don y contradón que operan en la construcción del poder político feudal, y que también son observables en otros pasajes de la crónica[19], podríamos conjeturar que al monarca le otorgan una parte de lo sustraído tras los combates. Igualmente, las tropas se quedan con un porcentaje importante de la ganancia, lo cual queda evidenciado cuando se afirma que "por gran tiempo fué basteçida la hueste de conducho" (*CPA*, 56). Ahora bien, la actividad militar no es lo único que explica el crecimiento económico de los jinetes abulenses[20]. Desde que se instalan en la frontera disponen de una propiedad alodial, la cual constituye el punto de partida para efectivizar acumulaciones diferenciales a través del pillaje (Astarita 1993). Por otra parte, y como ya lo indicamos, el enriquecimiento constatado durante los siglos XI y XII obedece, entre otras cosas, a la relativa ausencia de los señores feudales en los territorios ubicados al sur del río Duero. En este sentido,

---

Allí, las milicias concejiles, integradas por labradores, saquean regularmente las poblaciones musulmanas. En la abrumadora mayoría de los casos, el principal motivo de esas correrías es económico. Por eso, el autor llega a afirmar que la práctica de guerra permanente contra los musulmanes es una invención popular, aunque no así el concepto teológico y político de Cruzada y Reconquista.

17 Muchos episodios de la *CPA* tienen el mismo objetivo. El más ilustrativo de todos ellos es cuando la ciudad aloja y protege al rey Alfonso VII de su padrastro, Alfonso I el Batallador. Véase *CPA* (11-17).

18 "Y en legando el concejo a el rey don Alfonso hechol' el brazo al cuello a don Yagüe e díxol' ansí ante todos: «adalid, en buen día nacistes, ca ó vos non fuésedes non es hueste nin podrié ser hueste que acabada fuesse»" (*CPA*, 56).

19 En las primeras páginas de la crónica figura la siguiente oración: "E tan grande fue la ganançia que en aquella fazienda ganaron, que dieron al conde don Remondo en quinto quinientos cavallos" (*CPA*, 10).

20 Otras fuentes describen el incremento de su cabaña ganadera: según el cronista Ibn Ṣāḥib al-Ṣalāt, a lo largo del año 1173 las milicias abulenses atraviesan tierras cordobesas y sevillanas, incorporando cincuenta mil ovejas, doscientas vacas y ciento cincuenta hombres (Monsalvo Antón 2012).

Lidia Raquel Miranda y Viviana Suñol (eds.)

existen similitudes con la dinámica desplegada en las sociedades tipológicamente germánicas, o con las *peasant-based societies* que analiza Wickham (1996). En uno como en otro caso, la ausencia de profundas desigualdades y la falta de una autoridad lo suficientemente poderosa dan lugar a un sistema de redistribución relativamente independiente entre los soldados. De esta manera, si nos atenemos a la narración, el accionar contra los musulmanes otorga una clara funcionalidad social al grupo de los guerreros dentro del concejo. Episodios como los referidos, precisamente, tienden a justificar la preeminente posición que parecen tener, o aspiran a conseguir, los caballeros abulenses.

Exploremos ahora un capítulo de la obra que, por sus características distintivas, es considerado por muchos un elemento extraño a la totalidad de la crónica. A continuación, reproducimos esa parte casi por completo:

> Este *Çorraquín* Sancho el sobredicho fue otra vegada en cavalgada con otros cavalleros, e ý á que se le olvidó Ávila, e tornose por ello. E yendo enpos ellos por una montaña vio sesenta caualleros moros que tenían veinte pastores cristianos e legávanlos. E asmó por cuál lugar llegarié a ellos que non le pudiessen ver fasta que fuesse cerca d'ellos. E fue por aquel lugar e sacó unas tovajas que levava e púsolas en la hasta de la lança por seña, e fuelos ferir llamando "¡Ávila cavalleros! E dexáronse vençer los moros, e mató d'ellos uno o dos; e los pastores que non estavan aún atados dessataron a los otros e ayudáronle bien, de guissa que los moros fueron vencidos. E fuesse él en pos sus compañeros e nunca lo quisso dezir lo quel avía acontecido. E después que a Ávila vino a poca sazón vinieron aquellos pastores e traxéronle sesenta puercos en servicio. E estava *Çorraquín* Sancho con compaña de cavalleros a la puerta de Sanct Pedro, e pasaron por ý aquellos pastores preguntáronles cuyos eran aquellos puercos, e los pastores contaron todo este fecho como pasó, e ansí fue savido, ca él nunca ante lo quiso dezir. E después d'esto cantavan en los corros, e dezién ansí:

> Cantan de Roldán, cantan de Olivero,
> e non de *Çorraquín*, que fue buen cavallero.
> Cantan de Olivero, cantan de Roldán,
> e non de *Çorraquín*, que fue buen barragán. (*CPA* 25-26)

En la cita textual puede observarse que Zurraquín Sancho, partícipe de una incursión, queda solo y rezagado. En su periplo se encuentra con sesenta jinetes musulmanes que llevan capturados a veinte pastores cristianos. El protagonista de este pasaje acomete contra los infieles, logra asesinar a dos de ellos y libera a los cautivos. Sin embargo, cuando se reencuentra con sus compañeros de armas, en un acto de discreción y humildad, prefiere no referirse al hecho. La ciudad recién se entera de sus hazañas un tiempo después, cuando algunos de los ovejeros acuden a la villa para agradecerle y otorgarle un regalo. En términos metafóricos, ese presente daría cuenta de un mecanismo por el cual los propietarios de ganado, o sus dependientes, pagan por la protección que los caballeros podrían suministrarle frente a las amenazas que existen en el área, constituyendo entonces una expresión de la esculca o la rafala.

El episodio protagonizado por Zurraquín Sancho nos permite constatar el desempeño militar de los jinetes abulenses y una de las implicancias que esto tiene, la existencia de un grupo que, al no poder defenderse por su propia cuenta, busca protección en los profesionales de la guerra, a los cuales recompensa de alguna manera. Ahora bien, así como hacemos referencia a una división de roles y tareas, debemos mencionar que, en ocasiones puntuales, la caballería es acompañada por contingentes de infantería[21]. En esos casos, estamos frente a tropas formadas por una buena parte de los habitantes del concejo. De manera similar a lo que ocurre en las bandas germánicas, la mayoría de los varones adultos en condiciones de luchar integran las milicias. Sin embargo, esto contempla mecanismos acumulativos que favorecen a unos en desmedro de otros. A la disponibilidad inicial de recursos que tiene una parte de los campesinos, como poseer un caballo para emplearlo en un conflicto armado, se añade un reparto inequitativo de los botines que obedece a las ventajas objetivas que depara el uso de esos instrumentos de combate. Los pecheros, que al principio forman las tropas de a pie, luego ya no lo hacen y pasan a estar bajo una carga feudal. Esto se explica porque, con el paso del tiempo, solo pueden acudir a la hueste quienes poseen cierto patrimonio, es-

---

21 "E entretanto acogiéronse los otros cavalleros a las armas, quien de pie, quien de cavallo, como más aína se podíen guisar" (*CPA*, 64). También hay menciones a los peones en el Capítulo XVIII de la *CPA* (71-73).

pecialmente, para soportar las erogaciones que implica el abandono de las tareas rurales por tiempo indeterminado[22]. Los que no poseen ese caudal de riqueza, por el contrario, deben entregar parte del excedente que producen para compensar su ausencia en el campo de batalla. De hecho, en uno de los últimos capítulos que componen la *CPA*, figura el fonsado, una exigencia vinculada con las necesidades militares. Los personajes musulmanes que aparecen en la crónica, como enemigos exteriores, cumplen así una funcionalidad significativa. Son una de las tantas causas que propician, directa o indirectamente, la diferenciación entre los abulenses. Para ejemplificar esto, transcribimos el siguiente fragmento:

> E los cavalleros entendieron que serié gran deservicio del rey si se tornasen los moros, e entendiendo que el rey avié menester los dineros ovieron su acuerdo e embiaron a Gómez Nuño e a Gonçalo Mateos al rey que era en Vitoria quel' pidiessen que los moros fuesen en su seruicio, e ya que los dineros mucho menester los avié, que embiase luego a Ávila a coger la fonsareda de los que non pudieron venir en la hueste e que abrié el luego los sus dineros. E en razón de quellos dos mil maravedís que le quitavan los cavalleros la meatad de la fonsadera que ellos devién aver, en que avrié muchos más dineros que estos, ca por sabor de levar gran gente en la hueste non quissieron llevar escusados ningunos. (*CPA* 76-77)

Violencia y otredad en la construcción del liderazgo

Sobre el final del acápite anterior reproducimos algunos pasajes de la *CPA* en los cuales se advierte una clara distinción entre los sectores que deben entregar pechos y los que quedan exentos de ellos. Trabajaremos ahora con una parte de la obra en el que se pueden apreciar las diferencias entre quienes practican actividades bélicas (los caballeros denominados "serranos" en el texto) y los que desarrollan tareas de otro tipo. La escena corresponde a las primeras páginas de la crónica, lo cual no es una casualidad,

---

22 Esto es lo que sucede en el reino franco (Fleckenstein 2006). Si consideramos que se trata de un fenómeno general, verificable en diferentes regiones del continente europeo, no nos parece incorrecto hacer extrapolaciones al caso que nos compete.

especialmente si consideramos la funcionalidad del relato, entendido en su totalidad:

> E porque los que vinieron de Cinco Villas eran más que los otros, la otra gente, que era mucha, que vino poblar en Ávila, llamáronlos "serranos", pero dio Dios a todos gran buena andança en aquella población. Y la mucha gente que nombramos después metiéronse a comprar e a vender e a fazer otras baratas e ganaron grandes algos, e todos los que fueron llamados serranos trabajáronse en pleito de armas e en defender a todos los otros. (*CPA* 6-7)[23]

Los *milites*, al menos por lo que se expresa en las oraciones reproducidas, brindan seguridad a todos. El jinete concejil se sacrifica por los demás, aunque en realidad también persiga sus propios objetivos (conseguir botines y encumbrarse políticamente, por mencionar dos ejemplos). Los otros, por el contrario, se hacen de importantes ganancias, precisamente porque no están consagrados al bienestar general. En el plano discursivo, los sectores que no se dedican a la guerra pueden ser exitosos, pero también egoístas; los caballeros, por el contrario, son solidarios, actúan como protectores y arriesgan su vida, de manera desinteresada, repeliendo todo tipo de amenazas.

En este punto, los enemigos musulmanes tienen una importantísima funcionalidad dentro del relato, potenciando o acelerando distintos procesos de diferenciación social. En una de sus algaradas, los musulmanes logran apropiarse de personas, animales y otros bienes que pertenecen a los abulenses. La crónica deja en claro que los hechos ocurren justo cuando los "serranos" no se encuentran en Ávila. Los demás, habiéndose dedicado a otro tipo de rubros, no pueden ni saben cómo repeler los ataques[24]. No obstante, los caballeros ofrecen a la "otra gente" recuperar lo arrebatado. Aunque al principio aceptan, con posterioridad abandonan a los valientes guerreros. Los combatientes tienen una

---

23 Una interpretación de estas cuestiones, en Monsalvo Antón (2010).

24 "E assi acaeció que una vez fueron en cavalgada [los caballeros] e vinieron gran poder de moros a la villa. E corriéronla fasta las puertas, e levaron omnes e bestias e ganados e cuanto fuera fallaron. E los que eran llamados serranos, que eran idos en cavalgada legaron esse día por ventura" (*CPA*, 7).

actitud distinta, puesto que confían en que Dios los acompañará en la lucha:

> E cuando fallaron toda la tierra corrida preguntaron a la gente de la villa qué compaña podia ser de moro aquellos que los corrieron, e como quier que eran muchos, dixeron ellos que eran más. E dixeron los que eran llamados serranos a la otra gente que fuessen con ellos e se aventurasen, ca fiavan en Dios que los vencerían, e pusieron pleito que irían con ellos. E llegaron fasta un lugar que dizen el Rostro de la Coliella, e desde allí tornosse toda la otra gente, salvo ende aquellos que llamavan serranos, que fueron adelante e llegaron a una cabeza que dizen agora Barva Azedo. (*CPA*, 7)

Los caballeros son retratados como audaces, intrépidos y, por si fuera poco, aferrados a la divinidad cristiana. Existe una clara intencionalidad por parte del autor de la obra. Si el monarca leyera esa parte de la crónica, no podría negar la concesión de privilegios que reclaman los guerreros, valientes y devotos, que luchan contra las amenazas más importantes del reino. Continuemos ahora con el desarrollo del episodio. Los elementos sobrenaturales vuelven a cobrar relevancia cuando un agorador profetiza la victoria a partir del vuelo de las aves. Efectivamente, los combatientes abulenses interceptan a los musulmanes, los asesinan y recuperan lo robado[25]. El botín que toman es verdaderamente importante, pero una parte de él es entregado a su señor[26].

Las reflexiones antropológicas de Clastres (2004) pueden ayudarnos a pensar en este tipo de cuestiones. El autor se ocupa de las sociedades primitivas, es decir, aquellas en las cuales no se sustancia una separación total entre los organismos de poder y quienes se encuentran sometidos a ellos. Aunque es difícil hacer una homologación total entre las condiciones que imperan en ese y

---

25 "E [los serranos] vieron los moros ó yazían cerca del río, e ovieron aves. E un agorador que'stava con ellos que dezían el Azedo entendió en las aves que serían vencidos los moros" (*CPA*, 7-8). Poco después, "fueron ferir en los moros, e venciéronlos, e mataron d'ellos muchos. E ganaron gran aver, e tornaron cuanto les avían levado" (*CPA*, 8-9).

26 Ya hemos reproducido esa oración, pero es importante retomarla: "E tan grande fue la ganancia que en aquella fazienda ganaron, que dieron al conde don Remondo en quinto quinientos cavallos" (*CPA*, 10). Esto significaría que los jinetes consiguen, en total, unos dos mil quinientos animales, cifra que parece exagerada.

otro tipo de comunidades, el enfoque que propone el etnólogo no es totalmente descabellado para dar cuenta del caso que nos ocupa. En buena parte del período retratado por la *CPA*, los concejos ubicados en la Extremadura histórica no están bajo mecanismos de dominación o formas de subordinación firmemente establecidas. Además, como lo indicamos previamente, exploramos, a partir de la *CPA*, un espacio y una época en la cual aún no se han consolidado totalmente las desigualdades.

De esta manera, podemos recuperar, al menos parcialmente, las aproximaciones de Clastres (2004) relativas a la funcionalidad de la guerra externa en las sociedades primitivas. Desde su punto de vista, con los extraños se mantiene una relación de hostilidad, una posibilidad permanente de conflicto. La presencia de un enemigo foráneo, entonces, favorece la construcción de una identidad singular. Por eso, lo fundamental en el proceso de formación de rasgos distintivos no es que el enfrentamiento se sustancie, sino que el clima de belicosidad perdure. Durante las primeras etapas de repoblación de los territorios ubicados al sur del río Duero, de acuerdo a lo que podemos interpretar a partir de la *CPA*, los musulmanes constituyen una amenaza permanente que posibilita reforzar el sentido de pertenencia de los habitantes del concejo, o por lo menos, de una parte de ellos, puntualmente, los jinetes. De esta manera, en nuestro caso particular, la existencia de un adversario que amenaza la estabilidad geopolítica, que atenta contra los intereses de los reyes cristianos y, además, posee una otredad cultural, funciona perfectamente dentro de un discurso en el cual se procura legitimar a los caballeros abulenses y hacerlos responsables de una determinada actividad social.

Prosigamos con la *CPA* para captar la complejidad de los problemas contemplados. Luego de enfrentarse contra los musulmanes, los "serranos" devuelven los bienes apropiados a los residentes de la villa. Sin embargo, durante el reparto, surgen tensiones: la "otra gente" no permite la entrada de los caballeros si no les otorgan una parte de los bienes que obtuvieron mediante el pillaje; ellos resisten a las demandas, pero ofrecen una devolución de "sus fijos e sus mugeres e todo aquello que los moros los avían levado" (*CPA* 9), es decir, lo que verdaderamente les corresponde[27]. En

---

27 "E cuando llegaron a la villa, la otra gente se tornó non los quisieron coxer dentro en la villa, e por esto fuéronse posar en un lugar que dizen El Castaño, cerca de la villa" (*CPA*, 9).

ese momento interviene Raimundo de Borgoña y sentencia que todo lo ganado en la batalla debe quedar en manos de los jinetes abulenses. El conde dictamina que la "otra gente" viva en los arrabales, imponiendo una delimitación espacial que jerarquiza la jurisdicción de un territorio sobre el otro, dejando los cargos de gobierno locales en poder de los "serranos". De esta manera, la exitosa campaña militar contra los musulmanes justifica el control de las magistraturas por parte de los caballeros villanos:

> E mandó [el conde Raimundo de Borgoña] que les non diessen nada de cuanto ganaron a los que se tornaron, e sacolos fuera de la villa al arraval. E apoderolos en la villa a'quellos que llamavan serranos que fueron adelante. E ordenolo ansí, que alcaldes e todos los otros portillos que los oviessen estos e non otros ningunos. (*CPA* 10)

La decisión de Raimundo de Borgoña no parece extraña, puesto que si continuamos con la lectura del texto, pocos renglones después, al noble se le entrega una quinta parte del botín apropiado durante la batalla[28]. No obstante, podríamos dudar de que en la época a la que se hace referencia en la *CPA*, entre fines del siglo XI y comienzos del XII, el acceso al poder político quede totalmente reducido a un único sector dentro de la comunidad. Para Ras (1999), la referencia al conde tiene la clara intencionalidad política de manipular la tradición oral heredada para legitimar una posición privilegiada que el grupo de los caballeros está a punto de consolidar recién en la década de 1250[29]. Dicho de otra forma, el narrador pretende plasmar una alianza con las figuras políticas más importantes del reino, para que ellas impongan la separación de funciones y derechos que le corresponden a cada estamento. De hecho, la constitución de una oligarquía concejil que cierra sus filas es un fenómeno evidenciado con posterioridad a

---

28 *CPA* (10). Nos referimos al fragmento, y lo reprodujimos, en anteriores notas al pie.

29 La crónica, elaborada con una finalidad en particular, tergiversa parte de la realidad histórica. Allí se presentan diferentes monarcas que, de acuerdo con el escrito, convalidan ese reparto desigual de cargos municipales. Así, en la obra puede observarse que quienes se encuentran relegados del poder político exigen que Sancho III revise las decisiones pretéritas. El monarca, respetando los deseos de su padre, Alfonso VIII, caracterizado en la obra como un magnánimo e inteligente mandatario, ignora la solicitud: "E él dixo que lo non farié, ca tan noble omne e tan sabio como el emperador su padre non darié a los que se llamavan serranos tan gran mejoría si no entendiese que la devién aver por derecho" (*CPA*, 18).

los acontecimientos narrados, cuyas primeras manifestaciones se observarían en el siglo XIII (Monsalvo Antón 1990). Ahora bien, más allá de todo esto, no debemos perder de vista que, desde la óptica de la *CPA*, lo que propicia buena parte de las transformaciones sociopolíticas deriva, originalmente, del enfrentamiento con los musulmanes.

Honor y violencia

En la *CPA*, los musulmanes constituyen los adversarios ideales para los caballeros villanos. Ajenos a la comunidad, portando una otredad étnica-cultural, sobre los musulmanes puede, y debe, aplicarse la violencia, especialmente si estos proceden contra los intereses de los vecinos de Ávila. De algún modo, los jinetes abulenses necesitan de esa amenaza latente para legitimarse, para justificar por qué ellos, y no los demás, deben tener una determinada posición social. Para desentrañar este asunto, consideraremos a continuación un episodio particular de la crónica, en el cual interviene el caballero Enalviello.

Veamos, antes que nada, cómo se desarrollan los sucesos. Un caudillo musulmán de la localidad de Talavera, acompañado por una gran cantidad de soldados, saquea Ávila. Como Enalviello no se encuentra en ese momento, su esposa es raptada[30]. Obsérvese que, como ocurre en otro caso, la ausencia de los jinetes concejiles conlleva la inseguridad. El discurso, entonces, procura demostrar lo imprescindibles que son los *milites* para el concejo. El marido de la cautiva, "rogó al concejo de Ávila que fuesen con él en cabalgada contra Talavera" (*CPA*, 33). El fragmento puede ser interpretado de distintas maneras. Para Abeledo (2015, 59), allí observamos "la capacidad para negociar verbalmente con el otro" así como también la relevancia "de la retórica y el protocolo". Sin desconocer lo valioso del análisis de este académico argentino, podemos complementar su abordaje si consideramos las caracte-

---

30 Podemos reconocer el inicio de este conflicto en el siguiente pasaje: "…vino el señor de Talavera con muy gran compaña de moros e corrió Ávila e fallolos seguros, e leuaron quanto fallaron de fuera. E señaladamente levó la muger d' Enalviello, e casosse el moro con ella" (CPA, 32-33) (…) "E aquella sazón no se acertó Enalviello en Ávila. E cuando vino rogó al concejo de Ávila que fuessen con él en cavalgada contra Talavera, e fueron con él, cincuenta cavalleros de Ávila" (*CPA*, 33).

rísticas sociales del concejo en los períodos históricos a los cuales hace referencia la crónica.

Que Enalviello deba solicitar ayuda para dirigirse hacia el combate expresa una modalidad organizativa tipológicamente germánica. No estamos ante una tropa disciplinada, profesionalizada totalmente en el uso de las armas, que obedece a jerarquías firmemente constituidas. En realidad, observamos un conjunto de personas que se dedican ocasionalmente a la guerra, y que consolidan su autoridad dentro del campo de batalla, demostrando allí su valentía y capacidad. El liderazgo que se construye de esa manera hace necesario el acuerdo entre las partes, la aceptación de quienes están dispuestos a luchar codo a codo contra los enemigos. Por eso, la situación planteada en la *CPA* permite constatar, en términos generales, la existencia de un poder político imbuido de una lógica ascendente[31]. Desde la antropología, Clastres (1981) estudia aspectos similares[32]. Para él, en las sociedades primitivas, la autoridad de los líderes reposa, fundamentalmente, en el prestigio, el cual no se sustancia en un derecho de mando plenamente consolidado, ni les faculta para establecer una dominación absoluta. Gracias a esa celebridad, los jefes disponen de algún grado de capital simbólico para convencer al resto de los guerreros[33]. En nuestro caso, ellos son reconocidos por los triunfos obtenidos en determinadas campañas. A esas y otras glorias militares del pasado también apela el redactor para hacerse con una serie de concesiones por parte de la monarquía y justificar la posición social de su grupo en el momento de escritura del texto.

Continuemos nuestro análisis sobre el episodio relativo a Enalviello. Los caballeros de Ávila se dirigen a liberar a la cautiva. Cuando tienen la oportunidad de excarcelarla, ella advierte al líder de los musulmanes. La traición se produce porque el caudillo de

---

31 Una visión general sobre las formas que adquiere el poder político medieval aparece en Ullmann (1983).

32 Como dijimos con anterioridad, debemos matizar su propuesta si queremos aplicarla a nuestro objeto de estudio.

33 Recurrimos a la terminología acuñada por Bourdieu (1990). Sin ignorar las dificultades que conlleva intentar aplicar los planteos del autor al tipo de sociedades que investigamos, su uso nos permite ilustrar un conjunto de aspectos a los que hacemos referencia. De hecho, el autor presenta otro término, indisolublemente ligado al de capital, el de campo. Este último, tal y como lo define, sería aplicable para estudiar el sistema capitalista, en el cual las esferas de la sociedad están mejor delimitadas y separadas entre sí que en otras épocas de la historia.

Talavera le promete "la mitad de su señorío" (*CPA* 35). Capturado Enalviello, los musulmanes que forman parte de este punto de la narración deciden ejecutarlo. Justo en ese momento, medio centenar de guerreros cristianos salen de un escondite y, aprovechando que los enemigos están desarmados y distraídos, arremeten contra ellos, asesinándolos a todos. El ataque sobre personas que no están atentas no adquiere una valoración negativa. De hecho, el redactor de la obra parece ufanarse de la inteligente táctica que exhiben las tropas abulenses. Después, Enalviello ejecuta al líder enemigo e incinera en la hoguera a su antigua cónyuge:

> E el moro mandógelo ansí fazer, e salieron los cavalleros de la zelada do los él dexó, e vinieron ferir en los moros. E cómo avíen salido en alegría e desarmados ovieron y a morir todos. E tomaron al moro e quemáronle en aquel fuego mismo, e tomaron a ella e cogiéronse para la villa. E entráronla e mataron e captivaron cuantos fallaron. E después, cuando se ovieron de venir, tráxola Enalviello a su muger fasta un lugar que dizen agora Alvacova e quemáronla allí. (*CPA* 37)

En ese episodio la violencia toma un carácter vindicativo, eliminando a una persona desleal que, por su conducta, daña el honor de un caballero. En este caso, también inciden cuestiones de índole religiosa, puntualmente, la perspectiva cristiana acerca del sexo femenino. La mujer, débil por naturaleza desde que Eva prueba el fruto prohibido, cae en la tentación y pacta con un musulmán, traspasa las fronteras de la alteridad que están prefijadas y recibe un castigo muy representativo al ser quemada, recibiendo la purificación sagrada del fuego[34]. En algún punto, podríamos preguntarnos si el uso de la fuerza no constituye para Enalviello una especie de obligación. Desde el punto de vista del cronista, ¿de qué otro modo podría actuar un auténtico *miles* cuyo honor es mancillado? No es un detalle insignificante la condición étnica y cultural de los enemigos. Tampoco lo es la necesidad de un guerrero de origen plebeyo por legitimar su posición social, demostrando ante su tropa un conjunto de atributos, como la fortaleza, la valentía y la decisión, así sea a través de las formas

---

34 En el texto queda de manifiesto una visión machista que asocia lo femenino con el oportunismo y la codicia. Este momento de la crónica también es trabajado por Monsalvo Antón (2010).

más cruentas y espantosas. De esta manera, los jinetes procuran, a través de la *CPA*, ser merecedores de prerrogativas exclusivas. Un combatiente que recibe, o espera recibir, la concesión de privilegios similares a los de la nobleza, debe estar preparado para agredir a cuanto enemigo se atreva a dañar sus cualidades morales, aún más, si se trata de los adversarios de la divinidad y el rey cristiano.

Conclusiones

El siglo XIII constituye un punto de ruptura en múltiples sentidos. Representa, en primera instancia, el momento a partir del cual los reinos cristianos se afianzan y proyectan un importante avance sobre un poder musulmán que comienza a eclipsarse. Es también la época en la cual se sustancian importantes transformaciones sociopolíticas, llevadas adelante por Alfonso X. Rodríguez Velasco (2006) indica que la caballería es creada por este rey. La afirmación puede parecer extraña si consideramos que, desde tiempos inmemoriales, hay combatientes a caballo. A lo que se refiere el autor, en realidad, es a la confirmación legal y formal del grupo, la cual viene acompañada por una delimitación de sus rasgos sociales más destacados. Sánchez Saus (2014-2015) comparte la premisa y la desarrolla. Desde su punto de vista, el rey sabio procura asimilar a la nobleza con la caballería. Que desde el siglo XIII se manifieste este proceso, que entre otras cosas implica la aristocratización de las elites urbanas, no es una casualidad. Obedece, en verdad, a motivos de orden militar y político: por un lado, lo significativas que resultan las tropas concejiles en Las Navas y Andalucía[35]; por el otro, la necesidad de trastocar los equilibrios de poder entre ciudades, nobles y reyes.

La *CPA* está escrita en ese contexto. Llegados a ese momento, las comunidades concejiles ubicadas al sur del Duero han experimentado considerables transformaciones (Monsalvo Antón 1990). Para la época de Alfonso X, algunos caballeros villanos ya no solo cuentan con un importante patrimonio agropecuario, sino que

---

35   García Fitz (2014), por ejemplo, observa en la Batalla de las Navas de Tolosa (1212) un acontecimiento relevante, incluso para quienes vivieron en esa época, especialmente si consideramos el paradigma bélico de por aquel entonces. Por eso, desde un primer momento, los compiladores del rey Alfonso X se empeñan en jerarquizar la importancia decisiva de ese episodio.

también controlan políticamente el municipio. El fuero concedido por el monarca en 1256, termina de coronar ese proceso de ascenso, garantizando, de manera formal, la exención de pechos. En la crónica, las hazañas militares de los caballeros permiten justificar el usufructo de ese privilegio, así como el disfrute de una determinada posición social dentro del concejo. Por participar en el campo de batalla, repeler las amenazas externas y brindar seguridad interna, merecen ocupar un lugar distinto al del resto de los vecinos de Ávila.

Por eso, para entender la *CPA* es imperativo considerar las particularidades del período histórico al cual hace referencia el propio texto. En la mayoría de los casos, aquí trabajamos con episodios que estarían datados, aproximadamente, entre los siglos XI y XII. En ese momento, o por lo menos hasta mediados del siglo XII, las comunidades de la Extremadura no se caracterizan por tener fuertes diferenciaciones de clase, sino más bien de roles y estatus. Sin embargo, las circunstancias bélicas de la época otorgan la posibilidad de efectivizar acumulaciones diferenciales, tanto de capital económico como simbólico[36]. Gracias a sus campañas contra los musulmanes, los jinetes obtienen botines, pero también ganan un importante reconocimiento entre el resto de los habitantes del concejo. Encargados de las tareas bélicas, con la preparación para hacerlo, los caballeros no solo se convierten en héroes, sino también en líderes. Así, la necesidad de eliminar a peligrosos enemigos de la fe y del reino cristiano refuerza su identidad como grupo.

En el texto que seleccionamos, la violencia, al contrario de lo que una valoración estrictamente moral presupone, no solo destruye, sino que también construye lazos e identidades sociales[37]. La valerosa actuación de los jinetes abulenses, eliminando

---

36 Véase la nota al pie anterior en la cual hicimos referencia al andamiaje teórico de Bourdieu (1990).

37 Sin hacer ninguna mención al caso histórico que nos compete, la cuestión es trabajada, desde un punto de vista filosófico, por Girard (1983). El autor observa en la violencia sacrificial un acto fundacional de los vínculos interpersonales. Por eso, argumenta que: "La sociedad intenta desviar hacia una víctima relativamente indiferente, una víctima 'sacrificable', una violencia que amenaza con herir a sus propios miembros, los que ella pretende proteger a cualquier precio" (Girard 1983, 12). Podríamos conjeturar que esa víctima "sacrificable" puede estar fuera de la comunidad, poseer características culturales muy distintas y, aun así, colaborar en la formación de identidades sociales y en la legitimación de las relaciones de poder.

a los enemigos del monarca y del Señor celestial, parece ser el medio ideal para legitimar su posición y gozar de prerrogativas cuasi nobiliarias. Eximidos de obligaciones tributarias, formando parte del sistema político feudal, los caballeros villanos están compelidos a luchar siempre que las circunstancias lo exijan. Las fuentes narrativas de la época dan cuenta de esto. Obviamente, su contenido no es totalmente verídico, pero sí dejan al descubierto la necesidad de un conjunto de *milites* de origen popular por construir un relato histórico que los glorifique y que reconozca la validez de sus formas de proceder, que dé cuenta de su audacia y templanza, así como de la relevancia que tienen para el destino de la cristiandad hispánica.

Bibliografía y fuentes

ABELEDO, M. (2009). "La *Crónica de la población de Ávila*: un estado actual de la cuestión desde su primera publicación", *Estudios de Historia de España*, XI, 13-47.

ABELEDO, M. (2012) (ed.). *Crónica de la población de Ávila*, Buenos Aires.

ABELEDO, M. (2015). "La configuración heroica del personaje de Enalviello en la *Crónica de la población de Ávila*", *Letras*, 72, 57-64.

ABELEDO, M. (2017). "Sobre la estructura textual de la *Crónica de la población de Ávila*", *e-Spania*, 27, 1-34. Disponible on-line en <https://journals.openedition.org/e-spania/26810>.

ASTARITA, C. (1993). "Estructura social del concejo primitivo de la Extremadura castellano leonesa. Problemas y controversias", *Anales de Historia Antigua y Medieval*, 26, 47-118.

AUSTIN, J. L. (1990) ¿Cómo hacer cosas con palabras? *Palabras y acciones*, Buenos Aires.

BARREIRO, S. y BIZÍN, R. (2014). "El papel de la violencia en el proceso de diferenciación social. Una comparación entre los stordogar islandeses y los serranos abulenses a partir de la Crónica de la población de Ávila y Porgils Saga Skarda", *Temas Medievales*, 22, 125-160.

BARRIOS GARCÍA, A. (1983-1984). *Estructuras agrarias y de poder en Castilla. El ejemplo de Ávila (1085-1320)*, Salamanca-Ávila, 2 volúmenes.

BARTHÉLEMY, D. (2000). "La vengeance, le jugement et le compromis", *Actes des congrès de la Société des historiens médiévistes de l'enseignement supérieur public*, 31º congrès, 11-20.

BOURDIEU, P. (1990). *Sociología y cultura*, México.

BURKE, P. (2006) ¿*Qué es la historia cultural?*, Barcelona.

CLASTRES, P. (1981). "La cuestión del poder en las sociedades primitivas", en *Investigaciones en antropología política*, Barcelona, 108-116.

CLASTRES, P. (2004). *Arqueología de la violencia: la guerra en las sociedades primitivas*, Buenos Aires.

DA GRACA, L. (2009). *Poder político y dinámica feudal. Procesos de diferenciación social en distintas formas señoriales (siglos XIV-XVI)*, Valladolid.

DEL SER QUIJANO, G. y LUIS LÓPEZ, C. (comps.) (1990). *Documentación medieval del Asocio de la Extinguida Universidad y Tierra de Ávila*, Ávila, Vol. I.

FLECKENSTEIN, J. (2006). *La caballería y el mundo caballeresco*, Madrid.

FUNES, L. (2000). "Dos versiones antagónicas de la historia y de la ley: una visión de la historiografía castellana de Alfonso X al Canciller Ayala", en Ward, A. (ed.), *Teoría y práctica de la historiografía hispánica medieval*, Birmingham, 8-31.

GAFFARD, L. (2012). "Reseña de Abeledo, Manuel (ed. crítica, introducción y notas), *Crónica de la población de Ávila*", *Filología*, XLIV, 183.

GARCÍA FITZ, F. (2014). "Las Navas de Tolosa y el paradigma bélico medieval", en Estepa Díez, C. y M. A. Carmona Ruís (cords.), *La peninsula ibérica en tiempos de las Navas de Tolosa*, Madrid, 17-52.

GAUTIER DALCHÉ, J. (1979). *Historia urbana de León y Castilla en la Edad Media (siglos IX-XIII)*, Madrid.

GINZBURG, C. (1991). "Répresentation: le mot, l'idée, la chose", *Annales*, 46, 1219-1234.

GIRARD, R. (1983). *La violencia y lo sagrado*, Barcelona.

GÓMEZ-MORENO, M. (ed.) (1943). "Crónica de la población de Ávila", *Boletín de la Real Academia de la Historia*, 113, 21-56.

GÓMEZ REDONDO, F. (1998). "La Crónica de la población de Ávila", en *Historia de la prosa medieval castellana*, Tomo I, *La creación del discurso prosístico: el entramado cortesano*, Madrid, 170-180.

GONZÁLEZ JIMÉNEZ, M. (1993-1994). "Alfonso X y las oligarquías urbanas de caballeros", *Glossae: European Journal of Legal History*, 5-6, 195-214.

GURIÉVICH, A. (1990). *Las categorías de la cultura medieval*, Madrid.

HOBSBAWM, E. (2001). *Bandidos*, Barcelona.

LOMAX, D. (1984). *La Reconquista*, Barcelona.

LÓPEZ RASCH, J. C. (2018). *La violencia como estrategia: un abordaje al comportamiento de la clase estamental de los caballeros villanos durante la Baja Edad Media*. Tesis Doctoral, La Plata, disponible en <http://www.memoria.fahce.unlp.edu.ar/tesis/te.1588/te.1588.pdf>.

LÓPEZ VALERO, M. (1995). "Las expresiones del ideal caballeresco en la *Crónica de la población de Ávila* y su vinculación a la narrativa medieval", *Actas del V Congreso de la Asociación Hispánica de Literatura Medieval*, 89-109.

LUIS LÓPEZ, C. (1993). "Introducción", en Luis López, C. (comp.), *Documentación Medieval de los Archivos Municipales de La Adrada, Candeleda, Higuera de las Dueñas, y Sotillo de la Adrada*, Ávila, 9-40.

LUIS LÓPEZ, C. y G. DEL SER QUIJANO (comps.) (1990-1992). *Documentación medieval del Asocio de la Extinguida*

Universidad y Tierra de Ávila, Ávila (Tomo I).

Maya Sánchez, A. (ed.) (1990). "Chronica Adefonsi Imperatoris", en Chronica hispana saeculi XII, Pars I (Corpus Christianorum, Continuatio Medievalis, 71), 109-248.

Mendizábal, M. F. (2014). "Construyendo la "otredad": imágenes y proyecciones teóricas cristianas sobre los musulmanes en la España medieval (ss. XIII-XV)". *Revista Chilena de Estudios Medievales*, 5, 53-72.

Miliddi, F. (2011). "Las transformaciones en las cortes de Castilla y León en la segunda mitad del siglo XIV. Repensando la caracterización de la historiografía liberal", *Anales de Historia Antigua, Medieval y Moderna*, 43, 1-25, disponible on-line en <https://dialnet.unirioja.es/descarga/articulo/4284118.pdf>.

Miller, W. I. (1986). "Gift, Sale, Payment, Raid: Case Studies in the Negotiation and Classification of Exchange in Medieval Iceland", *Speculum*, 18-50.

Miller, W. I. (1990). *Bloodtaking and Peacemaking: Feud, Law and Society in Saga Iceland*, Chicago.

Monsalvo Antón, J. M. (1990). "Transformaciones sociales y relaciones de poder en los concejos de frontera, siglos XI-XIII. Aldeanos, vecinos y caballeros ante las instituciones municipales", en Pastor, R. (comp.), *Relaciones de poder, de producción y de parentesco en la Edad Media y Moderna. Aproximación a su estudio*, Madrid, 107-170.

Monsalvo Antón, J. M. (1992). "Concejos castellanos-leoneses y feudalis-mo (siglo XI-XIII). Reflexiones para su estado de la cuestión", *Studia Histórica, Historia Medieval*, 10, 203-243.

Monsalvo Antón, J. M. (2010). "Ávila del rey y de los caballeros. Acerca del ideario social y político de la Crónica de la Población", en Fernández de Larrea, J. A. y J. R. Díaz de Durana, *Memoria e historia. Utilización política en la Corona de Castilla al final de la Edad Media*, Salamanca, 163-199.

Monsalvo Antón, J. M. (2012). "Pobladores, caballeros, pecheros y señores. Conflictos sociales en el Concejo de Ávila (ss. XII-XV)", en García Fitz, F. y J. F. Jiménez Alcázar (comps.), *La historia peninsular en los espacios de frontera: las "Extremaduras Históricas" y la "Transierra" (siglos XI-XV)*, Cáceres-Murcia, 375-426.

Pastor, R. (1973). "Nota preliminar", "La lana en Castilla y León antes de la organización de la Mesta" y "En los comienzos de una economía deformada: Castilla", en *Conflictos sociales y estancamiento económico en la España medieval*, Barcelona, 7-11, 135-171, 173-195.

Ras, M. (1999). "Percepción y realidad guerrero-campesina en la *Crónica de la Población de Ávila*", *Anales de Historia Antigua, Medieval y Moderna*, 32, 189-227.

Ras, M. (2014), "*Crónica de la población de Ávila* retomada. Carta abierta a José María Monsalvo Antón", *Revista de Historia Social y de las Mentalidades* (en prensa), disponible on-line en <https://ww.researchgate.net/profile/Marcia_Ras/publication/269700332_Cronica_de_la_poblacion_de_Avila_Revisited_Carta_abierta_a_Jose_Maria_Monsalvo_Anton/

links/5493331d0cf286fe312689d8/ Cronica-de-la-poblacion-de-Avila-Revisited-Carta-abierta-a-Jose-Maria-Monsalvo-Anton.pdf>.

RODRÍGUEZ VELASCO, J. D. (2006). "Invención y consecuencias de la caballería", en Fleckenstein, J., *La caballería y el mundo caballeresco*, Madrid, XI-LXIV.

SÁNCHEZ ALBORNOZ, C. (1956). *España. Un enigma histórico,* Buenos Aires, 2 tomos.

SÁNCHEZ SAUS, R. (2014-2015). "Caballeros e Hidalgos en la Castilla de Alfonso X", Alcante. *Revista de Estudios Alfonsíes,* IX, 177-210.

ULLMANN, Walter (1983). *Historia del pensamiento político en la Edad Media,* Barcelona.

WEBB, J. (2009). *Understanding representation,* Londres.

WICKHAM, C. (1996). "Problemas de comparación de sociedades rurales en la Europa Occidental de la Temprana Edad Media", *Anales de Historia Antigua y Medieval,* 29, 45-70.

La libertad medieval en Ortega y Gasset:

entre feudalismo y corporativismo

Santiago Argüello
CONICET/INCIHUSA – Universidad de Mendoza
sarguello@mendoza conicet.gob.ar

Hermann Ibach
UNSL
hgibach@gmail.com

Introducción: la necesidad de discutir teorías éticas medievales para nuestra presente condición histórica, latinoamericana y argentina

Entre las contrariedades que anidan en nuestra actual condición argentina, convendría prestar más atención a la conveniencia de la forma que tenemos de pensarnos a nosotros mismos. La manera, pues, de representarnos nuestro ser original y nuestro destino es en cierta medida causante del modo en que nos encontramos siendo. Al respecto, tal vez pudiera parecer no del todo oportuno tomar como diagnóstico de nuestros trastornos lo que dijera sobre nosotros un pensador español, siendo que nuestra patria, prácticamente desde la época de la Independencia, ya poco y nada tuvo que ver con la Madre Patria[1]. Sin embargo,

---

1   Es significativo lo recientemente expresado por un colega español residente en Chile, en un trabajo sobre la cuestión de la identidad o diferencia entre España y Latinoamérica: "La teoría de la Hispanidad promueve el desconocimiento que el español tiene de Latinoamérica. […] Esta teoría cuenta con ilustrísimos precedentes en la historia del pensamiento español. Con mayor o menor fortuna y dedicación, Marcelino Menéndez y Pelayo, Eugenio d'Ors, José Ortega y Gasset y Ramiro de Maeztu la han defendido. Pero más allá de estos ilustres precedentes, la teoría –de allí el secreto de su éxito– se origina en una experiencia compartida por todo visitante español en Latinoamérica: el 'espejismo de la identidad'" (Saralegui 2016, 71). Y más adelante: "aunque el hispanismo juega a desconocerlo, estos dos siglos de autonomía han transformado la esencia política de estos países: de posesiones de la Corona española a repúblicas latinoamericanas independientes […]. A los españoles les gusta imaginar a las naciones de habla castellana como una *commonwealth* liderada por España" (*ibid.*, 74); eso que a juicio del autor –y nuestro también– resulta realmente un engaño.

pocos intelectuales como Ortega y Gasset han sabido develar de forma tan aguda nuestras patologías. Baste recordar en este sentido aquel artículo de 1929 que le valió el rechazo y la enemistad de prácticamente todo el arco intelectual argentino: "El hombre a la defensiva".

Ahora bien, solo puede entenderse cabalmente lo que dice Ortega de Argentina a la luz de las conexiones que él efectúa entre la historia y teorías sociopolíticas modernas y aquellas pertenecientes a la Antigüedad y Edad Media. En esta ocasión nos concentraremos en aquello que hace a las reflexiones de Ortega sobre lo tardo-antiguo y medieval en sí[2]; y, en todo caso, a la relación establecida por él entre eso y la Modernidad en general.

Para empezar, lo que aquí en Argentina es común pensar como causa primordial de nuestros males, a saber, la raíz hispana de nuestra condición americana vista a contraluz de la raíz anglosajona de los americanos del Norte, encuentra en Ortega una de sus fuentes más sugestivas. Su *España invertebrada* [1922] es un libro excepcional, precisamente por el hecho de brindar una explicación perfilada de la incidencia de la Antigüedad Tardía y Edad Media en nuestro ser latinoamericano moderno[3]. Y aunque su tesis fue y todavía sigue siendo controvertida, a nuestro juicio puede seguir considerándose un excelente punto de partida para discutir la predicha condición argentina desde sus raíces históricas.

---

2   Respecto de la valoración orteguiana de teorías ético-políticas medievales, ver Argüello (2016) y Alfau de Solalinde (1941).

3   La importancia –y hasta necesidad– de buscar en la Edad Media respuestas que sean capaces de arrojar luz sobre la historia y el pensamiento modernos, ha sido puesta de relieve por más de un medievalista. Así, por ejemplo, aparece en Ullmann (1980, 223), donde se recuerda al respecto el parecer de Maitland: "Many years ago perhaps the greatest English legal historian, Maitland, has poured scorn on what he called 'aimless medievalism' by which he meant the effort spent on the study of historically quite irrelevant, if not trivial, matters. Medievalism to be meaningful, to have an aim, should at long last realize that the historical process observable in the Middle Ages has created that very world in which we live, at least in that respect which is of abiding importance and interest, the ordering of public life. The correct explanation of the Middle Ages is to a large extent the explanation of the present". Es decir, los grandes medievalistas del s. XX, lo han sido precisamente porque no se han contentado 'arqueológicamente' con el pasado, sino que han sabido traer la Edad Media hasta nuestros días, justamente para arrojar luz a sus problemas.

En lo que respecta a la influencia del Medioevo en la Modernidad, en la obra de Ortega se encuentran dos núcleos de ideas fundamentales en torno a la libertad:

1. El primer núcleo se refiere a la valoración orteguiana de la libertad feudal, como aquel sentido de la libertad que se encuentra a la base de la libertad propia del liberalismo; libertad antitética de la libertad entendida democráticamente. Según Ortega, la oposición entre liberalismo y democracia solo puede entenderse bien si se tiene en cuenta la existencia de dos éticas tardo-antiguo y medievales que prolongan su savia hasta el s. XX, y que son no solo diferentes sino también en cierto modo opuestas entre sí: el *ethos* romano y el *ethos* germano (para esto, ver principalmente el cap. 6, "La ausencia de los 'mejores'", de la 2ª parte de *España invertebrada*: Ortega y Gasset 1966a, 109-122). El filósofo español pone a España y sus colonias del lado de Roma, y a Inglaterra y Estados Unidos del lado germano. El sentido germánico de la libertad tardo-antigua y medieval habría propiciado, según Ortega, ese liberalismo que los ingleses y estadounidenses supieron más tarde ajustar y perfeccionar. En la vereda de enfrente de esa libertad aparece la libertad de la democracia a secas o directa –democracia potencialmente totalitaria–, remotamente romana y modernamente rousseauniana; esa que fomenta la victoria del 'pueblo' por sobre las minorías selectas: un pueblo, ciertamente, susceptible de convertirse en 'masa' (ver las *Notas del vago estío*, cap. 5, "Ideas de los castillos: liberalismo y democracia": Ortega y Gasset 1963a, 424-426).

2. El segundo núcleo de ideas se refiere a la valoración orteguiana de la sociedad medieval como organismo (ver *Notas del vago estío*, cap. 9, "Ideas de los castillos: los criados": Ortega y Gasset 1963a, 436-439). Esta forma de concebir y realizar la vida en común, para Ortega, es la única forma –no ya solo referida al Medioevo sino en absoluto– capaz de crear, en cualquier tipo de comunidad humana imaginable, una sociabilidad vigorosa. En este sentido es, por supuesto, la única y radical forma que posibilita de veras el florecimiento de la libertad liberal en el interior mismo de la sociedad. En el estudio de este segundo núcleo –a nuestro juicio más importante y decisivo que el primero, aunque ciertamente no desconectado de aquel–, apare-

cen los distintos tipos de sociedad concebibles según Ortega; resultantes todos ellos de las diferentes modulaciones político-sociales que han sido ensayadas ya, o pueden ser todavía ensayadas en el futuro por las naciones occidentales. El rango de posibilidad de esos tipos de sociedad va desde el individualismo radical hasta el socialismo radical, encontrándose en el medio precisamente el término medio virtuoso de una teoría orgánica de la sociedad.

En relación a la articulación entre los dos núcleos de ideas aludidos, es preciso hacer una aclaración de tipo historiográfica: al entender Ortega (1963a: 426) "por feudalismo todo el proceso que va desde la invasión [bárbara a Roma] hasta el siglo XIV", él está metiendo en la misma bolsa, como si se estuviese hablando de la misma realidad –bien que según aspectos diferentes–, la concepción y práctica del poder (*dominium*) del feudo (*foedum*), que en realidad es temprano-medieval (siglos VI a IX) y medieval (siglos X y XI), y aquella otra concepción y práctica del poder propia de las corporaciones (*corpora, collegia, universitates*), que es de la Edad Media en su apogeo (siglos XII y XIII) y sus inmediatos siglos posteriores (siglos XIV y XV). Precisamente por ello, a nuestro juicio es preciso distinguir en dos núcleos diferenciados, por un lado, el "sentido liberal del feudalismo" (Ortega y Gasset 1963a, 426; cfr. Argüello 2016), y, por otro, el énfasis en la sociabilidad propia del organicismo tardo-medieval. Esta aclaración nos sirve para hacer ver algo fundamental que, incluso aunque en Ortega no quede del todo suficientemente explícito, en nuestra opinión es de suma importancia para observar la evolución medieval de la libertad. Y es lo siguiente: la libertad medieval en sentido pleno o maduro es aquella libertad germana entendida más que de un modo meramente feudal; esa libertad que ha tenido su último caldo de cultivo en las sociedades burguesas tardo-medievales, esto es, en simbiosis con la libertad romana, conforme a la recuperación medieval tardía del *Corpus Iuris Civilis*. Dicho de otro modo, la teoría de esta libertad tardío-medieval, inherente a la teoría del corporativismo aun sin dejar de ser germánica, debe todavía mucho a Italia y el Derecho Romano. Cuál tradición ético-jurídico-político ha aportado más a la causa corporativista, si el romanismo o el germanismo medievales, sigue siendo todavía hoy motivo de discusión. Ahora bien, si al respecto Otto von Gierke (1995) hubo de

Lidia Raquel Miranda y Viviana Suñol (eds.)

jugar un papel preponderante en el hecho de haber rescatado del olvido aquella teoría orgánica en su carácter específicamente germano, forcejeando con el romanismo de puristas como Savigny, es un hecho que Ortega solo cita a este último (cfr. Ortega y Gasset 1964b, 177 y 182; 1965a, 297), evidenciándose de ese modo que desconoce la propuesta del primero.

1. Los dos diferentes modelos éticos tardo-antiguos y medievales según Ortega: germanismo vs. romanismo

Ortega piensa que la encrucijada con que el destino de la historia americana hubo de encontrarse en su momento no se había presentado originalmente en los tiempos modernos, sino que se remontaba a los siglos de la Caída del Imperio Romano y el surgimiento de la Europa feudal. Según él, el destino de España, y de toda Europa, se había dirimido en el pleito entre estas dos alternativas éticas: ser romano o ser germano –esa era, según él, la cuestión[4]–. Y siendo tal dilema originario de la temprana Europa medieval, habría perdurado hasta nuestros días. En suma, el genio europeo, que había contado con esa bifurcación fatal en su rumbo, no tuvo más remedio que hacerse carne, ya en cultura romana, ya en cultura germana. De este modo, si los españoles o argentinos habrían en vano de ir a buscar influencia de lo germánico en su recóndito ser, por su parte, la ética griega tampoco habría de influenciarlos como tal. Han tenido por fuerza que contentarse con lo romano. Ortega advierte que el sino de esta conformación histórica ha colocado al ser hispanoamericano en una posición adversa, ciertamente solo posible de ser remontada en caso de que comience a reconocerla con lucidez.

En el entramado de postulados y discusiones sobre esta cuestión de las dos éticas rivales aludidas –en *España invertebrada* y textos afines–, hay un asunto medular que en cierto modo sintetiza

---

4   "Occidente ha sido siempre la articulación de dos grandes grupos de pueblos: los anglo-sajones y germánicos de un lado, los latinos de otro. [...] El más famoso helenista alemán de comienzo de siglo decía que Occidente se divide en dos masas humanas, separadas por una frontera consistente en dos tipos de alimentación: de un lado los pueblos que beben vino, usan aceite y comen miel; del otro los pueblos que beben cerveza, toman manteca y comen *sauer kraut* [chucrut]" (Ortega y Gasset 1965b, 449).

toda la problemática en juego. Se trata del *dominium*. Aunque este término apenas aparezca en el texto de Ortega como vocablo de especial atención, es acerca de las realidades a que dicho concepto apunta de lo que efectivamente Ortega está discutiendo allí. Así, mientras el *ethos* romano –habiendo triunfado en la España medieval y, a partir de allí, derivado hacia la América Latina– es aquel modo fundamental de comprender y vivir la vida que se caracteriza por el dominio como propiedad, por su parte el *ethos* germánico –el de los francos, cuya idiosincrasia, tras dominar la Europa medieval, habría pasado siglos después a los *yankees* de la América del Norte– es aquel que se encuentra determinado por el dominio como autoridad: "este dominio sobre la tierra, fundado precisamente en que no se la labra, es el 'señorío'", expresa Ortega (1966a, 114) hablando del *dominium* en sentido germánico o feudal.

La sustancia del pensamiento de Ortega sobre la existencia de diferentes modelos éticos presentes en la concepción medieval del dominio, y sus derivaciones americanas, podría compendiarse en dos puntos. En primer lugar, Ortega postula que en la España medieval apenas hubo feudalismo y que este hecho, lejos de haber significado algo positivo, constituyó la "primera gran desgracia y la causa de todas las demás" (Ortega y Gasset 1966a, 111; cfr. 117 y 120): es un error, según él, considerar, como se lo hace de sólito, que el feudalismo haya sido nocivo para España. Por supuesto, es preciso al respecto detenerse a observar qué entiende Ortega por "feudalismo" y a qué se debe, según él, la debilidad de su presencia en la península ibérica. El feudalismo, a su juicio, es fruto del *ethos* germano –tardo-antiguo y temprano-medieval–, contrapuesto al *ethos* romano; y su ausencia o debilidad de carácter en Iberia se debió al hecho de que "el visigodo era el pueblo más viejo de Germania; había convivido con el Imperio romano en su hora más corrupta; había recibido su influjo directo y envolvente. Por lo mismo, era el más 'civilizado', esto es, el más reformado, deformado y anquilosado" (Ortega y Gasset 1966a, 112). A causa de esta carencia de vitalidad germana y contaminación de la Roma ya decadente, Ortega plantea que la España medieval nunca pudo salir de la supremacía de la cultura agrícola romana, en la que todo gira en torno a la gleba y su cultivo. Fue así incapaz de traspasar el umbral hacia una cultura guerrera de tipo germánico, según la cual "hombres enérgicos […] con el vigor de su puño y la amplitud de su ánimo saben imponerse a los demás y, haciéndose seguir de ellos, conquistar territorios, hacerse 'señores' de tierras" (Ortega y Gasset 1966a, 113-114).

En suma, la acepción orteguiana de feudalismo no se centra en la relación señor/siervo basada en la propiedad de la tierra, sino en la autoridad sobre súbditos o siervos, detentada por el poder o fuerza de mando y gobierno del señor. Cuando piensa en "feudalismo", Ortega no tiene en mente el factor agrícola, campesino, asociado a los romanos, sino el de la *chevalerie* presente en los pueblos germanos. En otros términos, "feudalismo" no hace alusión a la relación jurídica del hombre con la tierra, sino a la relación política de un hombre con otro (cfr. Ortega y Gasset 1966a, 113). El pasaje siguiente da la clave de su argumento:

> Esto es lo que interesa al germano: no el derecho de propiedad económica de la tierra, sino el derecho de autoridad. Por eso el germano no es, en rigor, propietario del territorio, sino, más bien, "señor" de él [por ser señor de sus propietarios]. Su espíritu es radicalmente inverso del que reside en el capitalista. Lo que quiere no es cobrar, sino mandar, juzgar y tener leales. (Ortega y Gasset 1966a, 115)

No puede pasarse por alto el hecho de que aquí, en relación con el primer aspecto observado de la libertad medieval –el feudal, proto-liberal–, Ortega se ocupe ya en contrastar la libertad medieval y la libertad capitalista. Es importante destacarlo para no perder de vista, pues, la continuidad entre la libertad feudal medieval y la libertad corporativa tardo-medieval, en su oposición al capitalismo moderno. Además, de este modo se constata la asociación orteguiana entre liberalismo y feudalismo, por un lado, y capitalismo y democracia romana, por otro.

Sin embargo, Ortega no deja todavía de atribuir cierta valía al sudor medieval de talante romano, basado en la tierra, al declarar: "frente al 'trabajo' agrícola está el 'esfuerzo' guerrero, que son dos estilos de sudor altamente respetables" (Ortega y Gasset 1966a, 114); salvo que considera tal "trabajo" como naturalmente subordinado al "esfuerzo" bélico. Y por eso critica la derivación efectuada por aquellos historiadores de la segunda mitad del s. XIX, como Fustel de Coulanges, del "'señorío' medieval [a partir] del derecho dominical, [esto es] de los 'seniores' romanos" (Ortega y Gasset 1966a, 114, nota). En suma, para Ortega, el señorío medieval, es decir, el poder en sentido feudal, no deriva de los romanos, sino de aquellos germanos que Tácito fuera el primero en describir en su *Germania*.

En segundo lugar, y como consecuencia de lo anterior, Ortega aduce que ese debilitamiento de germanismo sufrido en la España medieval, junto a la impronta inversa de romanismo, dio lugar a la existencia de una nación no solo agraria, sino también "popular". El provincianismo y atraso de la España campesina –cuyas consecuencias históricas Ortega no deja de otear todavía en sus días– tuvo, según él, como primitiva causa y natural efecto, la ausencia de figuras históricas que sobresalieran sobre el resto. Desde la óptica orteguiana, se percibía algo así como una nivelación democrática que hacía que el prestigio social perteneciera nada más que al pueblo en su conjunto y no a alguno de sus miembros en singular.

Ese carácter "popular" de España –y de la América española, por derivación–, descrito por Ortega en tono de lamentación[5], reside según él en el hecho de haber sido gobernada de modo impersonal por un pueblo anónimamente institucionalizado "a la romana", impidiendo que se configurara una nación al modo feudal: "en España lo ha hecho todo el 'pueblo', y lo que no ha hecho el 'pueblo', se ha quedado sin hacer" (Ortega y Gasset 1966a, 121). Mientras la nación franca ha sido gobernada de modo personalista y aristocrático por individuos egregios, en España, el apego a la tierra no ha hecho más que adocenar a la gente; el campo ha triunfado sobre la ciudad; la materia ha ahogado el espíritu:

> Somos un pueblo "pueblo", raza agrícola, temperamento rural. Porque es el ruralismo el signo más característico de las sociedades sin minoría eminente. Cuando se atraviesan los Pirineos y se ingresa en España, se tiene siempre la impresión de que se llega a un pueblo de labriegos. La figura, el gesto, el repertorio de ideas y sentimientos, las virtudes y los vicios son

---

5 Esta concepción fue tempranamente criticada por Menéndez Pidal, quien tenía ciertamente un concepto distinto de "pueblo" y de "democracia", y específicamente del pueblo y la democracia españoles. Ver Menéndez Pidal 1929, 662-664 y, sobre todo, 692-703 (sobre el elemento popular y democrático castellano): allí, aunque sin ser explícitamente nombrado Ortega, se lo está criticando directamente en su tesis correspondiente de *España invertebrada*.

Lidia Raquel Miranda y Viviana Suñol (eds.)

típicamente rurales. En Sevilla, ciudad de tres mil años, apenas si se encuentran por la calle más que fisonomías de campesinos. Podréis distinguir entre el campesino rico y el campesino pobre, pero echaréis de menos ese afinamiento de rasgos que la urbanización, mediante aguda labor selectiva, debía haber fijado en sus pobladores. (Ortega y Gasset 1966a, 122)

Como es evidente, el factor o elemento "popular" no es bien visto por Ortega. Lo considera un problema para el gobierno de los "mejores"; o mejor dicho, aduce que su preponderancia es signo de la ausencia de aristocracia. El punto es que, cuando el pueblo es concebido como una "masa" amorfa, como ocurre en este caso, la aristocracia es inevitablemente vista como poseedora de excelencia y virtud: "la ausencia de los 'mejores' ha creado en la masa, en el 'pueblo', una secular ceguera para distinguir el hombre mejor del hombre peor, de suerte que cuando en nuestra tierra aparecen individuos privilegiados, la 'masa' no sabe aprovecharlos, y a menudo los aniquila" (Ortega y Gasset 1966a, 121)[6]. La predominancia en España del pueblo explicaría que haya resultado tan fácil conseguir allí la unificación de toda la nación; siendo de hecho, según Ortega, la primera de las naciones europeas modernas en haberlo conseguido.

El nudo de cierre del argumento orteguiano sobre la rivalidad ética expuesta es que, si en la nación española ha primado el *ethos* romano de propietarios rurales –gente sin brío ni calidades personales–, siendo el *ethos* feudal algo impropio de su cultura medieval, ello no pudo menos que haber sido traspasado a la sociedad y cultura del Nuevo Mundo –mundo que fuera creado precisamente en aquellos años de esplendor de la unificación ibérica–. De ahí que el sello de esta empresa, el Descubrimiento de América –para Ortega, la única gesta verdaderamente grande en la entera historia de su nación (cfr. Ortega y Gasset 1966a, 120)–,

---

6   Seguramente Ortega exagera la disociación entre lo popular y lo aristocrático en lo que atañe al pueblo español en su devenir histórico. En cualquier caso, en este pueblo hispanoamericano que es la Argentina, no creemos que haya habido jamás un imperio del pueblo tal que haya posibilitado un desprecio semejante de la excelencia de los mejores en los términos enunciados por Ortega. A nuestro juicio, nunca los argentinos hemos llegado a constituirnos de verdad en una 'masa', guiados sin más de forma caudillesca –por más que algunos peronistas, o sus críticos correspondientes, se empeñen en mostrar lo contrario–.

no fuera otro que el de lo vulgar o popular: "la colonización española de América fue una obra popular. La colonización inglesa [por el contrario] es ejecutada por minorías selectas y poderosas" (Ortega y Gasset 1966a, 120). No es casual, entonces, que Ortega establezca una relación de filiación entre el liberalismo moderno, de raíz anglosajona, y el feudalismo medieval, teniendo este por término final a aquel (cfr. Ortega y Gasset, 1963a).

¿Desde dónde –qué corriente o autores– ha forjado Ortega el predicho cuadro de oposición ética? De los medievalistas románticos franceses como Boulainvilliers, Montlosier y Augustin Thierry (ver Ortega y Gasset 1963a, 426), y de los viejos liberales franceses –medievalistas también, a su modo–, como Guizot (ver Ortega y Gasset 1964a, 71). La asociación entre feudalismo medieval y romanticismo liberal (o liberalismo romántico) es clara en Ortega: ambas éticas conducen, según él, a la exaltación del genio individual, sea tomado este en su carácter guerrero (en la época medieval), o en su carácter artístico (en la época moderna). A diferencia de Cervantes, que colocara la faena del soldado por encima del oficio del literato, Ortega se ve inducido a igualar la épica de la espada y la épica de la pluma. Para Ortega, una figura clave del genio romántico es Chateaubriand, a propósito del cual expresa que "el romanticismo […] es –no en vano procede de la Revolución– la rebelión del individuo contra los gremios y los *Etats*. El romanticismo es el liberalismo literario" (Ortega y Gasset 1966c, 389). Tanto como el sujeto feudal –germánico, franco–, el sujeto romántico –no en vano eminentemente francés y alemán– es anti-gremial. El artesanado gremial, con su característico sello de anonimato en la realización de sus producciones, representa, según el parecer de Ortega, un obstáculo para el desarrollo del potencial de creatividad personal, tanto del señor feudal como del artista romántico. El contraste entre las posibilidades que circundan a ambas libertades es neto, en razón de que las éticas en las que se funda uno y otro perfil vital son no solo diferentes sino incluso opuestas[7]. Y con ello se arriba a este punto argumental cla-

---

7 Ciertamente, el significado de "romanticismo" en Ortega, ligado al de "liberalismo" (específicamente al individualismo del genio artístico), constituye una concepción restringida de romanticismo, tal como puede observarse por contraste con la polémica entre el liberalismo ilustrado de Kant y el socialismo romántico de Herder. Para este tema, ver Mayos Solsona (2004, 283-284).

ve: el gremialismo tardo-medieval es, para Ortega, en cierto modo una reviviscencia del romanismo, es decir, de la ética agraria, del *dominium* en su sentido jurídico.

2. La concepción corporativa u orgánica de la sociedad y sus orígenes medievales

A continuación revisaremos la oposición que establece Ortega (1963a, 432-439) entre el *ethos* orgánico de la sociedad medieval y el *ethos* racionalista-capitalista de la sociedad moderna.

De este modo, si con el "sentido liberal del feudalismo" se hace hincapié en la libertad liberal, como opuesta a la amenaza totalitaria de lo democrático y popular (aunque también, de refilón, como opuesta a la libertad del capitalismo, enraizada esta en el sentido romano del *dominium* como propiedad), ahora interesa observar la concepción orteguiana de la sociedad como organismo. Según esta concepción, el "pueblo" no es concebido como una masa amorfa y pasiva, sino, por el contrario, como un agente articulado y activo; por lo mismo, como un sujeto capaz de detentar *dominium*. En este sentido, aun cuando Ortega no lo formule explícitamente en estos términos, el caso es que, siguiendo la lógica de su pensamiento, el poder en sentido medieval no queda confinado al ámbito de lo feudal, donde –según una tendencia liberal– reina la individualidad (o, al menos, la personalidad), sino que es capaz de trascender hacia el ámbito de lo comunitario, acusando entonces una relevancia no ya meramente individual sino social. Es decir, cuando "dominio" significa no ya "señorío" (*foedum*), en el que siervos no-libres y súbditos libres trabajan para sus señores libres, sino "sistema corporativo" (*universitas, corpus, collegium*), todas las partes de ese sistema son no solo libres, sino también son todos en cierto modo súbditos. Desde el siervo que se encuentra en el fondo del sistema hasta el rey mismo, que se encuentra en su tope: todos han de prestar un servicio; cada uno el suyo. Así funciona el sistema; y si no, no funciona. Pero, cuidado, no son súbditos del sistema mismo –según un imperio abstracto de la ley–, sino del ser personal –plural– que allí tiene lugar, es decir, que allí vive, crece y se perfecciona.

Según Ortega, una sociedad orgánica es una sociedad en la que cada uno cumple una función o rol determinado, lo cual implica, naturalmente, la existencia de gente que manda y gente que obedece. Esto conlleva tanto un plano de igualdad como uno de desigualdad entre los miembros que la componen. En efecto, son todos iguales en la medida en que todos deben, igualmente, cumplir con una tarea que tiene por fin el funcionamiento social; pero al mismo tiempo no lo son, en la medida en que esas tareas no son todas iguales, esto es, del mismo rango:

> Una de las pocas cosas verdaderamente claras que dice Platón en su República es que no puede andar bien un pueblo si en él no hace cada cual lo suyo. Porque es evidente que en un pueblo hay, mayores o menores, muchas cosas que es inexcusable hacer. Si no hace cada una aquél a quien le corresponde, será otro, a quien no le corresponde, quien tendrá que salir a hacerla. Y, si esto acontece a menudo, el que subsana las omisiones de los demás, acabará por desdibujar su fisonomía y por deformar su propio quehacer. (Ortega y Gasset 1965b, 385)

La clase dirigente es la famosa "minoría selecta" orteguiana, esto es, la aristocracia: "la acción recíproca entre masa y minoría selecta […] es, a mi juicio, el hecho básico de toda sociedad" (Ortega y Gasset 1966a, 103). Justamente, la sociedad queda en "pueblo", o se convierte en "masa", cuando constituye una democracia sin aristocracia, es decir, sin minoría selecta que lo conduzca, mande y organice.

Ciertamente, nuestro quizá excesivo democratismo o conciencia igualitaria no debe hacernos distraer con esa justificación orteguiana de la necesidad de una "minoría selecta", llevándonos fatalmente a perder de vista qué es lo verdaderamente relevante para Ortega de la teoría orgánica. Y esto es el fin al que está llamado ese mecanismo llamado sociedad. ¿Cuál es ese fin, lo que debe producir? Su propia vitalidad, que en el fondo es personal: "en las grandes épocas de un pueblo lo formidable es siempre la vitalidad del cuerpo social, la cantidad de individuos capaces, el hervor genial de una raza bajo la costra de un Estado imperfecto" (Ortega y Gasset 1969, 185). Lo más importante a subrayar, entonces, es el grado y calidad de vida que presente el cuerpo social. Su salud, su lozanía, su capacidad para no enfermar o, en cualquier caso, su saber expulsar todos aquellos virus y bacterias que amenazan con corromperlo. Y si en sentido moral, "vida" se dice "libertad", la libertad del cuerpo social es, entonces, el fin de todas sus partes –incluida, por supuesto, la "minoría selecta", que no es fin en sí misma, sino que se encuentra natural y moralmente subordinada a dicho fin–.

El significado de esta vitalidad se precisa mejor al tomar nota de aquella constante insistencia orteguiana en la necesidad de que el fin de la comunidad política es lograr espontaneidad social. La persecución de este fin pone en su lugar la hipertrofia y obsesiva búsqueda de perfección del Estado; o, directamente, representa su censura. En suma, la sociedad para Ortega es un "sistema de usos" (cfr. Ferreiro Lavedán 2013, 129-146), del cual, cuando está lozano, emerge contractualmente el Estado. La sociedad es lo espontáneo, a saber, las relaciones humanas que todo hombre principalmente requiere para crecer y desarrollarse como tal; por eso, en razón de su espontaneidad y –decisivamente– su organicidad, la sociabilidad es lo naturalmente primero. Luego, como creación suya, aparece un poder público –político y jurídico–, el cual se ve como necesario para mantener y aumentar la sociabilidad.

Pero todavía no hemos examinado la raíz medieval de la concepción orgánica de la sociedad, descubierta por el mismo Ortega (y no ya solo por los medievalistas). Allá vamos. El término que usa Ortega para sintetizar en uno todos los elementos que componen la sociedad medieval es el de "castillo". En las *Notas del vago estío*, el castillo no es el edificio de piedra, sino lo que se cuece adentro, a saber, la sociabilidad en sentido medieval (aun lo que pervive de ella en los siglos posteriores hasta el presente mismo)[8]. Nada más alejado de él que la piedra muerte e inerte: el castillo es un órgano viviente, y alberga en su interior no solo secretos sino auténticas instituciones. La del criado, por ejemplo: "una de las instituciones más bellas y más nobles ideadas en los castillos" (Ortega y Gasset 1963a, 436). El análisis de ese término, le sirve a Ortega para analizar la incomprensión que cunde en la actualidad de la organicidad social de los siglos medios. La mentalidad capitalista no entiende el sentido medieval del servicio, interpretándolo "como trabajo rendido, y la sustentación [ofrecida

---

8 No es casual el uso reiterado del término para titular sucesivamente los capítulos del 3° al 9° de esas *Notas del vago estío*: "Gestos de castillos" (cap. 3) e "Ideas de los castillos", con sus respectivas variantes (caps. 4 al 9).

a cambio], como el pago de ese trabajo, como soldada" (Ortega y Gasset 1963a, 437). No en vano,

> en nuestro tiempo, servir un hombre a otro es una operación inferior, en cierta manera denigrante. Se comprende que así sea, porque en nuestro tiempo reina la fábula convenida de que todos somos iguales. Como servir implica supeditación y es una actividad que moralmente se ejerce de abajo arriba, servir equivale a romper el nivel de igualdad degradándose por sumersión bajo él. Pero imaginemos un momento el supuesto contrario: que los hombres son constitutivamente desiguales, que unos valen y son más que otros. Entonces toda aproximación del que vale menos al que vale más será un beneficio para aquél; será, en rigor, una ascensión en la jerarquía. Ahora bien: *la forma orgánica y no meramente casual de esa aproximación es el servicio*. Servir será, pues, la forma de convivencia en que el inferior participa de las excelencias anejas al superior. He aquí por qué honda razón en la Edad Media el servicio ennoblece en vez de denigrar, y es un medio elevatorio en el sistema de rangos humanos. (Ortega y Gasset 1963a, 437; el subrayado es nuestro)

En la categoría medieval de "criado", Ortega ve la conjunción de la organicidad social y la institución de la servidumbre (*servitus*). Ciertamente, dicha combinación no es absolutamente necesaria, ya que la sociedad entendida como organismo también puede considerarse según la relación de dos personas libres, esto es, de un súbdito (*subiectus*) que sirva libremente a su señor (*dominus*), sin que ello ocurra en el marco de una *servitus*. Esta aclaración es importante en la medida en que el fin de la sujeción libre –algo posible, si no desde el punto de vista de la historia medieval, al menos desde el punto de vista de la teoría medieval– no es el beneficio exclusivo del señor, sino del todo comunitario (*bonum commune*), e incluso del súbdito mismo también (cfr. Thomas de Aquino, *S.th.*, I, q. 96, a.4). Por tanto, si Ortega tiene plena razón en advertir que en la atmósfera del castillo el servicio ennoblece y eleva, ello, en teoría al menos –debemos añadir–, es aplicable incluso al señor, en caso de que este no sea meramente un déspota o un tirano. El rey, príncipe o noble, a su modo, también presta un servicio. No el propio del criado, sino el servicio regio, nobiliario, militar, de caballería, judicial o alguno de naturaleza similar.

Lidia Raquel Miranda y Viviana Suñol (eds.)

Frente al *ethos* racionalista-capitalista de la sociedad moderna, Ortega se esfuerza por hacernos inteligible el *ethos* orgánico de la sociedad medieval. En pocas palabras, frente a la exposición del espíritu del capitalismo realizada por Weber (continuador en este punto de Wernert Sombart y Benjamin Franklin), aparece la de la economía medieval, observada a partir de Tomás de Aquino, a la que Ortega prefiere. En efecto, frente a la primacía capitalista de la producción y el ingreso como tipos de acumulación sin medida ("*ganar* dinero y cada vez más dinero, el 'summum bonum' de la ética capitalista", expresa Weber 2001, 62), "la exquisita doctrina sobre el reparto de la riqueza insinuada en Santo Tomás" (Ortega y Gasset 1963a, 438) coloca por encima de todo al gasto: "la producción se regulaba por el consumo, y no, según acaeció luego, el consumo por la producción, que es, al decir de los entendidos en estas cosas [es decir, Sombart y Weber], el rasgo esencial del capitalismo" (Ortega y Gasset 1963a, 438).

¿Qué tiene que ver esta comparación de rasgos económicos con la teoría orgánica medieval de la sociedad? Todo. Pues en la Edad Media, según ese "recto principio distributivo" (Ortega y Gasset 1963a, 438) concebido por autores como Tomás de Aquino, el gasto o consumo se regulaba en función del "papel social […] al cual iba adscrito un cierto decoro o régimen de vida adecuado" (Ortega y Gasset 1963a, 437). Es decir, la economía se regulaba en función del todo social, que es, ciertamente, más que meramente económico: "no, pues, en beneficio del individuo, sino de la sociedad misma, y esto desde las más altas jerarquías" (Ortega y Gasset 1963a, 438). Si el mecanismo de la sociedad era orgánico, el funcionamiento de su economía no podía menos que ser subsidiariamente orgánico. Es decir, anteponiendo el bien común al bien individual, "se consideraba que la sociedad estaba obligada a proporcionar a cada uno los medios de sostener *su figura y función sociales*" (Ortega y Gasset 1963a, 437-438; el subrayado es nuestro). En suma,

> el recto principio distributivo no era [en el Medioevo], como para nosotros, la cantidad de trabajo que el individuo rinde, sino la dosis de liberalidad y de lujo que su rango le imponía. La riqueza y su medida no se fundaban en un derecho a poseer, no eran una ganancia propiamente, sino, al contrario, se regulaban según la obligación de gastar aneja a cada puesto social. (Ortega y Gasset 1963a, 438)

¿Por qué prefiere él la economía medieval –adecuadamente expuesta por el Aquinate– a la economía capitalista –brillantemente expuesta por Weber–? Porque para Ortega la primera es natural al hombre y verdadera; la segunda, en cambio, algo que violenta su naturaleza, lo descentra y torna superficial. En efecto, ¿cuál es, a juicio del español, ese "orden [económico] natural y correcto", expresado en el *ethos* y aun la teoría medievales? Colocar la riqueza material al servicio de deseos y necesidades de orden inmaterial e incluso espiritual. En efecto, toda representación o figura social –la del eclesiástico, la del jurista o letrado, la del caballero, etc.– apunta a un significado moral, imposible de ser reducido a la pura materialidad, por más que, para su desarrollo y despliegue, requiera de una serie de elementos materiales. El fin de la economía medieval es espiritual y limitado; no material e ilimitado, es decir, crematístico, como ocurre en el capitalismo. Por ello, en orden a una sociedad saludable, auténticamente orgánica, Ortega juzgará más razonable el *ordo economicus* medieval que el moderno:

> parece, pues, el mejor orden que se comience por sentir la necesidad o el deseo de una cosa y luego se piense en lograr la cuantía exigida para su adquisición. Pero el hombre moderno comienza por desear la riqueza, esto es: el puro medio adquisitivo. A este fin aumenta indefinidamente la producción, no por necesitar el producto, sino con ánimo de obtener aún más riqueza. De donde resulta que el producto, la mercancía, se ha convertido en medio, y el dinero, la riqueza, en fin último. (Ortega y Gasset 1963a, 438)

En fin, que los siervos de la sociedad medieval –o "criados", como expresa Ortega (Ortega y Gasset 1963a, 436) evocando a Cervantes–, considerados como una pieza imprescindible más del engranaje social, gozan, después de todo, de mayor libertad que aquellos obreros supuestamente incluidos en el sistema social capitalista, es para Ortega algo indiscutible. Efectivamente, sociológica y políticamente considerada, la mentalidad económica burguesa no solo ha provocado la individualización del bien del criado (e incluso del señor), sino también, junto a ello, su aislamiento o privatización. Y con ello ha provocado también su empobrecimiento: cada uno ahora tiene, desde luego, derecho a

Lidia Raquel Miranda y Viviana Suñol (eds.)

sus propios bienes, pero esos bienes son modestos en comparación con el bien común que podía gozar en la Edad Media. De hecho, en la mentalidad burguesa en general ha comenzado a debilitarse la conciencia de que hay un bien común que realizar. En las sociedades capitalistas, nadie le va a quitar a nadie el derecho de gozar de su propio bien, salvo que el valor de ese bien ya no importa: da igual si es un tesoro de gran riqueza o una baratija. En la "gran casa" medieval (*das ganze Haus* destacada por Otto Brunner) el siervo no era dueño último de su propia fuerza de trabajo, ciertamente (ni siquiera, tal vez, de su propia vida), pero, inserto allí como "criado", gozaba individualmente de un bien mayor: el del uso común de una riqueza inalcanzable por individualidad alguna; riqueza aun irrealizable por toda la potencia del entero sistema capitalista moderno. Exactamente, la riqueza social del castillo medieval.

Conclusión

De un lado u otro, el franco-germanismo de Ortega es inocultable: en el primer caso expuesto, lo es en forma de liberalismo kantiano y de romanticismo (en lo que se refiere a la estimación de la libertad creativa del genio), de lo que Kant fuera precisamente precursor y llegara luego hasta Nietzsche (cfr. Hernández Pacheco 1995, 32-33); en el segundo caso, lo es primigeniamente en forma de socialismo neokantiano (puede recordarse que en su juventud Ortega se mostró fervoroso seguidor de Natorp: ver Ortega y Gasset 1966b, 513-521); lo que, por propia lógica, desembocará luego, más maduramente, en esa suerte de corporativismo u organicismo recién analizado.

Yendo a buscar más profundamente las raíces de ese germanismo suyo, puede notarse que Ortega oscila, vacila –mejor dicho–, entre el individualismo feudal y romántico y el gremialismo tardo-medieval, primitivamente romano, que contribuiría luego al espíritu de cuerpo, propio de la *nation* francesa y del *Volkgseist* romántico alemán (cfr. Ortega y Gasset 1964c, 199 y Ortega y Gasset 1965c, 236; Mayos Solsona 2004, 295-296 y 303).

Así, por una parte, del romanticismo, Ortega valora el elemento personal. Por otra parte, Ortega valora siempre el socialismo en el sentido de resguardo natural de una sociabilidad fuerte; nota, esta última, también potenciada por el romanticismo, a pesar de la reticencia o ambigüedad de Ortega en relación a este aspecto del romanticismo. En cualquier caso, sea como fuere su valoración del romanticismo en este punto, según él la única manera posible de que puedan originarse individuos egregios –personas– es contando con una sociedad vigorosa, esto es, genuinamente orgánica.

En suma, siguiendo la lógica orteguiana, a los rasgos del personalismo medieval habría que ir a buscarlos, más que por el lado de un liberalismo romántico del guerrero feudal *in solitudine*, por el lado de una conjunción de dicho liberalismo con el cooperativismo inherente a la teoría orgánica social. Si esto encontró en ciertas *Gemeinschaften* medievales, tales como los gremios y guildas de finales de la Edad Media, suelo fértil para plasmarse –y de qué modo lo hizo (cfr. Little y Rosenwein 2003, 185-189[9])–, así como, a nivel macro, en las renacidas ciudades y repúblicas (sobre todo las italianas), y por qué todo ello fue insuficientemente valorado por Ortega, es ciertamente materia de otra discusión.

Bibliografía

Alfau de Solalinde, J. (1941). "Las ideas de Ortega y Gasset sobre la Edad Media". *Filosofía y Letras. Revista de la Facultad de Filosofía y Letras* (UNAM), vol. 3, 79-118.

Argüello, S. (2016). "'El sentido liberal del feudalismo'. Ortega y la libertad medieval". *Aporía*, Primer Número Especial (2016), 91-103.

Ferreiro Lavedán, I. (2013). "A la vanguardia de la sociología" en J. Zamora Bonilla (ed.). *Guía Comares de Ortega y Gasset*, Madrid, 121-146.

Gierke, O. von (1995). *Teorías políticas de la Edad Media (Edición de F.W. Maitland)* (trad. de Piedad García-Escudero), Madrid.

Hernández-Pacheco, J. (1995). *La conciencia romántica*, Madrid.

Little, L.K. y B. H. Rosenwein (eds.) (2003). *La Edad Media a debate* (trad. de C. del Olmo y C. Rendueles), Madrid.

Mayos Solsona, G. (2004). *Ilustración y Romanticismo. Introducción a la polémica entre Kant y Herder,* Barcelona.

---

9   Tal como se constata por la obra de Little y Rosenwein citada, los dos modelos de libertad y poder medievales –*i.e.*, de *dominium*–, detectados y expuestos aquí a partir de la obra de Ortega y Gasset, son los dos modelos principalmente discutidos por los medievalistas de la hora presente –entiéndase por ese término los especialistas en Historia y Sociología medievales–, a saber, el modelo feudal y el modelo orgánico o corporativo.

MENÉNDEZ PIDAL, R. (1929). *La España del Cid*, 2 tomos, Madrid.

ORTEGA Y GASSET, J. (1969). *La redención de las provincias* en Ortega y Gasset, J. *Obras Completas*, tomo XI, Madrid, 173-328.

ORTEGA Y GASSET, J. (1966a). *España invertebrada* [1922] en Ortega y Gasset, J. *Obras Completas*, tomo III, 6ª ed., Madrid, 37-129.

ORTEGA Y GASSET, J. (1966b). "La pedagogía social como programa político" [1910] en Ortega y Gasset, J. *Obras Completas*, tomo I, 7ª ed., Madrid, 503-521.

ORTEGA Y GASSET, J. (1966c). *Goethe desde dentro* [1932] en Ortega y Gasset, J. *Obras Completas*, tomo IV, 6ª ed., Madrid, 381-420.

ORTEGA Y GASSET, J. (1965a). *Meditación de Europa* [1960] en Ortega y Gasset, J. *Obras Completas*, tomo IX, 2ª ed., Madrid, 243-313.

ORTEGA Y GASSET, J. (1965b). *Meditación del pueblo joven* [1958] en Ortega y Gasset, J. *Obras Completas*, tomo VIII, 2ª ed., Madrid, 357-449.

ORTEGA Y GASSET, J. (1965c). *Una interpretación de la historia universal. En torno a Toynbee* [1960] en Ortega y Gasset, J. *Obras Completas*, tomo IX, 2ª ed., Madrid, 9-242.

ORTEGA Y GASSET, J. (1964a). *Del Imperio romano* [1941] en Ortega y Gasset, J. *Obras Completas*, tomo VI, 6ª ed., Madrid, 51-109.

ORTEGA Y GASSET, J. (1964b). *Guillermo Dilthey y la idea de la vida* [1933-1934] en Ortega y Gasset, J. *Obras Completas*, tomo VI, 6ª ed., Madrid, 165-214.

ORTEGA Y GASSET, J. (1964c). *El hombre y la gente* [1957] en Ortega y Gasset, J. *Obras Completas*, tomo VII, 2ª ed., Madrid, 69-272.

ORTEGA Y GASSET, J. (1963a). *Notas del vago estío* [1925-1926] en Ortega y Gasset, J. *Obras Completas*, tomo II, 6ª ed., Madrid, 413-449.

SARALEGUI, M. (2016). "España y Latinoamérica: identidades y diferencias", *Revista de Occidente*, abril, n. 419, 70-83.

ULLMANN, W. (1980). "Historical Jurisprudence, Historical Politology and the History of the Middle Ages" en Ullmann, W. *Jurisprudence in the Middle Ages. Collected Studies*, London, 195-224.

WEBER, M. (2001). *La ética protestante y el espíritu del capitalismo* (trad. de J. Abellán), Madrid.

www.ingramcontent.com/pod-product-compliance
Lightning Source LLC
Chambersburg PA
CBHW030825090426
42737CB00009B/881